役員登用と活性化する経営

活躍する女性会社役員の国際比較

シリーズ〈女・あすに生きる〉㉔
渡辺 峻/守屋貴司 編著

ミネルヴァ書房

はしがき

　企業における女性の管理職・役員の登用問題が，いま国際的にクローズアップされ，その推進運動が，国連，各国政府，企業，NPO，NGO などによって展開されている。

　日本においても，企業における女性の管理職・役員の登用促進は，政府の焦眉の課題として掲げられ，社会的にも，学術的にも，広く注目を集めているホット・イッシューである。2016年4月からは，女性活躍推進法に基づいて，301人以上の会社では，具体的な女性活躍のための行動計画を策定することが求められている。しかし，多くの会社ではどのように行動計画を策定したら良いのかを悩んでいると報道されている。

　本書は，このような国内外の動向を背景に，日本の遅れた状況を克服する道筋を探るべく，国際比較の視点から「会社の女性管理職・役員登用の現状と課題」を究明し，現場の経営実践に役立てることを意図している。

　本書は，国際比較の視点から各国の取組みについて紹介し，多くのヒントや示唆を提供している。また，中堅企業の女性活躍推進についても，わかりやすい事例を通し，どのように取り組むべきかについて紹介しており，これからの日本の女性活躍推進に貢献できると確信している。

　本書では，世界各国すべてを網羅的に取り上げることはできないため，考察の対象を主に日本に関わりのある欧米・アジアに焦点を限定し，これまで紹介されることの少なかった台湾，香港，シンガポール，インドネシアなどの諸国・地域を詳細に論述している。

　本書の執筆者は，基本的な問題意識を共有しつつも，経営学・社会学・経済学・政治学など多様な分野の研究者であり，それぞれが依拠する研究方法を尊重して論述している。そのため，各国における特徴を析出することが十分にできている反面，ともすれば全体を貫く一つの方法論や分析視点に基づく論理的

な「整合性」「綿密性」が欠けている印象をもたれるかもしれないが，様々な研究アプローチであるからこそ立体的に描きだせている点に注目してもらいたい。

また従来から多くの人により論及されてきた中国，韓国，日本，アメリカ，フィンランド，欧州連合における諸事情についても，新しい角度から分析・紹介を行い，多くの新しい知見を提供できたと自負している。

本書は，「会社の女性管理職・役員登用の現状と課題」を国際比較の視点から究明する類書が少ない中では，社会的に意義ある書物になり得たと考えている。また，このテーマの研究の重要性について，一つの問題提起ができたと信じている。

本書は，ミネルヴァ書房「女・あすに生きる」シリーズの最新刊に位置している。これまで編者は，同シリーズの『各国企業の働く女性たち』『男女協働の職場づくり』『世界の女性労働』などを手掛けたが，本書では，これらの書物で得られた知見をベースに編まれている。

本書が，企業における女性の活躍を推進するという日本社会の焦眉の課題に対する一助となっていれば，これに勝る喜びはない。それゆえ，本書は，ビジネスウーマン，ビジネスマン，研究者，学生，経営者，さらに広く一般市民の皆さんにも購読して頂きたい。

なお本書は，日本学術振興会（基盤研究C）「国際比較からの新理論構築によるダイバシティマネジメントの類型化と人事政策の立案」（課題番号：25380553　代表：守屋貴司，共同研究者：渡辺峻・森田園子・中村艶子，協力研究者：石錚）研究期間：2013年度～2015年度（平成25年度から27年度）の3年間にわたる共同研究の最終研究成果の報告である。記して，日本学術振興会に感謝の意を表明したい。

編者の一人である守屋は，本書の企画・執筆・編集中に，立命館大学教職員組合の職場委員（2013年度），執行委員（2014年度），副委員長（2015年度），特別執行委員（2016年度）を務め，多くの働く仲間から，女性の継続就業・活躍推進のための労働環境整備について，生の声を聴くことができた。それらの多く

はしがき

の声が，本書の企画・執筆・編集において大いに参考となったことを申し上げて，働く仲間に深く感謝したい。

最後になるが，出版事情の厳しい中，本書の出版をご快諾いただいたミネルヴァ書房社長・杉田啓三氏と，編集実務の点で種々のお世話をいただいた同社編集部の梶谷修氏に感謝申し上げたい。

なお，両編者の敬愛する恩人である関西学院大学名誉教授・石田和夫先生が2016年1月に永眠された。本書を，謹んで石田和夫先生のご霊前に捧げ，ご冥福を祈りたい。

2016年3月

編　者　渡辺　峻
守屋貴司

活躍する女性会社役員の国際比較
―― 役員登用と活性化する経営 ――

目　次

はしがき

序　章　女性の管理職・役員登用の展望……………………守屋貴司…1
　　第1節　国際比較を行う意義と分析視角………………………………1
　　第2節　女性の役員比率の国際比較……………………………………2
　　第3節　ジェンダーダイバシティの理論的フレームワーク…………8

第Ⅰ部　日本企業の女性管理職・役員の現状

第1章　日本企業と女性労働の特質………………………藤井治枝…15
　　第1節　女性労働者の歩み………………………………………………15
　　第2節　女性労働活用の背景……………………………………………19
　　第3節　男女共同社会の実現……………………………………………23

第2章　上場企業における女性管理職・役員の登用………守屋貴司…29
　　第1節　女性役員比率の高い上場企業の分析…………………………29
　　第2節　女性の管理職登用の実態………………………………………33
　　第3節　事例にみる女性管理職登用の課題……………………………37
　　第4節　女性役員比率向上の方策と課題………………………………40
　　第5節　女性の役員・取締役員比率の向上への考察…………………45

第3章　中小・中堅企業における女性管理職・役員の登用
　　　　　………………………………………………………森田園子…50
　　第1節　女性管理職・役員の現状………………………………………50
　　第2節　仕事と育児の両立………………………………………………54
　　第3節　女性の管理職・役員登用の課題………………………………57
　　第4節　就業環境のシステム整備………………………………………61
　　第5節　働き方の見直し…………………………………………………65

目　次

第Ⅱ部　アジア各国企業の女性管理職・役員の現状

第4章　韓国企業の女性管理職・役員の登用………………明　　泰淑…73
- 第1節　韓国企業と女性労働の特徴……………………………………73
- 第2節　女性管理職の実像………………………………………………75
- 第3節　女性経営者の自立像……………………………………………86
- 第4節　職場環境づくりと女性の就労機会の拡大……………………96

第5章　中国企業の女性管理職・役員の登用
　　　　　………………………………………………宋　艶苓・石　　錚…98
- 第1節　女性役員比率の現状……………………………………………98
- 第2節　女性役員登用の現状と問題点………………………………104
- 第3節　女性管理職・役員の課題と展望……………………………108

第6章　台湾企業の女性管理職・役員の登用……………石　　錚…113
- 第1節　女性の労働の経済的な背景…………………………………113
- 第2節　女性の労働事情………………………………………………114
- 第3節　女性の労働力率と非正規雇用………………………………118
- 第4節　労働に関わる政策と問題点…………………………………121
- 第5節　女性管理職・役員の登用実態………………………………125

第7章　香港企業の女性管理職・役員の登用……………石　　錚…131
- 第1節　労働市場の概況………………………………………………131
- 第2節　女性の労働情勢………………………………………………132
- 第3節　女性労働に関わる法制度と支援団体………………………137
- 第4節　女性管理職・役員の登用の現状……………………………142

第8章　インドネシア企業の女性管理職・役員の登用…渡辺　格…151
- 第1節　経済・社会的動向と女性の社会進出………………………151

第2節　女性の社会進出の背景 …………………………………… 155
第3節　女性の労働・生活条件の概要 …………………………… 159
第4節　働く女性と管理職・役員 ………………………………… 163
第5節　働く女性の展望と課題 …………………………………… 167

第9章　シンガポール企業の女性管理職・役員の登用 ‥‥石　　錚‥‥171
第1節　女性の労働情勢 …………………………………………… 171
第2節　男女平等政策と実在する男女格差 ……………………… 175
第3節　女性管理職・役員登用の課題 …………………………… 181

第Ⅲ部　欧米各国企業の女性管理職・役員の現状

第10章　アメリカ企業の女性管理職・役員の登用 ……… 中村艷子…189
第1節　女性役員登用の推進 ……………………………………… 189
第2節　女性役員の登用とジェンダーダイバシティ …………… 192
第3節　女性の意識変革とキャリア形成への意欲 ……………… 195
第4節　キャリア推進の実情と課題 ……………………………… 199

第11章　フィンランド企業の女性管理職・役員の登用
　　　　　　………………………………………………… 安田三江子…203
第1節　北欧諸国における女性役員の概況 ……………………… 203
第2節　フィンランドにみる女性取締役の現状 ………………… 205
第3節　女性の執行役員の状況 …………………………………… 209
第4節　女性役員の課題と展望 …………………………………… 211

第12章　欧州連合の「クオータ2020戦略」 ……… 柴山惠美子…217
第1節　ジェンダー・バランスの現状 …………………………… 217
第2節　女性の経済的自立とワークライフバランス社会の創造 …… 226
第3節　持続的経済成長と男女平等戦略 ………………………… 231

終　章　活躍する女性管理職・役員の国際比較………守屋貴司…235
　　第1節　国際比較からの知見………………………………………… 235
　　第2節　日本の女性労働の国際的特徴 …………………………… 237
　　第3節　女性管理職・役員比率の向上のために………………… 240

索　引……245

序　章
女性の管理職・役員登用の展望

第1節　国際比較を行う意義と分析視角

　日本の上場企業における女性の役員・取締役員比率は，アメリカの調査・コンサルティング機関であるGMIの「GMI レーティングス（GMI Ratings）」[1]によれば，国際比較でみるとき，2013年，45カ国中44位の1.1％である。これは，最も下位であるモロッコが調査対象が2社であることを考えると，事実上，最下位であるといえる。

　上場企業における女性の役員・取締役員比率は，ジェンダーダイバシティ[2]，女性登用の大きな国際的な指標であり，女性の社会的地位を表す指標でもある。日本においても，政府では「女性の活用」を成長戦略の大きな一つの目玉とし，女性役員の登用を促す政策を検討している。ジェンダーダイバシティをはじめとしたダイバシティマネジメント政策は，各大企業の役員・取締役によって決定されるため，その中に，女性の役員・取締役が存在することは，大きな意味を有している[3]。

　女性の役員・取締役員比率を国際比較で各国の特徴をみると，女性役員比率が最も高かった国は，ノルウェーの36.1％であり，役員の3人に1人が女性という結果となっている。そして，次いで2位はスウェーデン（27.0％），3位はフィンランド（26.8％）など，上位は北欧の国が占めているのが実態である。これらの国の比率が高い背景には，一定数の女性役員の登用を企業に義務づける「クオータ制（Quota System）」の導入がある。ノルウェーでは株式会社を対象に，女性役員比率を40％にすることを義務づけている。近年，他の欧州各国においてもクオータ制が議論され，女性役員比率が高まる原動力となっている。

日本においても，この一定数の女性役員の登用を企業に義務づける「クオータ制」の導入が議論されている。

しかし，上場企業における女性の役員・取締役員比率に示される女性の登用は，各国の歴史・文化・社会慣習や法律制度（特に，会社法，男女雇用機会均等法），企業経営制度と大きな関係を有し，各国ごとの特殊性に大きく起因しており，異なる国の異なる制度を国際移転しても一概にうまくいくとはまったく限らない。それゆえ，本書の目的は，わが国において急務ともいえる日本企業の女性の役員・取締役員・管理職比率の向上を考えるために，国際比較の視点から，世界各国の状況を紹介し，その上で，日本の女性の役員・取締役員・管理職比率の向上を分析することにある。

また本書では，各国の上場企業における女性の役員・取締役員比率に示される女性の登用の実態を紹介する際，「スウェーデン，ノルウェーといった女性の役員・取締役員の登用比率が高い国々の諸法律制度へ収斂すべきである」という収斂論的・ジェンダー論的な立場をとらず，各国の歴史・文化・社会慣習や法律制度，企業経営制度という制度的枠組みとその可能性の中で，ジェンダーダイバシティ，女性登用の可能性を探るという制度論の理論的フレームワークをとることにしたい。

第2節　女性の役員比率の国際比較

まず，民間機関 GMI 調査の「女性の役員比率の国際比較」（2013年度）から，世界の地域別女性役員比率の傾向性をみることにしたい（表序 - 1）。

高順位からみると，ノルウェーが，世界第1位で，36.1％となり，3人に1人が，女性役員となっている。次いで，スウェーデン27.0％，フィンランド26.8％と北欧諸国が，他国に比べて著しく女性役員比率が高いことがみてとれる。そして，フランスの18.3％を筆頭に，南アフリカ17.9％，デンマーク17.2％，オランダ17.0％，イスラエル15.7％，ニュージランド15.1％，ドイツ14.1％，オーストラリア14.0％，アメリカ14.0％，ポーランド13.6％，カナダ13.1％，トルコ12.7％，イギリス12.6％，オーストリア11.3％，スイス10.0％

序　章　女性の管理職・役員登用の展望

表序-1　各国の女性役員比率ランキングと推移（2013年）

順位	国	女性役員比率（年・月，％）					地　域
		2013・1	2011・4	2010・4	2009・4	増加率 2009・4-2013・1	
1	ノルウェー	36.1 (30)	36.3 (28)	34.8 (26)	35.7 (23)	0.4	欧　州
2	スウェーデン	27.0 (44)	26.4 (41)	27.5 (40)	23.8 (49)	3.2	欧　州
3	フィンランド	26.8 (27)	26.4 (28)	24.2 (28)	23.5 (27)	3.3	欧　州
4	フランス	18.3 (101)	16.6 (101)	12.7 (100)	9.0 (106)	9.3	欧　州
5	南アフリカ	17.9 (59)	17.4 (46)	16.4 (43)	15.3 (41)	2.6	アフリカ
6	デンマーク	17.2 (24)	15.6 (23)	14.0 (24)	13.9 (26)	3.2	欧　州
7	オランダ	17.0 (35)	14.8 (34)	13.9 (30)	13.2 (31)	3.8	欧　州
8	イスラエル	15.7 (16)	14.2 (16)	14.0 (17)	13.5 (16)	2.2	アジア
9	ニュージーランド	15.1 (10)	13.7 (10)	12.2 (10)	12.0 (12)	3.0	オセアニア
10	ド　イ　ツ	14.1 (89)	12.9 (81)	10.7 (78)	10.5 (92)	3.6	欧　州
11	オーストラリア	14.0 (212)	13.8 (197)	10.2 (194)	8.4 (195)	5.6	オセアニア
12	アメリカ	14.0 (1489)	13.1 (1479)	n/a	n/a	n/a	北　米
13	ポーランド	13.6 (21)	13.0 (16)	10.7 (15)	8.6 (13)	5.1	欧　州
14	カ　ナ　ダ	13.1 (145)	13.1 (134)	12.9 (129)	12.4 (135)	0.7	北　米
15	ト　ル　コ	12.7 (27)	11.2 (18)	10.9 (18)	10.0 (15)	2.7	アジア
16	イギリス	12.6 (410)	10.7 (399)	8.9 (400)	8.5 (404)	4.1	欧　州
17	オーストリア	11.3 (24)	10.8 (23)	7.3 (22)	6.8 (19)	4.5	欧　州

18	ス イ ス	10.0 (56)	9.1 (56)	9.2 (51)	8.9 (55)	1.1	欧 州
19	タ イ	9.7 (26)	10.8 (18)	9.4 (15)	11.0 (11)	−1.2	アジア
20	香 港	9.5 (98)	9.4 (75)	9.4 (72)	8.2 (79)	1.3	アジア
21	ス ペ イ ン	9.5 (43)	10.2 (40)	8.8 (44)	7.8 (48)	1.7	欧 州
22	ベ ル ギ ー	9.2 (24)	9.4 (24)	7.7 (24)	6.9 (27)	2.3	欧 州
23	アイルランド	8.7 (18)	8.5 (18)	9.5 (19)	9.1 (18)	−0.4	欧 州
24	チ ェ コ	8.6 (3)	n/a	n/a	n/a	n/a	欧 州
25	中 国	8.4 (128)	8.5 (108)	8.0 (95)	7.9 (71)	0.5	アジア
26	イ タ リ ア	8.2 (58)	4.5 (55)	3.6 (51)	3.6 (53)	4.6	欧 州
27	フィリピン	7.9 (19)	12.2 (13)	14.3 (7)	19.0 (6)	−11.1	アジア
28	ギ リ シ ャ	7.0 (22)	7.3 (22)	9.5 (24)	8.0 (28)	−1.0	欧 州
29	シンガポール	6.9 (58)	7.0 (53)	7.3 (51)	6.2 (58)	0.7	アジア
30	マ レ ー シ ア	6.6 (40)	7.3 (30)	5.9 (26)	5.7 (26)	0.9	アジア
31	イ ン ド	6.5 (89)	5.2 (62)	4.5 (54)	4.8 (53)	1.7	アジア
32	ペ ル ー	6.3 (3)	0.0 (2)	0.0 (2)	0.0 (2)	6.3	中南米
33	コロンビア	6.0 (10)	6.8 (8)	9.6 (7)	11.4 (6)	−5.4	中南米
33	インドネシア	6.0 (32)	4.6 (23)	4.8 (21)	4.5 (15)	1.4	アジア
35	メ キ シ コ	5.8 (24)	6.4 (23)	6.9 (21)	6.1 (23)	−0.3	中南米
36	ブ ラ ジ ル	5.1 (80)	4.5 (76)	4.7 (67)	4.4 (51)	0.7	中南米

37	ロシア	4.8 (25)	4.6 (23)	5.5 (24)	5.3 (23)	−0.5	欧　州
38	ハンガリー	4.5 (4)	5.9 (4)	6.1 (4)	9.7 (4)	−5.1	欧　州
39	台　　湾	4.4 (105)	5.8 (96)	5.9 (82)	6.4 (70)	−2.0	アジア
40	エジプト	4.4 (7)	7.0 (8)	6.7 (8)	7.6 (7)	−3.2	アフリカ
41	ポルトガル	3.7 (11)	2.3 (11)	2.3 (11)	1.7 (12)	2.0	欧　州
42	チ　　リ	2.8 (24)	3.5 (17)	2.2 (16)	2.9 (12)	−0.1	中南米
43	韓　　国	1.9 (106)	1.9 (92)	1.7 (88)	1.5 (83)	0.4	アジア
44	日　　本	1.1 (447)	1.1 (392)	0.9 (392)	0.9 (425)	0.2	アジア
45	モロッコ	0.0 (2)	0.0 (2)	0.0 (2)	0.0 (4)	0.0	アフリカ

(注)　「女性役員比率」の括弧（　）内の数字は，調査対象となった企業数を示している。ただし，アメリカとチェコは，過去のデータにおいて調査対象が変化したため，掲載されていない。
(出所)　GMIレーティングスより　http://10rank.blog.fc2.com/blog-entry-252.html　2013年12月3日閲覧。

と続いている。

　欧州委員会では，2012年3月5日，上場している企業などに一定以上の女性役員割当てを義務づけると発表した。その法案の内容としては，女性役員の比率を2015年までに30％，2020年までには40％にするというもので，5月までに企業や市民から意見を聴取，その後，最終決定している[6]。

　フランスでは，ノルウェーと同じく2011年，上場企業に対して，2017年までに，女性の役員を「40％」にするように義務づけている。非上場でも，従業員5000人以上，年間売上高500万ユーロ以上の場合は対象としている。その結果，欧州連合の調査機関は，2013年10月，フランスではこの数値目標を達成した上場企業が27％に上昇し，過去3年前より14％増加したと発表している[7]。

　10％以下の女性役員比率の国としては，アジアや中南米の諸国が目立っている。

　アジアの国についてみると，タイ9.7％，香港9.5％，中国8.4％，フィリピ

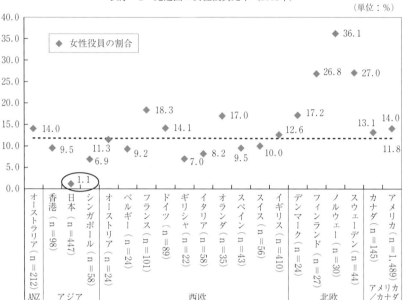

表序 - 2 先進国の女性役員比率（2013年）

（出所） GMI レーティングス http://go.gmiratings.com/rs/gmiratings/images/GMIRatings_WOB%20Report_042013.pdf　2013年10月27日閲覧。先進国市場（n＝3,481）

ン7.9％，シンガポール6.9％，マレーシア6.6％，インドネシア6.0％，台湾4.4％，韓国1.9％，日本1.1％となっている。アジアの国の中でも，日本が最下位という結果となっている。

　次に，表序‐2から先進諸国の女性役員比率をみると，日本が際立って低いことがみてとることができる。ノルウェーの36.1％に比して，日本の1.1％は，ノルウェーを100とした場合，日本は約3となり，その著しい低さをみることができる。欧州は，2013年時点では，平均すると10％台となっているが，前述したように，欧州委員会は，EU 域内の企業に，役員に一定の女性の役割を義務づける法案の採択を検討しており，欧州における上場企業の女性の役員比率は，今後，上昇していくことが想定されている。それゆえ，先進国における日本の上場企業での女性役員比率の低さは，より際立ったものとなることが想定される。

表序-3 新興国の女性役員比率（2013年）

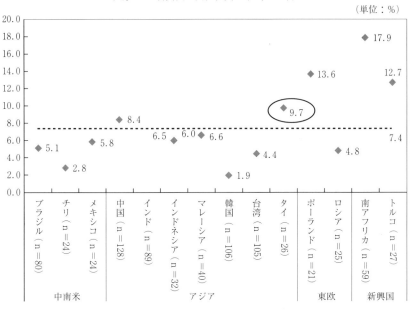

（出所） GMIレーティングス http://go.gmiratings.com/rs/gmiratings/images/GMIRatings_WOB%20Report_042013.pdf　2013年10月27日閲覧。新興国市場（n=851）

　次に，新興国の上場企業の女性役員比率の国際比較についてみることにしたい（**表序-3**）。新興国で女性役員比率の低い国は，韓国の1.9％であるが，日本の1.1％を上回っている。また，1％台が，儒教国の伝統がある日本と韓国である点も注目できる。日本と韓国との類似性・共通性に関しては，今後，国際比較を通して，明らかにしていく必要がある。

　また，「欧米の先進国の個人主義・人権国」対「アジアの新興国・集団主義」という図式では，上場企業の女性役員比率は，一概に説明がつかないことも示している。それは，「欧米の先進国の個人主義・人権国」の上場企業の女性役員比率が，「アジアの新興国・集団主義」より高ければ説明がつくが，「アジアの新興国・集団主義国」において，タイの9.7％のように，先進国の個人主義国よりも，女性の役員比率の高い国が，存在しており，一概に，ステレオタイプ的にはいえないからである。(8)この点においても，国際比較の視点から，今後，

研究を展開していくことが重要である。

第3節　ジェンダーダイバシティの理論的フレームワーク

以上のような各国の企業における「女性の役員比率」には，大きな差異がある。そこで，本書では，日本の実情や課題を中心におきながらも，アジアを中心として，世界の状況を広くみることにしたい。

また，本書の各章に示される「女性の活躍推進・役員比率・管理職比率の各国研究」の理論的フレームワークの一つとしては，ジェンダーダイバシティ理論がある。ここでは，ジェンダーダイバシティに関して，簡単に紹介しておこう。[9]

Alvesson & Billing（1997）の理論では，ジェンダーダイバシティの視点を，「マクロアプローチ」「メゾアプローチ」「ミクロアプローチ」という三つのアプローチに大別している。

その三つの中の第一の理論的アプローチは，「マクロアプローチ」である。マクロアプローチでは，社会構造に目を向け，社会体制（資本主義国等）におけるジェンダー構造の解明を目標としている。このマクロアプローチでは，社会体制（資本主義国等）における女性の解放を目指しながらも，差別や抑圧が解消されていない現状を批判し，社会の水平的・垂直的分業関係に女性の差別・抑圧関係が存在していることを明らかにしようとしている。またこのマクロアプローチでは，女性が男性と同様に昇進したとしても，資本主義社会のもつ男性中心社会に適応し，いわば，女性が男性化し，男性社会に適応した結果であるとみている。このマクロアプローチは，マクロ，すなわち，社会システム全体における矛盾を解明してゆくアプローチである。

第二の理論的アプローチがメゾアプローチである。メゾアプローチでは組織に光を当て，「組織の構造とその変化」と「ジェンダー」の関係を行うアプローチである。Rosabeth Moss Kanter（1977）の研究によると，女性はある組織や職業において男性が多数を占め女性が少数である場合には，女性はなかなか能力を発揮できず，権力ネットワーク情報にも入れず，職務満足感もまとも

に得られない。Kanter はさらに，少数派である女性たちが職務における地位や満足感を獲得するための行動を3種類に分ける。一つ目は女性の男性文化への同化行動である。すなわち，女性が有する特質を多数派である男性文化の中で最小化しようとする傾向である。例えば，自分の存在をアピールする男性に対し，女性たちは自分の行動や発言を控えたり，あるいは目立たないように我慢したり，男性たちとの対立や議論を避けようとしていた。二つ目は向社会的行動である。すなわち女性は少数派であることを利用して少数派保護の名目で権限を強める行為である。三つ目は男性文化と女性文化の統合行動である。少数派である女性が自分の特質をうまく利用し，男性文化をうまくとりこみ，スキルや地位を上げる行動である。この Kanter（1977）の研究では，「組織の構造要因」に分析視点をおいて，男性と女性は性別上の差がなく，同じ環境の中ではそのおかれている要因に規定されて，同じような行動を行うと主張している。この同じ「環境」の中で差が生まれることをはかる指標として，Kanter（1977）は，「機会」「パワー（権力）」「量（同じ社会的なカテゴリーに属する人間の割合）」の三つの要因をかかげている。

　そして，第三のアプローチが，ミクロアプローチである。「ミクロアプローチ」は，社会心理学をベースとしたアプローチである。ミクロアプローチは，ジェンダー論では，ジェンダー・アイデンティティ理論が主流を形成している。ジェンダー・アイデンティティ理論は，単純化していえば，「自分は男性だ」「自分は女性だ」ということを「一貫して持続的に思うこと」といえよう（江原由美子ほか，1989）。ジェンダー・アイデンティティを形成するには，生物学的・医学的要因と環境要因があり，ジェンダー・アイデンティティ理論ではこの環境要因に着目して研究展開がなされている。職場での仕事・職務との関係からいえば，「自分は，男性だからこう働くべき」「自分は，女性だからこう働くべき」という性別役割分業を主体的に受け入れる意識として働くこととなる。具体的には Bussey & Bandura（1999）は，ジェンダー・アイデンティティの確立において，職業システムにおける性別役割分業などの慣習化された社会構造が大きな影響が与えることを指摘している。そして，ジェンダー・アイデンティティは，毎日の生活や仕事の中で，周囲からの影響についてつくりあげら

れていくという見解もある (Bulter, 1990)。

本書では，この三つのジェンダーダイバシティの理論的アプローチを含む様々な研究アプローチからの分析が行われている。

各章を担当する研究者は，経営学，社会学，政治学など様々なバックグランドを有しており，各章の研究方法は異なっている。しかし，本節で述べた「ジェンダーダイバシティの理論的アプローチ」に示される社会体制・企業体制・企業組織・意識・社会文化といった構造的問題に目を向け分析を行っている点は共通している。

注
(1) 民間機関の GMI の調査は，MSCI（世界国際）エマージングファンドが投資対象とする45カ国の代表的企業を調査対象として分析をした調査である。MSCI（世界国際）エマージングファンドは，世界分散投資を可能とする代表的なファンドである。http://go.gmiratings.com/rs/gmiratings/images/GMIRatings_WOB%20Report_04 2013.pdf　2013年10月27日閲覧。
(2) 杉田，2006。
(3) ダイバシティ・マネジメントに関しては，有村，2008，参照。
(4) 松井，2013，参照。
(5) 盛山，1995。河野，1995。
(6) 「ブルームバーグ」http://www.bloomberg.co.jp/news/123-M0FZ066K50Y401.html 2015年10月1日閲覧。
(7) 「『女性役員登用』EU 論争」『読売新聞』2013年11月28日付。
(8) Mustafa F. Ozbiligin, Jaward Syed, 2010.
(9) ジェンダー・ダイバシティの理論分類に関しては，谷口，2005，137-161頁，参照。

引用参考文献
有村貞則，2008，『ダイバシティ・マネジメントの研究――在米日系企業と在日米国企業の実態調査を通して』文真堂。
河野勝，1995，『制度』創文社。
杉田あけみ,2006,『ダイバーシティ・マネジメントの観点からみた企業におけるジェンダー』学文社。

谷口真実, 2005, 『ダイバシティマネジメント――多様性をいかす組織』白桃書房。
松井智予, 2003, 「上場企業における女性役員クオータ制の目的と効用」『上智法学論集』第56巻第 4 号。
盛山和夫, 1995, 『制度論の構図』創文社。
Alvesson, M., Billing, Y., 1977, *Understanding Gender and Organizations*, Sage Publications.
Bussey, K., & Bandura, A, 1999, "Social Cognitive Theory of Gender Development and differentation," *Psychological Review*, 106. pp. 676-713.
Butler, J., 1990, "Performative Act and Gender Constitution : An Essay on Phenomenology and Feminist Theory", Sue-Elle (ed.), *Perfoming Feminism : Feminist Critical Theory and Theatre*, Johns Hopkins University Press.
Kanter, R. M., 1977, *Men and Women of Corporation*, Basic Book.
Mustafa F. Ozbiligin, Jaward Syed, 2010, *Managing Gender Diversity in Asia : A Research Companion*, Edward, Elgar Publishing Limited.
江原由美子ほか, 1989, 『ジェンダーの社会学』新曜社。

(守屋貴司)

第Ⅰ部

日本企業の女性管理職・役員の現状

第1章
日本企業と女性労働の特質

第1節　女性労働者の歩み

（1）明治以降，戦後まで
①家業をリードした女性

　工業先進国の一国に数えられながら，男女平等，女性リーダーの少なさにおいて，なぜ日本は，国際比較において後進国にも劣る数字をあげられているのか。一つには，明治以前は鎖国が国是で，先進国から学ぶ機会が少なく，その上，日本は約700年の長い間，武士の支配下にあった。戦いを役割とする武士社会では，女性の出番はなく，家を守り子を育てるのが，女性の役割だった。したがって，男性に養われる代わりに，夫を主人として仕える立場におかれ，この考えは今でも受け継がれ，妻の多くが，夫を「主人」と呼んでいる。

　だが一方，明治以前まで第一次産業中心の社会で，五反百姓（所有田畑が五反以下の貧農）を除いては，家業として自営を受け継ぎ，それぞれが経営者であった。特に，千町歩地主（千町歩以上の田畑を持つ富裕農）や関西の豪商等では，「姉家督」という制度があり，女性が代々経営者となった。大店では，8歳くらいから小僧に入り，先代に選ばれた番頭が娘の婿として迎えられた。こうしたケースでは，代々女性の伝統が経営のやり方や文化にまで受けつがれ，元雇人だった主人の力は弱かったという。いわば女社長の天下であった。

　武士と商人では，身分的差別はあっても，金融まで手を伸ばし，大名を抑える力をもった豪商もあり，江戸中期以降は，町人文化が栄えた。極東の海に浮ぶ小国日本は，その後，国を開き，新しい経済システムを取り入れ，武士的家族制度で社会を固め，天皇中心の先進工業国を目指した。ここで初めて労働者

の草分けとして，生糸・紡績女工が登場し，労働者数でも男性をしのぐ時代がしばらく続いた。

②生糸・紡績の荷い手

当時，輸出品として生産可能だった産業は生糸・紡績であり，1872（明治5）年，日本最初の機械による製糸業が，現在の自動車産業のように日本産業の先駆けとなった。これが，2014（平成26）年に一部が国宝に指定され，さらにUNESCOの世界遺産に登録された群馬県の富岡製糸場である。

江戸時代から，群馬・長野・山梨など広く日本各地で作られていた生糸は，「座繰」と呼ばれた木製の器具を，家庭で女性が操作し，主に自家製の布地の材料にされた。政府は，アメリカ輸出の製品として生糸に注目し，当時としては莫大な資本を投じてフランス流の工場を建て，高額の手当を出して技術者を招いた。しかし，その頃の日本は，女性が働きに出るのは恥とされていたから，機械と建物ができても工女の募集に応ずる者は少なかった。初めて見るヨーロッパ人，彼女たちが赤ワインを飲むのを「血を飲んでいる」など，故なき風評になり，政府は人集めに苦労した。しかたなく，各藩に命じて身分の高い重役の娘たちを，女中付きで集めたという。後年の家計補助のために売られた貧農の子女とは，全く異なるグループだった。

要するに，賃労働者というより，技術研修生であり，彼女たちの多くが，技術を身につけ，帰藩して教師として新技術を広めた。いわば機械技術の伝習者として，日本最初の技術者であり，リーダーでもあった。これらの製品が，横浜からアメリカに送られる当時日本唯一の輸出品であった。

これと共に，綿を原料とする紡績業も導入され，これにも女性ならではの細かい技術を必要としたため，女性は各地の産業新興に役立つことになった。

その後，研修生としてより家計を助ける女性「労働者」として，低賃金で長時間労働，寄宿生活など，若年で売られていく貧民の子女が活用された。これら工女の監督や製品の評価は，ほとんど男性の役割だったので，現在なら通用しない「セクハラ」が日常的に行われ，妊娠して家にも帰れず，湖に投身自殺した工女も少なくなかった（『上毛新聞』による）。

このように，家業としての農業経営だけでは生活できない貧農層の家計を助

ける労働者としての立場は，その後も働くことでは自立できない女性労働の性格を受け継ぎ，現代でも女性のパート・アルバイト・派遣などが家計の支えになっている。こうした「家計補助労働」として出発した女性労働の性格が，現代まで女性労働の立場に反映され，リーダーとして自立可能な女性の少数化の原因となり，「家計補助労働」は，今なお働く日本女性の特色となっている。同時に，男性をしのいでいた女性労働者数も，その後次第に減少していく。

統計によると，1930（昭和5）年には，52％を占めて男性労働者数をしのいでいたのが，1940（昭和15）年には，逆転して，男性66対女性34となり，その後も，この性別比率は変化しなかった。[1]

（2）戦後女性労働の変革と再編
①女性解放と再編

初期のアメリカ占領政策の目標は，日本の民主化と平和の確立だった。アメリカは，すでに，天皇制と結びついた家族制度の存在を知り，この「くびき」から，女性を解放することが，日本の民主化の前提と考えた。そこで，早くも1945（昭和20）年10月に，家族制度の廃止を指令した。その後，憲法の発布に従って，女性には予想以上の改革が行われ，初めて男女平等が，法律上確立された。それは，ファシズムの嵐の後に現れた虹のようだった。しかし，虹は一瞬にして消える。日本の女性解放も，世界情勢の変化に伴って薄れていく。

アメリカは，占領政策を転換させ，日本経済の再建を目標に加えた。この動向は，日本の企業社会に多大な恩恵となったが，反面ようやく緒についたばかりの，民主化政策に歯止めをかける役割を果たした。労働省婦人少年局の改廃や「家族制度復活論」などが台頭したのもこの頃からだった。その後，民間企業の人員縮小や官公庁の行政整理が行われ，1950（昭和25）年までに，女性労働者数は激減し，大企業を中心に，企業の合理化が進むにつれて，職業における男女の平等と女性の解放は，再び暗礁に乗り上げてしまった。

②日本的経営と女性労働

高度経済成長期に日本の女性労働は，若年未婚と中高年既婚の二つのグループに区分された。職種でも若年層は事務部門に，現業（工場，作業所等の現場労

務が中心）部門では，中高年の女性労働者が，パート・アルバイトとして急速に増加した。また規模別でも，大企業の正社員では，若年未婚グループが80％以上を占め，一方，小零細企業の臨時・単純作業・販売等に中高年既婚者が活用された。この傾向は，企業が若年未婚者を対象に，若年定年制（一定未満の年齢で退職させる）・結婚出産退職制等を採用，若年正社員の定着阻止と，子育て後の中高年主婦労働の吸引をセットにした形で実現したからであろう。その背後には，高度経済成長期における性別役割分業の再編があり，世帯主の終身雇用と世帯賃金に，家庭の経済的基盤をおいていた。ここでは，家事労働と子育てを主たる役割とされる女性の就労の中断と家計補助者としてのパートでの再就職を認めざるを得なかった。いわば，「日本的経営」は，この性別役割分担によって，男女を一組とする労務管理に成功していた。

しかし，産業界は再び輸出競争力の強化を目的に，生産性の向上を図ることが経営の必須条件となった。一方，全般的な労働条件の悪化は，世帯主収入の減少をもたらし，家計補助の欲求が，いっそう主婦労働市場の拡大を招いた。ここに，労働市場の二極化が実現された。それは，一方に中核男子労働者を，他方に中高年の女子縁辺労働者を配置したことである。

その後，1980年代に入って，ME（Micro Electronics）化は，女性労働者に，二面的な作用を及ぼした。一方で単純労働・定型労働を拡大すると共に，他方では管理職や専門職の雇用率を高めた。とはいえ，企業の内部市場に吸収される女性は，男性並みの能力および労働条件を前提に選別されるか，または外部労働市場自体の性格を変えて，フリーワーカーと呼ばれる専門派遣労働者や，家庭内の内職プログラマーやオペレーターをライフサイクルに適合して，「キャリアウーマン」として再組織する可能性をはらんでいた。[2]

さらに，進行しつつあった経済のサービス化も，女性に二面的な作用をもたらした。すなわち，大企業を中心に専門職・スタッフ職の強化と再編が進み，販売・企画コンサルタント・システム開発・調査・カウンセラー等に，女性の専門職や専門能力が戦力として利用されるケースも出てきた。しかし，全体としては，不安定な縁辺労働市場の性格をもつフロー型労働市場（パート・派遣など不正規労働市場）を拡大しながら，女性労働の二極分化と，それらの内部お

よび外部労働市場への特化といった傾向を生み出していった(3)。
　このため，企業リーダーや高度な専門職に占める女性の数は，依然として増加せず，女性の労働が，個人の自立や職業を通しての自己実現をもたらす機会は，いまだに少なかった。

第2節　女性労働活用の背景

(1) 国際潮流の外圧

　日本政府は，国内市民団体などの要求を無視する傾向が強いが，国際的な圧力には柔順である。女性問題の出発も，国際婦人年（1975～85年）に始まり，その活動に圧力を受けてきた。

　2014（平成26）年11月に，OECDのステファースカルベッタ労働・社会問題担当局長が来日し，各地での講演を通して，日本政府に圧力をかけた。具体的な指摘として，少子高齢化が急速に進んだ日本では，「働く女性が急速に増えない場合，2025年までに，働く女性がさらに500万人減る」と予測された。そして出産による中断と非正規雇用がほとんどのため，賃金の男女格差は，OECD加盟国平均を大きく上回ることを指摘した。その上，家事・育児の負担が女性に偏り，働くメリットが見出しにくいことも付け加えられた。この状況を改善するには，長時間労働をやめ，男性も育児休暇を取得し家庭への責任を果たすよう求めた。さらに「男女平等は，過去には，選択の問題だったが，今は経済発展に不可欠の要素になった」と強調した(4)。

　同時期に，国際シンポIMF理事のラガルド氏も講演で，「経済停滞を解決する鍵は，女性の活用にある」とした上で，日本の経済政策や法律・文化などの改革の必要性を指摘し，課税対象を，世帯単位から個人単位に変えるなどの具体策も提案した(5)。

　これらの国際レベルの圧力に動かされて，有村治子女性活躍担当相は，国や地方自治体・民間企業などに，女性の活躍の推進を促す新たな法案をその年の秋の臨時国会に提出する考えを明らかにした(6)。

　さて，この新法は，実際にいかなる影響を及ぼすのか。2人の国際リーダー

の具体的な圧力の結果を注目したい。

（2）少子高齢化と人材不足

　戦後総人口の動向は，1947～49年は毎年の出生数が，270万人近い「第一次ベビーブーム」で総人口も1948年に8000万人を超えた。次いで1971～74年は「団塊の世代」を親とする「第二次ベビーブーム」で，日本の人口は順調に増加した。

　総人口が前年を割ったのは，2005（平成17）年。2011（平成23）年からは毎年減少を続けている。総人口が減少する原因は，「少産多死」のためだが，日本のケースでは，「合計特殊出生率」（1人の女性が，生涯に産む子どもの平均数の推計値）が，第一次ベビーブームでは4を超えていたが，1974年以降減り続け，2012（平成24）年には，1.41にとどまった。この傾向が今後も続けば，2100年には日本の人口は5000万人割れになると推計されている。[7]

　この人口減少の主な原因は，東京一極集中だといわれる。全国から首都圏を目指した若い人々が集まり，老いて孤独に残されていく。東京自体も衰退の危機にあると指摘されている。[8] 全国の出生率を比較してみると，日本全体では1.43だが，東京は1.13と最低を示している。低出生率の背景には，高い住宅・長い通勤時間・多額の教育費など，子育てをさまたげる環境があるとされる。[9] その上，地方出身者が多いため，子育てを助ける親族が近くにいないことも保育の環境を困難にしている。

　その上かつては人口過剰の解消に苦しみ，中南米やハワイ，さらには戦時中の満洲地域まで，移民と称する棄民が行われたのが，今や海外からの移民を期待するに至っている。

　人口の減少は，生産力の低下を招き，人材の輩出も縮小する。ここに至って政府も，人材の枠から排除してきた女性の登用を考慮せざるを得なくなっている。

　具体的に，数字を挙げると，2014（平成26）年度の国家公務員総合職の合格者1918人中，女性の合格者は，前年に57人プラスして，399人で過去最多となり，20.8％の比率に達した。出身校は，東大・京大・早稲田・慶應といずれも

高学歴者に占められた。

　一方，企業の女性管理職は，10％に満たない企業が81.1％に上ることが，帝国データバンクの調査でわかった。なお，現在は「0」と答えた企業が，51.5％で過半数を占め，10％未満が29.6％，30％以上は5.3％にすぎなかった。

　こうした傾向に歯止めをかける方法として，東京都内の女性議員のアンケートによると，「女性枠（クォータ制）」の導入によって，一定比率の女性議員を確保することに「賛成」が39.4％を占め，数の大切さが主張された。

　折から，第二次安倍改造内閣が発足し，5人の女性閣僚が任命された。50歳代から60歳代で5人共大学卒。前職や経歴は明らかでない。

　ところが，当時「次世代の党」から議員入りした杉田水脈議員が，国会の質問の場で，「日本の女性が輝けなくなったのは，ナンセンスな男女平等を目指したことに起因する」と発言。「男女平等は絶対に実現しえない反道徳の妄想。『男女共同参画基本法』という悪法を廃止し，それらに係る役職・部署の全廃が輝く日本を取り戻す第一歩」といい切った。「国会という公の場で，『男女平等』はないといわせる同志と，それを支持する有権者が，一定層いることは軽視できない」という発言も同僚女性議員からのものだった。

　さらに，2015（平成27）年「靖国神社春季大祭」への閣僚参拝について，中国外務省の強い反対にもかかわらず，参拝した閣僚は，高市早苗総務相・山谷えり子国家公安委員長・有村治子女性活躍担当相の女性3名であった。国策に旬じたとはいえ，先の戦争は，明らかに侵略であり，他国民の多数の命を奪っている。殺人は，人間にとって最大の罪である。戦いの被害者として，敵味方なく，共にその霊を慰めるのは妥当だが，「国のために戦った味方の人々」だけを尊敬し感謝するというのでは，この70年間，憲法9条の下で，一度も武器を取らなかった日本の立場は，これからどうなるのか。特に友好親善への努力が求められている中国を刺激する行為を，こともあろうに，平和と生命を愛するはずの女性閣僚等が，誇らしげに行うのをみると，彼女らによる女性の解放は，あまり期待できない。

　これらのケースからも，現在の女性人材の立ち位置がどこにあるのか。役職選出の規準も決して改革を目指すものではないのがわかる。

こうした社会的環境の下で，大学や研究機関に正規職員として所属する女性研究者はまだ14％にすぎず，ロシア41.2％，英国37.7％，イタリア34.9％に比べて，調査国で最下位を占めている。

「男女平等」は，政策のみでは動かない。その国の社会環境，これを支える男女の人材や意識が，この問題を左右する根本に根を張っていると思う。

（3）世帯賃金の破綻

経済成長期の日本で，性別役割分業の政策が成功したのは，当時世界的にも注目されていた日本的経営の独特な政策による。まず，終身雇用制で，正規社員は定年までの雇用を保障されていた。しかも「生活給」と称して，年齢に準じて給与の上昇が行われたから，年齢に応じた教育費・持家のためのローン等をカバーすることも可能だった。したがって，一定以上の企業規模の正規職員であれば，家計の基盤は，すべて企業に依存していた。

そのため，家計の荷い手は，世帯主に集中し，中間層の主婦は，専ら家事・育児の専業で，労働に参加せずにいられた。政府も，この政策を支持し，税や社会保障で，専業主婦を優遇した。サラリーマン世帯で，妻の年収が103万円以下ならば夫に配偶者控除が認められ，130万円未満なら，妻自身は年金などの保険料を免除された。多くの女性が結婚や出産を機に働くことをやめた理由であり，このやり方は，先進国では日本独特の政策だった。しかし，今や主婦労働力の活用は，無視できない課題となりつつある。

その上，石油ショック以降，企業の倒産やリストラの増加など，サラリーマン世帯の企業への依存が必ずしも安全とはいえなくなった。

一方，この頃から増加を続けている離婚や思いがけない自然災害などが，困窮世帯を生み出した。特に，離婚に伴う女性の一人親世帯では，職業体験や高度の資格をもつ母親が少ないため，社会の底辺に沈むケースが多く，今や貧困層に占める女性の率が高まっている。

2013（平成25）年の総務省の「労働力調査」によると，非正規で働く女性の分布は，100万円未満―47.1％，100万～199万円―38.5％，300万以上は10.9％，普通世帯とほぼ同じ500万以上は，わずか0.4％にすぎない。こうした女性の貧

困は、「女性は結婚し夫に扶養される」人生設計が多かったため若い女性の無職や低収入は、あまり問題視されなかった。しかし、今や離婚率の増加や生涯未婚率の上昇によって、女性の貧困化は、無視できない社会問題の一つとなっている。

例えば、平均月収18万円で支出が14万円とすると、食費は4万円にすぎず、1日300円、1食100円だという。その結果、体重の低下・貧血がみられると専門家は指摘している（2014年9月26日NHK放映）。これでは、母親のみに育てられる子どもは、塾通いはもちろん、友だちづきあいもできず、不登校になるケースも少なくないという。今まで、娘の自立やキャリア形成に、大方の親があまり関心をもたなかったが、今後は、女性の意識を高め、個人として自立できる職業を配慮する教育が必要である。

女性の経済的自立が、女性職業人の低下を防ぎ、人材不足をカバーすることにもなるであろう。

第3節　男女共同社会の実現

(1) 性別役割分業の改革

日本では、「男は外・女は内」の分業が伝統的な社会習慣のように考えられてきたが、歴史を振りかえってみると、必ずしもそうではない。武士階級は別として、一般の農民・商人などは、男女共同で、生活を立てていた。特に大正期に職業婦人と呼ばれたグループでは、医師・著述業・音楽家・美術家・女優・作家・教育者・美容師・産婆・遊芸師匠・薬剤師・記者・モデル等、経済的に自立可能な職種に就く女性が未だ少数とはいえ現れ、彼女たちは、家庭内の労働を雇人に任せて、外の仕事に専念した。この他、農村地帯でも、農業労働はもちろん特に秀でた技術をもつ生糸女工は、百円女工と呼ばれ、夫が育児や家事労働に加わっていたので、群馬の女性は「かかあ天下」と呼ばれた。

これらの中、教師や医師は高等教育を受けていたので、職業観・家庭観にも変化が現れ、この新しい女性職業人の登場が、家族制度の枠組みや意識にも若干の動揺を与えたが、自立可能な職業人になれたのは、ほとんどが中産階級以

上の階層の女性だったため、全体に与える影響は少なかった。

　やがて、ファシズムの台頭と共に、再び「家族制度」は、戦争を支える女性の「くびき」となった。この強かった「くびき」の解体は、アメリカ占領政策によって一時実行され、大正期に活躍した女性の中から新しい女性活動家が誕生した。例えば、すぐれた論文を残した山川菊枝、初の女性新聞記者市川房枝、女性医師を養成した吉岡弥生、アメリカ帰りの評論家石垣綾子など、大正期に芽生えつつあった女性リベラリストの復活がみられた。

　しかし、高度経済成長の下で、日本的経営が発展すると共に、大企業を中心に労務管理政策の方法として、女性の短期雇用と、中断再就職（職業の中断と非正規での再就職）が導入され、再び「男は外・女は内」の性別役割分業が、男女の働き方を左右するに至った。

　とはいえ、今や家庭をめぐる環境や企業の競争激化の中で、変化のきざしがみえつつある。すでに、欧米先進諸国では、「男女共同参画」の実行が進み、早くも企業の発展にも、プラスしつつあるという。

（2）家庭と職業の両立

　2014（平成26）年度の『経済財政白書』では、2013（平成25）年時点で女性の労働力人口は、約2800万人。このほか「子育てで中断しているが、可能なら働きたい」と考えている女性が300万人以上いると指摘している。育児と仕事を両立させられる環境が整えば、約100万人の女性が働けるようになると報告した。なぜ、女性は働きたくても働けないのか、国立社会保障・人口問題研究所が2013年の「全国家庭動向調査」を発表した。対象は夫がいる全国の女性6409人。まず夫婦の育児分担割合は、妻が平均79.8％、夫は20.2％にすぎなかった。また、夫が週1～2回分担した育児内容は、「遊び相手」87.5％、「風呂に入れる」82.1％だった。最も少なかったのが、「保育園などの送り迎え」28.4％。なお家事の分担では、トップが「ゴミ出し」で40.6％、次いで「日常の買物」26.6％、「食後の片付け」33.1％と続き、最低が「部屋の掃除」19.2％であった。これらの数字から、家事労働のほとんどが、仕事をもっている妻の負担になり、できれば、専業主婦でいたい女性の気持ちがわかる。

そこで，一番負担の重い育児の援助として政府も保育所の増設や保育時間の延長，利用者の経済的援助などを導入し始めてはいるが，年々増加する主婦労働者の必要数を満たすには至っていない。

　厚生労働省は，待機児童の数が，2014（平成26）年4月1日の時点で，2万1371人と発表，国が基準としている認可保育所に入る子どもは，226万6813人で，前年より約4万7000人増えた。その上，申し込んだ人の数や入れなかった人の数はわかっていない。働く母親が最も手のかかるのは，満3歳児までといわれるが，次に立ちはだかるのが，学童保育である。

　厚生労働省によると，都内の学童保育の「待機児童」（2013年5月現在）は，1753人で全国で最も多い。学童保育は，小学校1～3年が対象なので，早目に塾や各種のけいこ事に通わせて，時間を費すが，経済的な負担も多く，母親の退社時間が不規則だと，迎えの人を雇ったりしなければならず，母親たちは「小4の壁」と嘆いている。

　こうした数々の育児環境の悪化の中で，経済的理由だけで，働かざるを得ない母親や仕事に就けない父親によって，児童虐待が起こり，全国の児童相談所による2013（平成25）年度の調査では過去最悪の7万3000件に上り，虐待により死亡するケースも後を絶たない。

　親が家庭と仕事の両立ができず，子どもの目前で，父親が母親に暴力を振るう「ドメスティックバイオレンス」も，子どもの心に大きな傷となり離婚の原因ともなる。今や核家族中心で，祖父母の援助も受けられず，しかも貧困層で，子を24時間託児所に任せざるを得ない母親がいるなど，仕事と家庭のバランスが完全に崩れている。

　すでに，多くの先進国で実行されている保育設備の改善や父母共に取得可能な育休・父親の家事労働への参加・企業労働の改善など，主婦労働が単に家計補助労働から脱して，人生目標の一つとして，自己実現の手段としての仕事になるとき，おだやかな家庭と生きがいとしての仕事の両立が，子どもたちにも良い影響を及ぼすことになるだろう。

（3）企業労働の柔軟化

「男女共同参画」というと女性問題だと思われがちだが，実は男性の理解と協力なくしては実現されない。つまり家事・育児を男性が負担しない限り，女性の継続労働は困難になる。

最近耳にする「イクメン」という言葉は，育児に積極的な男性のことだが，この理念に反対して，育児休暇を取る社員に，「女房の役割だ」「仕事の経歴に傷がつくぞ」などと脅す上司もいるという。このため，「育児休業」を「使いたい」と考える男性が調査対象者の3割に上っているのに，13年度の取得率は，わずか2.03％にすぎなかった。

家事や育児を仕事と両立できる環境づくりを求めるのは，男女にかかわらず当然の要求で，2014（平成26）年の6月に，各省庁の中堅女性官僚の有志が提言を出した。提言は「男女ともに長時間労働を当然とする価値観を変え，時間でなく仕事の質を重視する人事評価基準の導入を求める」ものであった。

こうした傾向は，大企業を中心に次第に拡がる傾向にあり，「育休」を企業の方からすすめたり，男性上司の意識変革の勉強会を開く等，男女共同参画で生産性の向上がみられつつある企業もある。

同時に，自宅など会社以外の場所で仕事をする「テレワーク」（在宅勤務）を取り入れる企業も現れ，育児中の女性の利用が増え，効率的な働き方への意識も高まっている。とはいえ現状では，14年で約9％。政府が目標としている20年までに10％以上が果して実現するだろうか。

安倍政権は，女性の活躍推進を看板に掲げているが，自治体や大企業に独自の数値目標設定を義務づける「女性の活躍推進法案」は衆院解散で廃案になった。このため都道府県の対応がさらに遅れる可能性がある。

現在地方議会の女性比率は，全国で1割強にとどまり，なかなか増えないので，2015（平成27）年の4月に，その理由と改善策を探るため，東京都内市区町村の全女性議員にアンケートを実施した。その結果，同僚や有権者からのセクハラ経験は3割に上ることが示された。具体的には，「議員なんかやめて，早く結婚しろ」「女はひっこんでいろ」，男性管理職とチークダンスを踊らされたなど，議会同僚や有権者に，根強い女性蔑視が残存しているのがわかった。

その数字を，各国主要都市の地方議会女性議員の割合と比較してみると，1位「パリ」で50.9％，2位「ストックホルム」49.5％，3位「ヘルシンキ」45.9％であった。これに対して，東京は対象9カ国の中，最下位の13.1％にすぎなかった。

　この数字では，とても「女性の輝ける国」とはいえない。これからは，女性議員の数の増加も政策の力として活用し，社会環境全体に，男女共同参画の流れを拡げていくことが求められる。男女共同参画は，決して女性だけの問題ではない。今や国際的に民主国家の「あかし」として受けとられている。日本も先進国の一国として，真に豊かで，平和な国を築きたいと思う。

注
(1)　森，1963，62-63頁。
(2)　竹中，1989，7 - 8頁。
(3)　同上書，8頁。
(4)　『東京新聞』2014年9月13日付。
(5)　同上紙。
(6)　同上紙。
(7)　『読売新聞』2014年4月9日付。
(8)　同上紙，2014年4月13日付。
(9)　同上紙，2014年9月30日付。
(10)　同上紙，2014年6月23日付。
(11)　同上紙，2014年8月15日付。
(12)　『東京新聞』2015年2月19日付。
(13)　同上紙，2014年11月13日付。
(14)　同上紙，2015年4月24日付。
(15)　『読売新聞』2014年4月15日付。
(16)　同上紙，2014年10月21日付。
(17)　同上紙，2014年7月25日付。
(18)　同上紙，2014年8月9日付。
(19)　『東京新聞』2014年9月13日付。
(20)　『読売新聞』2014年3月18日付。
(21)　同上紙，2014年8月4日付。

⑵２　『東京新聞』2014年11月13日付。
⑵３　同上紙。
⑵４　同上紙，2015年4月27日付。
⑵５　同上紙，2015年2月16日付。
⑵６　同上紙。
⑵７　同上紙。

引用参考文献
柴山恵美子・藤井治枝・渡辺峻，2000，『各国企業の働く女性たち』ミネルヴァ書房。
竹中恵美子，1989，「再編のなかの女子労働」『賃金と社会保障』(No. 1002) 労働旬報社，7-8頁。
藤井治枝，1995，『日本型企業社会と女性労働』ミネルヴァ書房。
藤井治枝・渡辺峻，1998，『日本企業の働く女性たち』ミネルヴァ書房。
森喜一，1963，『続日本労働者階級状態史』三一書房。

（藤井治枝）

第2章
上場企業における女性管理職・役員の登用

第1節　女性役員比率の高い上場企業の分析

　第1章において，概観してきたように日本企業の日本的経営・日本的システムの中に，女性管理職・役員の登用を困難にする原因があることをみてきた。ここでは，実態からその改善策について考察をすることにしたい。
　まず，日本の上場企業の女性役員比率の高い上場企業の分析を行うことにしたい。
　東洋経済が毎年7月に行っている『役員四季報』調査から時系列的に上場企業の女性の役員比率の変化についてみてみると，2010年の女性役員数が2009年に比べてやや増加していることがわかる。具体的にいえば，2009年から2010年7月にかけて，上場企業で女性役員が1名以上いる上場企業は昨年比20社増の476社，25名増の554名となっている。その結果，全役員に占める女性役員の構成比も2009年の1.23％から2010年は1.33％に増えている[1]。
　2010年では，最も女性役員数が多い上場企業は，乳幼児玩具メーカーでバンダイナムコホールディングス系列のピープルとなっている。ピープルの取締役9名のうち，5名を女性が占めている。ピープルが，ベンチャー企業であり，新興企業で，かつ乳幼児玩具メーカーであるため購入者の中心が女性であり，女性の目線がとても重要であるなどが，女性取締役が多い理由であると考えられる。第2に多い企業は，人材派遣大手のパソナグループ（全役員16名のうち女性役員4名），第3位が，京都きもの友禅（15名のうち女性役員4名）となっている。第4位の3名の女性役員がいる企業をみると，スポーツクラブ大手のルネサンス，資生堂，エステー，ベネッセホールディングス，ナック，ニチイ学館

などがある。女性役員の多い企業の共通点を考えると、女性の従業員が多い企業である点も挙げられる。

そして、2010年の女性の役員数が多い企業を、業種別にみると、上位9社のうち5社がサービス業である。サービス業の比率をみると、66社の中で女性役員が2名以上いるのは25社となっており、36％を占めている。2番目に多い企業は、情報・通信業で66社中7社、3番目が化粧品メーカーを中心とする化学、小売業となっており、それぞれ6社となっている。業種と関係なく女性役員を増やしている企業をみると、企業の社会的責任（CSR）、ダイバシティという点を意識した大企業に多い点も特徴である。例えば、ソニーは2007年7月時点では、いまだ、女性役員は1名であったが、2008年に2名に増やしている。また、大和証券グループ本社でも、2008年7月時点で1名であった女性役員を2009年に2名に増やし増員をはかっている。

3年後の東洋経済の『役員四季報2013年版』では、全上場企業3543社の役員3万9624人のうち、女性役員が1名以上いる企業は524社（14.8％）となり、総数630人（1.6％）となっている（2012年7月末時点。同一人物が複数社を兼任している場合はそれぞれ別にカウントしている）。2009年と2012年を比較すると、476社が524社に、554名が630人と増加しており、全役員に占める女性役員の構成比は、1.33％から1.6％に増加したものの1％台にとどまっている。

女性役員数が複数名いる日本の上場企業の40社をリストアップしたものが、**表2-1**である。リストアップした企業の中から特に、注目に値する企業について、次に、具体的事例について紹介を行うことにしたい。

注目すべき企業としては、女性の役員であっても、日本企業の場合、内部昇進型が多いのに、パソナグループでは、4名の女性の役員のうち2人が、外部企業でのキャリアを積み重ねたのち、転職して同社に入社した点である。後述する点であるが、日本の女性役員の少なさの理由として、女性の役員以下の部長、課長クラスの管理職が育っておらず、内部昇進型で女性の役員登用ができない点が挙げられているが、外部企業からのキャリア組の女性を、採用すればその点の問題は、解消できるといえよう。

次に、医療事務受託最大手のニチイ学館では、女性部長数も多く、内部昇進

第 2 章　上場企業における女性管理職・役員の登用

表 2-1　女性役員が複数活躍する東証 1 部上場40社

社　名	業　種	役員数(人)	うち女性役員数(人)
パソナグループ	サービス業	17	4
ニチイ学館	サービス業	15	4
エステー	化学	15	4
ブリヂストン	ゴム製品	13	3
ルネサンス	サービス業	12	3
ツクイ	サービス業	12	3
JPホールディングス	サービス業	10	3
ベネッセホールディングス	サービス業	12	3
資生堂	化学	13	3
サトーホールディングス	機械	15	3
ローソン	小売業	11	3
京都きもの友禅	小売業	13	3
レナウン	繊維製品	10	3
ユーシン	電気機器	12	3
テンプホールディングス	サービス業	10	2
スタジオアリス	サービス業	12	2
ダスキン	サービス業	15	2
東京個別指導学院	サービス業	11	2
アゴーラ・ホスピタリティー・グループ	サービス業	11	2
藤田観光	サービス業	15	2
ナック	サービス業	11	2
アステラス製薬	サービス業	11	2
ファンケル	医薬品	14	2
りそなホールディングス	化学	20	2
セブン銀行	銀行業	14	2
スタートトゥデイ	銀行業	10	2
セブン&アイ・ホールディングス	小売業	21	2
スギホールディングス	小売業	9	2
パルコ	小売業	25	2
野村ホールディングス	小売業	16	2
アイスタイル	情報・通信業	9	2
ヤフー	情報・通信業	9	2
カルビー	食料品	11	2
味の素	食料品	19	2
テルモ	精密機械	17	2
中部電力	電気・ガス業	24	2
ヤーマン	電気機器	11	2
ソニー	電気機器	21	2
フージャースコーポレーション	不動産業	7	2
サカイ引越センター	陸運業	14	2

(注)　複数社を責務している場合は、それぞれ 1 名として算出。
(出所)　『役員四季報　2013年版』より，2012年 7 月末時点調査。

型で，女性役員を登用する土壌を構築している。それを反映して，教育事業を統括する常務取締役1人をトップとして，医療関連事業や保育事業，ヘルスケア事業の各トップも女性役員となっている。いずれも，新卒入社・内部昇進型の女性役員となっている。ニチイ学館は，女性管理職を育成することが，日本企業においても可能であることを示す好事例であるといえよう。

　次に，エステーでは，2013年4月1日付で女性の新社長が誕生している。鈴木貴子取締役は創業者の娘で，代表執行役会長の鈴木喬氏の姪に当たる人物である。創業者系の女性社長であるが，これまで，創業者系であっても，娘の場合，婿をとり，その婿を後継者にすえる企業事例も多くみられてきたが，近年は，創業者系の女性社長も，誕生するようになっている。その背景には，女性のキャリア形成と社会的意識や財界における意識変化があると考えられる。エステーの女性の新社長のキャリアをみると，新卒採用で日産自動車に入社，7年勤務後，ヨーロッパのブランド品会社でマーケティング業務を行い，2001年にLVJ（ルイ・ヴィトン・ジャパン）グループに転職し，エステー以外のキャリアを積んでいる。エステーでは，同じくキャリア昇進型2人の女性取締役と内部昇進型1人の女性執行役がおり，女性役員の多い企業といえる。女性役員が3人で上場している日本企業は，資生堂，ブリヂストン，ベネッセホールディングス，ローソン，レナウンなど11社ある。また，女性役員が2人で上場している日本企業としては，ソニー，ヤフー，セブン＆アイ・ホールディングス，りそなホールディングス，野村ホールディングス，中部電力など25社がある[5]。ソニーでは，2013年5月29日，日本人女性としてはじめて業務執行役SVPに女性を登用することを発表している。これまでソニーでは，外国人女性の執行役経験者はいたが日本人の女性の執行役員の登用は行っておらず，これが，初の人事であった。ソニーでは，今後も女性の役員を増やす予定にしている[6]。

　また，2013年度になって，伝統的な「日本的経営」をとる日本企業の日本航空，パナソニック，伊藤忠商事などでも，初の女性役員が次々に誕生しているのも，大きな経年変化の特徴である。これには，安倍政権の成長戦力の一つとして，女性の役員や管理職の登用拡大が盛り込まれており，安倍首相の「各企業一人以上の女性役員要請」に応えての女性役員の出現といえる[7]。安倍政権の

成長戦略に掲げる「女性役員1人」は，執行役員，取締役，社外取締役などを問わないため，女性の社外取締役で対応するケースが多い。

また，上場している日本企業の業種別の女性役員が多いのは，2010年と2013年では，サービス，小売業，化学，電器などの女性目線から商品づくり，販売が求められる業種である点は，同じであった。1985年の男女雇用機会均等法の改正以来，28年が経過しており，1985年に大学を卒業し，企業に就職した女性も50歳となり，女性の役員候補となるべき年齢に達している。その意味では，女性目線が必要でない基礎素材等の企業間ビジネスなどで，女性役員をどうつくっていくかが課題であるといえよう。

次に，女性役員を生み出す土壌となる日本の女性管理職の現状についてみることにしたい。

第2節　女性の管理職登用の実態

第1節でみた女性役員の実態について，日本の女性管理職の実態から考えてみることにしよう。

まず，日本における女性の管理職の実態について，国際比較からみることにしたい。ILO の統計（2012）から管理職に占める2008年の日本の女性比率は，57カ国の平均で30％となっている。女性の管理職比率の高い国としては，フィリピン（53％）やカザフスタン（49％）などとなっており，新興国が，日本よりはるかに上位となっている。また，日本と同じ先進国についてみれば，米国（43％），フランス（39％），ドイツ（38％）となっており，いずれも，日本より女性管理職の比率が高いことは，予想どおりである。上場企業の役員を生み出す土壌となる日本の管理職比率が国際比較からみても低いことがわかる。[8]

また，『男女共同参画白書平成25年版』から日本の管理的職業従事者数の女性割合の歴史的推移をみると（図2-1），1957（昭和32）年に約6％となり，1967（昭和42）年に約4％となり，2012（平成24）年に12％手前まで上昇していることがわかる。問題は，日本における女性の管理的職業従事者数の上昇の度合いが，男女雇用機会均等法施行以降の1987（昭和62）年においても，低い点

図2-1 日本の管理的職業従事者数の女性割合

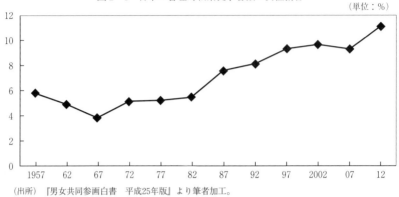

（単位：％）

（出所）『男女共同参画白書　平成25年版』より筆者加工。

である。

　帝国データバンクが，2013年7月19日から7月31日にかけて，全国2万3226社を対象とし，優等回答企業数1万395社（回答率44.8％）の「女性登用に対する企業の意識調査」によると，女性管理職（課長担当職以上）の女性の占める割合をたずねたところ，「0％（全員男性）」が47.6％，「5％未満」が23.9％，「5％以上10％未満」が9.6％であった。これらから女性管理職の割合が「10％未満」と回答した企業が，81.1％となっており，日本の女性管理職の割合の低さを確認する結果となっている。

　この調査において，企業規模別にみると，女性管理職の割合が「10％未満」が，中小企業で78.8％であったのに対して，大企業が88.7％と，9.9％低い回答となっている。また，女性管理職の割合が過去5年間で増加した企業は，16.8％であり，「変わらない」と回答する企業が，72.1％と多数を占めている。今後の女性管理職比率の変化については，22.0％の企業が「増加する」と回答している。今後，増加すると回答した企業は，大企業が，29.2％，中小企業が19.8％となっており，大企業のほうが中小企業より，9.4ポイント高い回答率となっている。女性の管理職比率が低い大企業において，むしろ中小企業より女性の管理職比率を高めようという回答が多い点は，注目できる点である。

　そして，同調査では，ポジティブ・アクションの取組みとして，43.0％の企

第2章　上場企業における女性管理職・役員の登用

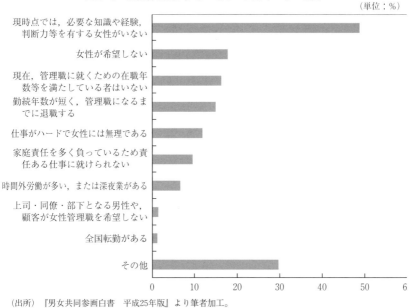

図2-2　女性管理職が少ないあるいは全くいない理由

（出所）『男女共同参画白書　平成25年版』より筆者加工。

業が「意欲と能力のある女性を積極的に採用や登用」を，回答している。女性従業員割合が30％未満と回答した企業が，66.3％となっており，まずは，「意欲と能力のある女性を積極的に採用」することから始める必要があることがわかる。特に，優秀な人材不足に悩む中小企業では，優秀な女性を求める企業も多い。

　前述した『男女共同参画白書平成25年版』から日本企業において，「女性管理職が少ないあるいは全くいない理由」（図2-2）をみると，「現時点では，必要な知識や経験，判断力等を有する女性がいない」が最も高い理由となっている。必要な知識や経験，判断力等を有する女性がいない事柄には，日本における男女の家事分業と日本的働き方にその原因があることをみてとることができる。「仕事がハードで女性には無理である」「家庭責任を多く負っているため責任ある仕事に就けられない」ため，「勤続年数が短い」「女性が希望しない」となり，日本における女性の過度な家事負担と家庭と仕事の両立が困難な状況が

かいまみえる。

　日本における女性の過度な家事負担と仕事の両立のための企業の取組みの「意識」を，前述した帝国データバンクの「女性登用に対する企業の意識調査」でみると，次世代教育法に基づき，常用雇用する従業員が101人以上の企業には「仕事と子育ての両立をはかる行動計画」を作成し，一般への公表，従業員に告知することについてたずねたところ，1万395社中2429社（23.4％）において，「制度を知らなかった」と回答している。法律によって努力義務が課され，一定の条件を満たせば申請によって，法的に，「子育てサポート企業（くるみんマーク）」として認定（くるみんマークの認定）されるにもかかわらず，4分の1が，制度を知らなかったと回答している点は驚きである。そして，今後も，行動計画を，「作成する予定はない」と回答した企業が22.3％もある。その反面，「計画を策定し認定」を受けていると回答する企業が6.0％あり，「現在，計画を策定している」と回答する企業も，5.0％ある。

　しかし，こうしたアンケート結果に反して，積極的に女性の管理職の登用を表明する日本の巨大企業も現れはじめている。例えば，日立製作所では，2013年5月20日，2015年までの女性を役員に登用し，2020年までに女性の管理職（課長担当職相当）を現状の2.5倍に当たる1000人にすることを発表している。日立製作所では，これまで，女性は社外取締役しかいなかったが，社内から役員を登用し，組織の活性化をはかることを目指している[9]。そして，日立製作所では，女性役員登用に向けて，2013年8月5日，日立グループの部長担当職以上の女性111人が集まり，初の「日立グループ女性リーダーミーティング」を行い，女性幹部育成研修を実施している。また，ここは2013年で，事務系では女性の採用率は43％に達し，時短勤務や育休も充実している。日立が，女性の役員登用，管理職比率・女性採用率の拡大を図るのは，機器の販売を軸におく事業スタイルから経営支援・日用品の販売やサービス事業への転換という経営刷新の中で，女性の登用が必要であるという判断がある。また，コスト削減においても，これまでの男性を中心とした視点から女性ならではの提案がなされることを期待している[10]。

　また，イオンは，2013年5月16日に開催された定時株主総会で，女性の部課

長や店長などの管理職比率の2013年の7％から2020年に50％に引き上げることを明らかにしている。女性の役員比率に関しても，2020年に，30％以上に引き上げる目標を掲げている。そして，そうした目標を実現するために，ジェンダーダイバシティに詳しいベネッセコーポレーション副社長の内永ゆかこ氏を，社外取締役に選任している。今後イオンのショッピングモールなどに託児所を設けることなどを検討していくとしている。

　女性管理職・役員を増やすには，女性従業員を増加させ，経験とリーダーシップ能力を育成し，そのための行政をはじめとした支援機関が必要である。そして，女性管理職・役員の創出には，女性の就業継続を支援する制度のみならず，組織風土の改革と経験を重ねることで獲得される様々な管理者としての能力を育成することが重要である。

第3節　事例にみる女性管理職登用の課題

　次に，筆者が行った日本を代表する多国籍大企業A社のヒアリング調査をもとに，女性管理職・役員の課題について考えることにしたい。A社を調査対象として選定した理由は，A社が女性活用・女性管理職登用問題において，まだ十分に進んでいない中，これから，急速に女性の管理職比率を高めようとした点がある。大多数の日本企業は，女性の活用・管理職登用が進んでおらず，一つの典型的な事例といえる。

　A社では，グローバル競争力を高めていくため，女性管理職の推進の必要性を意識しながら努力しているが，日本政府が提唱している「2020年までに指導的地位に女性が占める割合を30％以上に」の目標を達成することはとても不可能であると認識している。それは，企業内400名以上の中間管理職以上の管理者（課長職以上の管理者）がいるが，女性がわずか数％しかいないのが現実だからである。女性管理職の人数・パーセンテージを上げるには，男性の管理者を辞めさせなければならないが，そのことは，A社には，人事政策上，不可能といえる。特に，A社では，バブル期に大量採用を行った40歳代の管理職候補となる男性社員が多数おり，管理職ポスト不足となっている。それだけに，女性

を管理職にすると，男性の管理職ポスト不足がより厳しくなる現実がある。

　A社の今後の女性活躍推進のためのA社の取組みについての質問をしたところ，A社では，一番力を入れている点として，2015年度の「新卒の採用」における女子学生の採用にあるとの答えをえることができた。

　日本企業の組織構造的要因の一つである女性活躍推進・女性の管理職登用の前提となる全従業員に占める管理職候補となる女性従業員比率が，なかなか上がらない理由として，採用対象となる理系の女子学生が，そもそも少ない点がある。A社のヒアリング調査においても，人事部人材グループマネジャーより指摘された点であるが，なぜ過去の新卒採用者の中で女性が少なかったかというと，化学分野，機械分野を大学で受験し，大学・大学院において，研究を重ねてA社に入社してくるのは，男性が圧倒的に多いためである。反対に女性で化学分野，機械分野を受験し，研究をする人数が圧倒的に少ないため，採用時に，理系の女性を採用することが困難となっているのである。この点は，日本のみならず世界の教育システムの中に，男性は理系，女性は文系といった性別役割分業的意識の傾向がみられる点があり，性別役割分業的な意識を乗り越えて，理系の女子学生をいかに増やしていくかが，大きな社会課題であるともいえよう。

　これは，社会意識に深く根差している点がある。それは，日本企業では，男性の営業から女性の営業に替えられることを，派遣先の企業が軽んじられていると理解される商慣習に基づく男女差別意識がある点である。すなわち，男性営業マンより女性営業マンのほうが，権限がなく，補佐職のような仕事しかまかされないという差別意識が根底にある。この点は，社会全体の意識変化に伴い変化をとげつつあり，女性営業マンを受け入れる土壌も，取引先に生まれつつある。

　また，A社の組織構造上の問題がある。その一つは，年齢別労働力構成の問題である。

　A社では，年齢別労働力構成において，企業内の20歳代・30歳代の従業員数が少なく，バブル経済期の1980年代後半から1990年代初頭に採用された40歳代の男性社員が3，4割を占めている。結果，A社では，10年から20年前であれ

ば，男性社員が，50歳代になると管理職になれていたが，現在の40歳代の社員は同年代者が多いために管理職になかなかなれない現実がある。その反面，企業側としては，女性管理職の候補の育成が望ましいが，上述してきたような男性社員の昇進問題がある。管理職を希望する男性社員が多数いる中で，女性従業員を管理職に登用することは，男性従業員のモチベーションを低下させる恐れもあり，そのバランスが大きな問題となることが想定されている。こうした労働力構成上の問題は，多くの日本企業が抱える問題であり，女性の管理職登用における共通する壁ともいえる。

　A社における組織上のもう一つの課題は，労働時間に関わる問題である。A社においても，労働時間管理の面からみると残業時間を少なくしていかなければ，女性の活躍推進は，できないと認識している。A社でも，男女雇用機会均等法が施行された1980年代から1990年代の女性管理職は，男性のように働く女性が多く，家庭より仕事を重視してきたが，それは2015年では，A社の人材グループマネジャーは，女性の働き方の意識も変わっているという。

　次に，A社のヒアリング調査において，意識問題を女性と男性に分けて調査を行った。現実的に，A社でも，女性社員自身も昇進を求めている人が少ないという女性従業員の意識面の問題がみられた。A社の女性従業員自身も「女性が管理職を目指してもいいのか？」という疑問をもち，昇進に対して意欲が薄い女性が主流であるとの指摘もある。この点は，日本において，女性に過度な家事負担があり，しかも，残業があると家庭と仕事の両立が困難であることを，多くの女性従業員が自覚していることに理由があろう。それゆえ，A社においても，男性は無意識で昇進モデルを描いている女性については，女性管理職のロールモデルを作ることは必要とされている。

　また，人材グループマネジャーは，A社でも「女の幸せは家庭に入る」という考えが男性の上司・管理職に根強く浸透しており，「女性が仕事で婚期をのばしたら，幸せになれない」と考えている男性上司が多い点に問題があるという。そのため，A社でも，男女が仕事の出来具合が同じレベルだとしたら，男性が妻と子どもを養うという義務があると考え，男性を優先的に昇進させる傾向がこれまであったと述べている。逆に，女性の場合は，もし夫がいるならば，

経済的に困らないので，昇進させなくても大丈夫であり，女性が単身であれば，扶養家族がいないので，優秀であっても昇進を後に回すことができると判断する男性管理職もみられてきた。この点は，男性管理職の性別役割分業意識の問題である。そして，男性管理職が女性よりも男性を管理職に登用する問題としては，日本企業は未だに男性従業員間の「阿吽（あ・うん）の呼吸」とか「暗黙の了解」といった習慣が根強く残っている点が挙げられる。

　また，女性への支援があればあるほど，男性従業員の理解と支援をもらうのはますます難しくなると考えている。男性従業員に女性を理解してもらうため，A社では，父親の育児参加「パパ休暇」を実施している。ただし，積極的に休暇をとる男性が少ないので，無理矢理にとらせる場合もあった。その理由は，日本の男性育児制度は多くの妻に反対されているからである。なぜなら，日本の育児休暇制度は無給であり，男性が育児休暇をとると給与が減少するため専業主婦である妻の理解を得られないという点があるからである。

第4節　女性役員比率向上の方策と課題

　前節の日本における女性の管理職登用の実態を踏まえて，日本の女性役員比率向上の方策と課題について国際比較の視点から考察を行うことにしたい。

（1）クオータ制の導入の問題点・課題

　前述してきたように国際的にみて，上場企業における女性役員数を増やす大きな促進的制度としては，クオータ制がある。クオータ制については，後の章において詳しくみることとなるが，ここでは簡単に触れておきたい。

　2003年に上場企業への役員女性比率の向上を定めるクオータ制を創設したノルウェーでは，6％でしかなかった「取締役女性役員比率」が10年後44％に上昇している。ノルウェーのクオータ制度は，前述したようにEUの欧州委員会においても，導入されることが公表され，欧州以外でも，マレーシアなどでも導入されつつある（表2-2）。しかし，ノルウェーでは，上場企業の取締役会に対し，その4割を女性とすることを義務づけるクオータ制導入を2003年に

第2章　上場企業における女性管理職・役員の登用

表2-2　欧州中心に進む女性役員クオータ制の導入

・ノルウェー	2008年以降，株式会社に40％以上	
・フランス	2017年までに，従業員500人以上の上場・非上場企業に40％以上	
・スペイン	2015年までに，従業員250人以上の上場企業に40％以上	
・アイスランド	2013年までに，従業員51人以上の国営企業，株式会社に40％以上	
・イタリア	2015年までに，国営企業，上場企業に33％以上	
・ベルギー	2019年までに，国営企業，株式会社に33％以上	
・オランダ	2016年までに，従業員250人以上の上場企業，有限責任会社に30％以上	
・マレーシア	2016年までに，上場企業に30％以上	

（出所）『日本経済新聞』2013年6月28日　http://www.nikkei.com/article/DGXNASFK25008_V20C13A6000000/　2013年12月13日閲覧。

決定し，2008年に完全施行したが，2006年に49社が上場を廃止しており，クオータ制適用を避けるために非上場化した可能性が高いとされている。また，同様に外国企業と合併して，ノルウェー籍から外れる企業もみられたという。このような状況を背景として，上場企業の取締役会に対して一定の女性の役員比率を義務づけるクオータ制度をめぐっては，欧州においても，賛否両論がある。例えば，スウェーデンや英国では，女性役員比率の向上を，自主的努力義務であり，男女の幹部比率の公表によって，それを促すべきであるとしている。

（2）役員・管理職比率の公表

次に，管理職比率の公表政策について考察を行うことにしたい。

日本政府がすすめる女性の役員・管理職比率等の公表は，学生の就職判断と外国人投資家の投資判断の材料となるものである。女性の役員比率・管理職比率の高い企業は，学生の就職希望を高めると同時に，外国人投資家の投資判断の材料となるだけに，日本企業の女性の役員比率・管理職比率を高める効果をもつものといえよう。

内閣府は，2014年1月から男女の役員比率，女性の管理職比率，勤続年数，育児休暇，産休の取得率などの計12項目を公表することとしている。対象とした企業は，上場企業の3600社で，2013年の10月以降にアンケートを実施し，承諾を得られた企業だけを公表することにしている。

日本企業の女性の管理職比率の公表は，企業が女性の役員比率・管理職比率

41

等が他企業に比べて高い場合，女子学生の就職志望を高めることになる。それゆえ，男女の役員比率，女性の管理職比率，勤続年数，育児休暇，産休の取得率などが高い上場企業は，アンケートの公表を承諾するが，それらが低い企業は公表をしないことが考えられる。それゆえ，日本政府によるこれらの項目の情報公開は，全上場企業を対象として行うことで，より有効性を高めることになると考えられる。それゆえ，公表の義務化が必要であろう。

　海外の証券市場では，上場企業取締役会の女性割合，ジェンダーダイバシティの目標値等の公表に関する取組みが行われている。これは，海外投資家が，上場企業取締役会の女性割合，ジェンダーダイバシティの目標値を，投資をする際の意思決定の際，考慮しており，これらのデータの開示を求めているからでもある。

　その例証として，ブルームバーグの「ESG 投資」のデータ提供を挙げることができる。ブルームバークが，2009年から始めた「ESG 投資」とは，環境（Ecology），社会（Social），企業統治（Governance）に関する企業データのことを指している。350を超える ESG 項目の中で「女性取締役比率」は常に検索項目トップ10の中にあり，投資家にとって，重要な指標となっている。[19]

　女性の上場企業の役員比率の向上が，企業業績との相関性については，大きな議論となっている。そこで，次に，女性役員比率の向上の経営的効果について考察を行うことにしたい。

（3）女性役員比率の向上および女性採用のための環境整備の経営的効果

　次に，調査から女性の上場企業の役員比率の向上と企業業績との相関性についてみることにしたい。

　クレディのスイス・リサーチ・インスティチュートが2013年にまとめた調査リポートは，時価総額100億ドル（約7800億円）以上の世界の上場企業で女性取締役がいる企業の6年間の株式パフォーマンスが，取締役全員が男性の同種企業を26％上回っていたことを公表している。この2360社からデータを収集した調査は，2008年金融危機発生以後，株価動向と女性取締役の存在との相関関係が強まっていることを示しており，取締役に女性を登用している企業の株式が

2008年の景気下降時に，良いパフォーマンスを発揮したことを明らかにしている。株価のパフォーマンスは，新株発行をはじめとした企業経営上，大きな利点を生み，企業業績にプラスに働く効果を有している。また，女性取締役の存在が，株価のパフォーマンスとの相関関係があるということは，企業の所有者たる株主の中から女性を取締役に登用する圧力が高まるといえよう。

同様に，日本の東証一部上場企業の1700社について，2008年から2012年の株価動向をみると，TOPIX マイナス11.11％に対し，女性取締役が1人でもいる上場企業は，反対に，プラス23.83％と大きな差がついている。これは，日本の株式市場の主役は，外国人投資家であること，「株価動向と女性取締役の存在との相関関係」があることが，計数的に，検証されている以上，女性取締役が1人でもいる上場企業がいない企業よりも，投資対象となり，株価が上がったとも考えられる。また，こうした投資の動きは，女性の取締役の存在する企業の経営業績との相関関係が認められたことと同時に，社会的責任投資の働きも考えられる。

アメリカでは，クオータ制は導入について強い反対論があるにもかかわらず，女性の管理職比率は1973年の19％から2008年に43％に上昇している。業績主義・実力主義をとるアメリカの諸組織において，管理職の女性比率が4割超にまで上昇している点は，管理職の女性が，高い企業貢献を果たしていることが想定される。実際，アメリカにおける諸研究においても，企業における女性の積極的な活用がステークホルダーとの関係改善やリスク低減に役立つとの研究結果がある。

また，女性役員のいるアメリカ企業は，1995年に，9.6％から2012年に16.6％に上昇している。アメリカでは，IT 大企業を中心として，女性の役員の登用が進んでいる。2013年10月14日に，アップル社は，イギリスのファッションブランドのバーバリーのアンジェラ・アーレンツ（CEO）を，上級副社長に登用することを発表している。その他にも，ヤフーやヒューレットパッカードなどの CEO にも女性が登用されている。

日本では，女性の役員・取締役の比率が世界の中でも類例がないほど低く，その背景となる企業内での女性従業員数・管理職数の少なさの解消を行うこと

が重要である。そのためには，女性比率の向上が経営効果にプラスとなることを，社会的に示し，日本企業自らが，女性に働きやすい環境の整備を行っていくことが急務である。

日本において，2003年から2005年にかけて「女性比率の向上と経営効果」との関係に関する調査が，政府機関・外郭団体などによって行われ，それらの諸調査において，女性の活躍できる風土をもたなければ，単に，女性比率を高めても，企業業績を高めることができないことを指摘されている。

また，大和証券では，2005年3月号（3月11日発行）と2008年6月号（6月13日発行）の2回の日本株クオンツマンスリーにおいて，厚生労働省が表彰している均等推進企業，ファミリー・フレンドリー企業の株式パフォーマンスが安定して良好であることを確認している。具体的には，1999年から2007年の均等推進企業・ファミリー・フレンドリー企業の表彰を受けた152企業を分析サンプルとして，市場全体の動きと比べて表彰企業の株式がどのように推移したかを分析し，表彰月の月末を基準に，その前後で特徴的な傾向として，表彰前後の株式パフォーマンスが安定して上昇していることを明らかにしている。表彰月末から1年後には5.82％，5年後には14.67％のリターンが得られているとしている。そして，大和証券のクオンツ情報の日本2011年6月14日号では，2007年から2010追加調査を行い，均等推進企業・ファミリー・フレンドリー表彰企業が，長期的にみると株式パフォーマンスが良好であることを再検証している。これは，女性管理職を生み出す土壌となる均等推進企業，ファミリー・フレンドリー企業が，株式のパフォーマンスにプラスの効果を生み出すことを意味しており，均等推進企業，ファミリー・フレンドリー企業を生み出す原動力ともなる検証結果であるといえる。ただ，均等推進企業，ファミリー・フレンドリー企業が，女性比率を高めるものの短期の企業業績を高めるものではないとする研究もあり，均等推進企業，ファミリー・フレンドリー企業と長期的な企業業績の関係をみる必要性があることを認識させられる。

第5節　女性の役員・取締役員比率の向上への考察

　以上，わが国において急務ともいえる日本の上場企業の女性の役員・取締役員比率の向上を考えるために，日本の上場企業における女性の役員・取締役員比率に示される女性の登用の実態について，国際比較を行い，世界最低水準であることを確認し，そして，日本の上場企業における役員比率・役員登用への実態について，経年推移で分析を行った。そして，日本の上場企業の女性の役員・取締役員比率が世界的にみても類例のない低さの背景にある日本企業における女性管理職の低さに関して考察を行い，日本企業が，女性を管理職として登用する上で，困難であるとする理由について考察を行った。その上で日本の上場企業における女性の役員・取締役員比率のために提案されているクオータ制度，役員・管理職比率の公表などの政府政策に関して，国際比較の視点から分析を行うことができた。

　そして，「女性役員比率の向上および女性採用のための環境整備の経営的効果」として，世界の上場企業で女性取締役がいる企業の6年間の株式パフォーマンスが，取締役全員が男性の同種企業を26％上回っている点や日本において厚生労働省が表彰している均等推進企業，ファミリー・フレンドリー企業の株式パフォーマンスが安定して良好であることを，諸調査から論述することができた。

　日本が第1章においてみてきたように国際的にみても日本の女性管理職・役員の比率が最も低い理由は，経済的な性別役割分業による女性を低賃金に固定化する面と男性中心社会という文化的な側面の両方の原因が考えられる。女性の従業員比率や女性の役員・管理職比率の増大が，様々な意味で経営向上に効果をもたらすことが明らかになりつつあり，経済的に女性を低賃金に縛りつけておくことが有効でないことに経営者も気づきはじめつつあるといえよう。ただ，先行研究においても，明らかにされているように，女性の従業員比率や役員・管理職比率の増大が，経営業績に反映されるためには，女性が有効に働ける企業風土が必要であると指摘されている。それだけに，旧来型の長時間労働

を前提とした働き方からワークライフバランスのとれる企業風土への転換が大きな課題であるといえる。また，女性の活用による経営向上は，経営業績は一つの指標にすぎず，組織の活性化や企業イメージの変更や経済のサービス化に対応した新しいビジネスサービスや製品を生み出すことになり，企業の長期的成長に寄与するものである。

日本企業の男性中心主義からの脱却は，まずは，女性比率の増大を図ることで，男性中心主義の企業風土を徐々に変えていくことができると想定できる。その際，単に女性比率を増大させることだけでは，意味がなく，男性中心主義的な働き方や価値観を徐々に転換してゆくことが重要である。

[付記] A社のヒアリング調査については，元立命館大学経営学研究科の院生の羅多氏と共に2014年に行った調査であり，その調査成果が，羅多氏の修士論文「日本における女性活用・女性管理職——登用の阻害要因分析」にとりまとめられ，これを参考とさせて頂いた。ここに，記して，羅多氏とA社の関係者に感謝したい。

注
(1) http://toyokeizai.net/articles/-/5013/　2013年12月3日閲覧。
(2) http://toyokeizai.net/articles/-/5013/　2013年12月3日閲覧。
(3) http://toyokeizai.net/articles/-/5013/　2013年12月3日閲覧。
(4) http://toyokeizai.net/articles/-/12776　2013年12月3日閲覧。
(5) http://toyokeizai.net/articles/-/12776?page=2　2013年12月3日閲覧。
(6) 「初の日本人女性役員，ソニー，武井氏が就任」『日本経産新聞』2013年5月20日付。
(7) 『日経産業新聞』2013年6月13日付。
(8) ILO, 2012。
(9) 「社内の女性，役員登用，日立，20年度までに，管理職も1000人めざす」『日経産業新聞』2013年5月21日付。
(10) 「女性部長111人，日立を変えるか」『日経産業新聞』2013年8月6日付。
(11) 「イオン，女性管理職比率5割に，20年めど」『日本経済新聞』2013年5月16日付。
(12) 「小売り，女性を積極登用，イオンは店長，部課長に」『日本経済新聞』2013年5月17日付。

⒀　企業風土・組織風土に関しては，宮入，2007。
⒁　大石，2011，1-29頁。
⒂　IFC/CWDI, 2010, IFC/CWDI 2010 Report : Accelerating Board Diversity.PDF 2013年12月3日閲覧。
⒃　御供，2011，参照。
⒄　『読売新聞』2013年11月28日付。
⒅　「企業の女性登用状況公表，内閣府が1月から」『読売新聞』2013年10月7日付。
⒆　『日本経済新聞』2013年6月28日付。
⒇　http://www.bloomberg.co.jp/news/123-M80EZ26TTDT501.html　2013年12月3日閲覧。
(21)　http://www.nikkei.com/article/DGXNASFK25008_V20C13A6000000/　2013年12月3日閲覧。
(22)　谷本編，2003。同，2007，参照。
(23)　ILO，2012，前掲。
(24)　Adams, Ferreira., 2009, Srinidhi, Gul & Tsui, 2011.
(25)　『読売新聞』2013年11月3日付。
(26)　21世紀職業財団，2003，『企業の女性活用と経営業績との関係に関する調査』。男女共同参画研究会報告，2003，『女性の活躍と企業業績』経済産業省。
(27)　大和証券ホームページ，http://www.daiwa-grp.jp/csr/publication/pdf/67.pdf#search='%E5%A4%A7%E5%92%8C%E8%A8%BC%E5%88%B8%E3%82%AD%E3%83%A3%E3%83%94%E3%82%BF%E3%83%AB%E3%83%BB%E3%83%9E%E3%83%BC%E3%82%B1%E3%83%83%E3%83%84%EF%BC%88%E6%A0%AA%EF%BC%89%E9%87%91%E8%9E%8D%E8%A8%BC%E5%88%B8%E7%A0%94%E7%A9%B6%E6%89%80%E3%80%8C%E3%82%AF%E3%82%AA%E3%83%B3%E3%83%84%E6%83%85%E5%A0%B1%E3%80%8D2011＋%E5%B9%B46＋%E6%9C%8814'　2013年12月3日閲覧。

引用参考文献

有村貞則，2008，『ダイバーシティ・マネジメントの研究――在米日系企業と在日米国企業の実態調査を通して』文真堂。

大石友子，2011，「女性起業家及び管理職創出に必要とされる支援について――日米支援機関から」『京都学園大学経営学部論集』第21巻第1号。

川口章，2002，「ファミリーフレンドリー施策と男女均等施策」『日本労働研究雑誌』No. 503，15-28頁。

基礎経済科学研究所編，1995,『日本型企業社会と女性』青木書店。
厚生労働省，2001,『平成12年度女性雇用管理基本調査結果報告書』。
厚生労働省，2004,「平成15年版数字で見る雇用の動き——平成14年雇用動向調査報告」。
厚生労働省，2013,『男女共同参画白書』。
河野勝，1995,『制度』創文社。
児玉直美，2003,「女性を増やすと利益も増えるか？——男女共同参画研究会報告から」『経済産業ジャーナル』No. 389, 35-38頁。
坂爪洋美，2002,「ファミリー・フレンドリー施策と組織のパフォーマンス」『日本労働研究雑誌』No. 503, 29-42頁。
滋野由紀子・大日康史，1998,「育児休業制度の女性の結婚と就業継続への影響」『日本労働研究雑誌』No. 459, 39-49頁。
柴山恵美子・藤井治枝・守屋貴司編著，2005,『世界の女性労働——ジェンダー・バランス社会の創造へ』ミネルヴァ書房。
杉田あけみ，2006,『ダイバーシティ・マネジメントの観点からみた企業におけるジェンダー』学文社。
谷本寛治，2007,『SRIと新しい企業・金融』東洋経済新報社。
谷本寛治編，2003,『SRI 社会的責任投資入門——市場が企業に迫る新たな規律』日本経済新聞社。
男女共同参画研究会，2003, 男女共同参画研究会報告書『女性の活躍と企業業績』経済産業省。
東洋経済，2013,『役員四季報2013年版』東洋経済新報社。
21世紀職業財団，2003,『企業の女性活用と経営業績との関係に関する調査』。
松井智予，2013,「上場企業における女性役員クオータ制の目的と効用」『上智法学論集』第56巻第4号。
御供理恵，2011,「欧州では北から南までクオータ制を続々導入」『週刊東洋経済』東洋経済新報社（2011年10月15日号）。
宮入小夜子，2007,「組織風土の特性尺度の開発と活用」『日本橋大学館紀要』第6号。
森田陽子・金子能宏，1998,「育児休業制度の普及と女性雇用者の勤続年数」『日本労働研究雑誌』No. 459, 50-62頁。
盛山和夫，1995,『制度論の構図』創文社。
リクルート HCソリューショングループ，2008,『実践 ダイバーシティマネジメント——何をめざし，何をすべきか』英治出版。
脇坂明，2001,「仕事と家庭の両立支援制度の分析——女子雇用管理基本調査を用い

第2章 上場企業における女性管理職・役員の登用

てJ。

Adams, R., Ferreira, D., 2009, "Women in the boardroom and their impact on governance and performance," *Journal of Financial Economics*. 94 (2).

Becker, Gary S., 1971, *The Economics of Discrimination, 2nd ed.*, The University of Chicago Press, Chicago.

Hellerstein, Judith K., David Neumark, and Kenneth R. Troske, 2002, "Market Forcesand Sex Discrimination," *The Journal of Human Resources*, Vol. 37, No. 2, pp. 353-380.

ILO, 2012, LABORSTA Labour Statistics Database.

Mustafa F. Ozbiligin and Jaward Syed, 2010, *Managing Gender Diversity in Asia: A Research Companion*, Edward Elgar Publishing Limited.

Srinidhi, B., Gul, F. and Tsui, J., 2011, "Female Directors and Earnings Quality," *Contemporary Accounting Research*. 28 (5).

（守屋貴司）

第3章
中小・中堅企業における
女性管理職・役員の登用

第1節　女性管理職・役員の現状

　男女雇用機会均等法が制定されたのは，第二次安倍内閣が「女性の活躍」と唱え始めるより30年ほども前のことである。雇用機会均等の精神は浸透していて当然の年月が経過しているにもかかわらず，現実ははるかに異なったままである。前章では上場企業における女性管理職・役員の登用について検討が行われた。本章では中小企業の重要性を鑑み，中小・中堅企業における女性管理職・役員と女性登用が大企業とは異なるのか，異なるとすればどのように異なるのかについて論じる。

　後半は2014年から15年にかけて行ったヒアリング調査を基礎としている。ヒアリング対象者はいずれも周辺の多くの企業を俯瞰する立場にある人々である。ヒアリングにより，具体的・日常的な人のマネジメントとして有効な手法のいくつかが浮かび上がってきた。中小企業の女性に焦点を当てたヒアリングではあるが，すべての働く人々への適用可能性，大企業への適用可能性についても考察しつつ，制度整備を実際の運用に結びつける人事管理手法についての知見を明らかにしたい。

　周知のように，中小企業は日本の経済と雇用において重要な役割を果たしている。数としては減少傾向にあるとはいえ，小規模事業者が334.3万者（86.5％）を占め，中規模企業51.0万者（13.2％）と合わせた中小企業は全体の99.7％，大企業はわずかに0.3％（1.1万者）である。従業者数は中小企業が69.7％を占める。

　女性雇用者割合は全従業員規模平均では42.0％であるが，従業員数1～4人

第3章　中小・中堅企業における女性管理職・役員の登用

表3-1　役職別女性管理職を有する企業割合（複数回答）（2013年）(単位：％)

企業規模	企業計	課長担当職以上（役員含む）の女性管理職を有する企業	係長担当職以上（役員含む）の女性管理職を有する企業	（複数回答）			
				女性役員を有する企業	部長担当職の女性を有する企業	課長担当職以上（役員含む）の女性管理職を有する企業	係長担当職以上（役員含む）の女性管理職を有する企業
5,000人以上	100.0	96.7	99.2	30.8	63.5	93.5	79.6
1,000-4,999人	100.0	78.2	88.2	12.1	35.9	70.6	68.2
300-999人	100.0	63.2	83.6	20.4	17.8	52.8	64.8
100-299人	100.0	54.3	70.3	30.8	11.8	33.0	43.7
30-99人	100.0	55.1	66.5	36.5	11.9	24.0	29.3
10-29人	100.0	48.8	53.9	38.7	7.1	10.3	14.0
30人以上(再掲)	100.0	56.0	68.8	33.9	12.9	28.6	35.2

(出所)　厚生労働省（2014）より筆者作成。

では56.8％，5〜19人では47.6％と従業員規模が小さい企業ほど比率が高い。これを『中小企業白書2014年版』では規模の小さい企業ほど女性の雇用に貢献するところが大きいと分析している[3]。

　また，様々な調査結果が企業規模の小さいほど女性役員・管理職の比率が高いことを示している。厚生労働省「平成25年雇用均等基本調査」[4]によって女性管理職を有する企業割合をみると，課長担当職以上の女性管理職（役員を含む。以下同じ）を有する企業割合はおおむね規模が大きくなるほど各役職とも女性管理職を有する企業割合が高くなる（表3-1）。一方，管理職中に女性が占める割合は規模が大きくなるほど低い傾向がみられる（図3-1）。「平成24年就業構造基本調査」[5]によっても管理的職業従事者，役員ともに企業規模の小さいほど女性割合が高い。表3-2は従業者規模別にみた女性管理的職業従事者数と女性割合，表3-3は，そのうち会社・団体等役員に占める女性従事者数および女性割合である。

　帝国データバンクによる「女性登用に対する企業の意識調査」[6]が企業規模別でみた結果によっても，企業規模が小さくなるほど女性役員の割合が高くなる。なお，業界別では「小売」「不動産」「金融」「サービス」で高く，「製造」「建

51

第Ⅰ部　日本企業の女性管理職・役員の現状

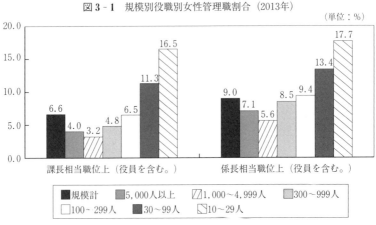

図3-1　規模別役職別女性管理職割合（2013年）

（当該役職者総数＝100.0％，規模計＝30人以上）
（出所）　厚生労働省（2014）より筆者作成。

表3-2　従業者規模別の女性管理的職業従事者数および女性割合（2012年）

従業者規模（人）	1～4	5～19	20～49	50～99	100～299	300～
女性従事者数（人）	67,600	61,000	21,800	10,900	6,900	4,100
女性割合（％）	21.4	15.1	11.4	11.1	6.9	2.5

（出所）　総務省（2013）より筆者作成。

表3-3　従業者規模別の会社・団体等役員に占める女性従事者数およ び女性割合（2012年）

従業者規模（人）	1～4	5～19	20～49	50～99	100～299	300～
女性従事者数（人）	57,500	58,400	20,200	10,400	6,700	2,700
女性割合（％）	21.4	15.6	11.6	12.0	8.4	3.2

（出所）　総務省（2013）より筆者作成。

第 3 章　中小・中堅企業における女性管理職・役員の登用

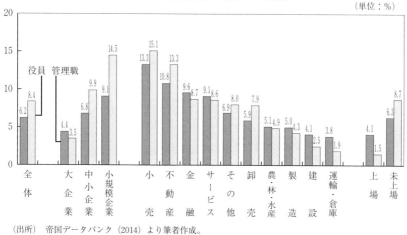

図 3 - 2　女性管理職・役員の平均割合
（単位：％）

（出所）帝国データバンク（2014）より筆者作成。

表 3 - 4　女性管理職・役員割合の上位10業種
（単位：％）

	管　理　職		役　　員	
1	その他の小売	46.0	その他の小売	37.5
2	繊維・繊維製品・服飾小売	37.4	繊維・繊維製品・服飾小売	26.7
3	医薬品・日用雑貨品小売	27.6	医薬品・日用雑貨品小売	24.5
4	医療・福祉・保健衛生	20.1	家具類小売	20.5
5	家具類小売	19.3	旅館・ホテル	18.7
6	旅館・ホテル	16.2	専門商品小売	18.5
7	教育サービス	16.1	医療・福祉・保健衛生	15.2
8	その他サービス	15.0	飲食店	13.9
9	家電・情報機器小売	11.4	家電・情報機器小売	13.6
10	不動産	10.8	不動産	13.3

（出所）帝国データバンク（2014）より筆者作成。

設」「運輸・倉庫」で低く,上場・未上場別では「上場」企業よりも「未上場」企業で割合は高くなっている(図3-2)。業種別では,管理職・役員共に,「その他の小売」(ペット用品小売などを含む)「繊維・繊維製品・服飾小売」「医薬品・日用雑貨品小売」が上位3業種を占め,顧客に女性の多い業種で共通しているという(表3-4)。

それでは,中小・中堅企業や小規模事業所で働く女性は大企業で働くよりも登用の機会に恵まれているのだろうか。

第2節　仕事と育児の両立

女性の就業にとって大きな関門の育児期を支えるのが育児休業制度である。育児休業法は1992年に施行され,現行の育児・介護休業法は2009年に改正されたものである。労働者は申し出ることにより,子が1歳(一定の場合,1歳6カ月)に達するまでの間,育児休業を取ることができる。また,事業主は,育児休業の申し出をしたことまたは取得したことを理由として,労働者に対して解雇その他不利益な取扱いをしてはならない。

また,3歳未満の子どもを養育している労働者については,事業主は,希望すれば利用できる1日当たり原則6時間の短時間勤務制度を講じることが義務づけられている。

育児休業(以下,育休)取得者は年々増加し,2014年の育休取得率は,女性が86.6%(前年は83.0%,),男性が2.30%(前年は2.03%)となっている(「平成25年度雇用均等基本調査[7]」)。ただし,これは在職中に出産したものに占める比率であり,出産に先立って退職した場合は分母には含まれていない。

労働政策研究・研修機構が実施した「第3回(2014)子育て世帯全国調査[8]」によると,4割強の母親は,第一子の妊娠や出産を機に仕事を辞めている。育休経験率は,第一子を出産した時期が「2000～04年」では17.0%,「2005～09年」では26.1%,「2010～14年」では35.1%となっている。短時間勤務制度経験率についても,子育て中の女性全体では8.4%と2012年調査時より2.9ポイント上昇しており,直近の時期に出産した女性ほど,育休経験率・短時間勤務制

第3章　中小・中堅企業における女性管理職・役員の登用

図3-3　仕事と育児の両立支援策の整備・利用状況（2005年）

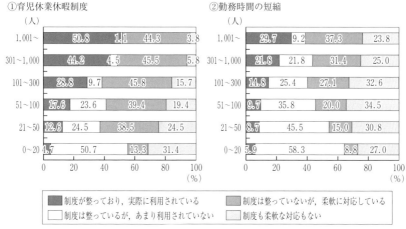

（出所）　中小企業庁，2006。

度経験率が高い。

『中小企業白書2006年版』は，「仕事と育児の両立支援策の整備・利用状況」について，従業員規模が大きい企業ほど制度の整備により対応しており，従業員規模が小さい企業ほど制度は設けずに柔軟に対応していると述べた（図3-3）。両立へのハードルを，制度の整備ではなく，従業員の個別の事情に応じた柔軟な対応で克服しているというのである[9]。

育児休業制度の規定の有無を事業所規模別にみると，500人以上では99.9％，100～499人では98.4％，30～99人では93.0％，5～29人では67.3％と企業規模が大きいほど規定整備は進んでいる（2012年）[10]。

『中小企業白書2006年版』を受けて，中小企業庁（2007）は「仕事と育児を両立しやすい中小企業の特性」を5点挙げ，およそ次のように説明している。

①「能力」を評価し，キャリアロスが少ない。

　　中小企業になるほど，一定期間休業しても昇進・昇格等に長期的な影響はない。その理由の一つは，中小企業ほど「その人の本来もっている能力」に基づく評価をしているからだと考えられる。

②役職の階層がフラット

中小企業はおおむね組織がフラットであり，休業による一時的なブランクはキャリアにさほど影響しない。また，中小企業では，経営者が従業員一人一人の事情に目配りをしやすく，部下が上司にもの申しやすいという特徴もある。

③職住（職育）近接の職場環境

中小企業においては，大企業よりも職住近接の職場環境となっている傾向がある。職場からの距離と女性の子ども人数には明らかな相関がある。

④職場に子どもを連れてこられる環境

中小企業の方が大企業よりも職場に子どもを連れてくる環境がある。従業員が職場に子どもを連れてきている企業の方が，妊娠・出産後の女性正社員の復職率が高い。

⑤女性活用をめぐる多様性

中小企業の方が大企業よりも管理職に占める女性の割合が平均的に高く，その背景には，中小企業は企業による多様性が大きいことがある。

いずれの点もかなりの説得力をもつように受け取れるが，これに対して，中小企業における雇用管理と両立支援の状況を調査すると共に，「制度整備は進んでいないが，『運用』で対応する中小企業」のイメージを検討しようとしたのが労働政策研究・研修機構による「中小企業におけるワーク・ライフ・バランスの現状と課題」である[11]。

この調査が企業規模（従業員規模）の差に着目しながら，女性正社員の継続雇用に関わる育児休業制度の規定の整備状況とその影響について検討した結果の主要点は以下のとおりである[12]。

①育休制度の規定は企業規模が大きいほど整備されている。300人以上の規模ではほぼ100％，30人未満では50％に満たない。

②育休制度の規定なしの企業の方が育児休業取得率が低かった。300人未満の企業においては，規定なしの企業では20～30％台，規定ありの企業は70％台である。また，この70％台も300人以上企業の90％と比較すれば低い水準であった。

③結婚退職者数は企業規模が小さいほど比が高い。妊娠・出産退職者数も同

第3章　中小・中堅企業における女性管理職・役員の登用

傾向である。育休取得率が70％といっても，同数かそれ以上の女性正社員が退職している。育休制度の規定がなければ，結婚退職者の比が高い傾向があった（特に50人未満の企業）。
④育休制度の規定があれば，短時間勤務他の制度も整備されている傾向があった。短時間勤務の制度はないが「運用あり」という企業は，育休規定なしの企業の方がその割合が高い。
⑤300人未満の企業においては，育休制度の「規定あり」の企業では，短時間勤務の制度もある割合が高かった。育休制度の規定がないが，育休を取得した女性正社員のいる企業では，短時間勤務も制度を設けず「運用」している割合が高い。
⑥「運用あり」企業は比較的小規模な企業が多く，利用ニーズはあるが規定が十分整備されていない状況で，両立支援に取り組まざるを得ない企業と考えられる。

結論として，中小企業において育休制度の規定を設けることは女性正社員の継続雇用という点で非常に重要と考えられるとしている。また，制度がなくても「運用」で利用を認める「柔軟な対応」をしている企業についても，制度をしっかり整備することが望ましく，『中小企業白書2006年版』による「規模の小さい中小企業ほど，仕事と育児を両立しやすい職場環境を持ち合わせている」との主張を否定している。

第3節　女性の管理職・役員登用の課題

中小企業の女性人材活用については，いくつかの大規模・中規模調査が行われているが，第3節と第4節ではヒアリングを通じて得た知見を整理する。女性といえば「女性の特性を活かして」と唱えられることが多いが，筆者はできればそのような観点は避けたいと考えている。企業社会で女性が生き残るために男性化する必要はないが，一方で職域における性別分離は女性にとって不利に働く要素を多く含むからである。

大手企業を対象とした調査であれば，ヒアリング対象は企業トップ，人事管

第Ⅰ部　日本企業の女性管理職・役員の現状

表3-5　ヒアリング対象者プロフィール（ヒアリング当時）

	年齢	所属先（従業員数）	役職名・職名	代表的な対外的役割
A	60歳代	食品包装資材製造（10名）	取締役営業本部長・営業所長	府中小企業家同友会前女性部長
	職歴：幼稚園教諭→再就職→内部昇進　　事務職として採用され，まもなく営業所長に任命された。顧客である青果市場に夜中から通い詰めるなどの努力を重ねた結果，年商は飛躍的に伸びた。一方で社内の雰囲気は悪化し，頻繁に社員が入れ替わる。その頃同友会に参加したことがA氏の考え方や社員との関わり方を大きく変え，営業所従業員10名はこの10年退職者なしである。			
B	40歳代	税理士事務所（3名）	所長	市審議会委員
	企業勤務→会計事務所→独立　　均等法第一世代として大手メーカーに総合職として入社した。当時は新入社員研修も期間・内容共に男性とは異なっていた。その後も男性は仕事を任されるが，女性には余った仕事しか回ってこず，先輩をみていて退職を決意し，4，5年で転職。その後，中小企業集積地である大阪府東部にて独立開業。大手には男性が豊富に供給されるため，中小の門をたたく女性は総じて優秀であるという。			
C	50歳代	製造設備メンテナンス（134名）	代表取締役	県労働委員会委員
	企業勤務→会計事務所→主婦→会計監査→取締役→副社長→社長　　経営者との結婚後，日を経て会計監査をするようになり，最終的に経営を継承している。社長就任後，同社で初めての女性管理職を誕生させた。海外にも進出。経済界の女性で会をもって交流。県労働委員会委員も務める。近隣の大学におけるグローバル人材育成にも参画している。また，同県のASEAN協会を立ち上げ，ASEAN諸国の女性起業家を招いてシンポジウムを開催した。			
D	40歳代	不動産関連会社（15名）	代表取締役	全国JCなでしこ女子部会前部会長
	起業　　在学中に若くして出産し，大学卒業後就職活動をしたものの就職先をみつけることができず，それではと自ら起業した人物である。従業員は女性ばかりの企業において，従業員の育成と定着，そして登用の方途を懸命に模索しつつも，日本青年会議所全国JCなでしこ女子部会を設立し，女性たちの研修の場とする他，活発な講演活動も行っている。			
E	40歳代	社会保険労務士事務所（1名）	所長	区男女共同プラン調整計画検討委員会委員
	企業勤務→転職→社労士事務所→独立　　大手企業にて人事を担当していたが，女性の立場については旧来型発想の企業であったこともあり，結婚後は転職の道を選んだ。その間に社労士の資格を取得，社労士事務所勤務を経てワークライフバランスに焦点を当てた事務所を開業した。現在では厚生労働省，東京都，区関連の委託事業相談員や委員等も務めている。中小企業には，労働法自体がまだ浸透していないという。			
F	60歳代	プラスチック包装材製造（8名）	代表取締役	県中小企業家同友会元女性部長
	主婦→専務取締役→代表取締役　　専業主婦を経て，亡父の後を継いで母親が経営に当たっていた企業に役員として入社し，その後事業を継承した。主婦としても完璧を目指し，市のPTA連合会副会長も務めた人物である。事業を継ぐことは元々ある程度想定していたという。「社員のことを考える」姿勢と手法により，高い定着率を誇っている。同友会女性部長を務めるなど指導的役割も果たしてきた。			

	40歳代	社会保険労務士事務所（6名）	所　　員	
G	企業勤務→内部昇進→事務所勤務 中堅企業人事部門に26年勤務。本社移転の際に女性は転勤させない慣行に従い支店となった職場に残留。思うような業務ができず退職を申し出たところ本社に転勤することができた。その後合併に伴い自ら望んで東京に転勤。女性管理職第一号（副参事）となる。その間に社労士資格を取得，大学院も修了。退職後社労士事務所勤務。将来は独立して女性の就労支援，処遇改善，人事制度設計を希望している。			
	30歳代	人材育成（150名）	執行役員	
H	企業勤務→転職3回→内部昇進 大手金融機関勤務の後に転職。転職後は経理財務を担当。現在は人材育成のベンチャー企業管理部門で執行役員を6年務めている。従業員は女性が過半数で，女性役員も多く，男女を分けては考えられていない。かつては管理職女性が育休から1ランク下げて復帰することもあったが，今では同じポジションに復帰して活躍できている。			

理担当者および当の女性役員・管理職とするところであるが，企業規模が小さい場合，トップ自身が人事施策を立て，それを実行することも多く，今回の回答者の多くにはそのような立場を兼ねての回答も願うこととなった。

　ヒアリング対象者のプロフィールは表3-5のとおりである。ヒアリング実施時期は2014年9月（A氏～D氏：関西以西），2015年1月（E氏～H氏：関東）である。

　本節では最初に，中小企業における女性登用を論じるに当たっての留意点を2点確認しておく。その第一点は同族企業の親族の場合と親族ではない場合の区別である。親族企業は税務法上の中小企業（資本金1億円以下）の約97％(2007年）を占める。今回のヒアリング対象者8名のうち同族会社の親族は2名のみである。親族の女性役員に焦点を当てた研究は別の視点で取り上げるべきであろう。事業承継の形態は内部昇格や外部招聘等，親族以外の第三者への承継が占める割合が増加していることから，『中小企業白書2014年版』では「第三者承継」を取り上げ，分析を行っている。親族以外の女性の登用は今後の中小企業のあり方を考える上で，検討すべき事柄である。

　中小企業に女性役員の多い理由の第一は，経営者の妻等が役員となることが多いこととみてよい（B氏）。最大の目的の一つは法人税と役員報酬の税率から生じる節税対策であるが，名前だけの役員の場合もあれば，C氏のように会計の知識と経験を活かし，実質的な役割を果たす場合もある。担当者が突然退

職した場合などには，内部で育成する余裕もなく，信頼できる存在として親族が経理などの業務を引き継ぐことも多くみられるという（B氏）。

　第二点は中小企業の多様性である。中小企業といっても規模，業種，業態等により千差万別である。規模は小さいが親会社は大企業である場合などもあり，女性登用に関しても格差が大きく，小規模ゆえに生き生き活躍できる場合とお茶を入れて帳簿くらいつけていればよいという場合がある（G氏）。人材育成関連のベンチャー企業であるH氏の企業では女性が過半数を占め女性役員も多い。このような従業員の職種や構成にも留意しなくてはならず，本章では果たせなかったがより細分化しての検証が必要である。

　次いで女性登用に至る条件として，ヒアリングの中で特に強調されたのは次の2点であった。第一点はトップの意思である。これについては「トップの考え方次第」（B氏），「中小企業では経営者がすべてですから」（E氏），「組織が小さければ小さいほどトップの意思は重要」（G氏）などトップのコミットメントへの依存度の大きさが語られた。トップばかりではない。G氏が結婚した際には上司から「子どもはいつか。いつ辞めるのか」と尋ねられ，つい「半年くらいで辞めます」と答えてしまったそうである。しかし，部長が交代したことにより，「辞めるつもりはありません」と意思表示することができた。企業風土も同様である。H氏の最初の職場であった大手企業は合併直後であった。一方では女性活用が，もう一方の企業では結婚退職が当然視されていたとのことである。G氏昇任の事例も企業風土が大きく影響していたと思われる。G氏の昇任に際しては当初，合併先から来た上司の推薦を受けることができなかったが，合併前からG氏が所属していた企業の役員たちから疑問視する声があがり，昇任に至ることができた。

　たしかにトップや上司の意思は重要な役割を果たす。しかし，上司の交代によって後退することもあり得るため，次節で述べるようにシステムとして整備されていることが必要ではないかと考えている。

　第二点は女性の側からの意思表示である。「女性もやりたいとアピールできるように」（B氏），「女性は転勤させないなどの行き過ぎた配慮に対して自らアピールし，主張し続けた」（G氏），「女性ももっと声をあげてよいと思う。

どうしても一歩引いてしまう。育休からの復帰後簡単な仕事に移ってしまう」「女性は手をあげるのを躊躇する」（E氏）などの指摘があった。

「女性活躍加速化アンケート」（大阪府男女共同参画推進財団）の報告書によると，「女性活躍の阻害要因」21項目のうち，調査対象の三者に共通して最多を占めたのは「経営者や上司が，女性をどのように活躍させていくのか，具体的方策がわかっていない」（女性57％，経営者・管理職41％，産業カウンセラーとキャリア・コンサルタント77％）であり，阻害要因は「男性中心で性別役割分担の発想」であるとした。同時に女性の側にも性別役割を内在化していることによってアピールし切れないケースが多々あるものと考えられる。

以上は中小企業に限ったことではないが，大企業の場合は制度整備が進んでおり，その中での揺れ幅であろうが，制度が整っていない中小企業ではトップの意思にせよ，女性の側からの意思表示にせよ，果たす役割の比重が高いと考えられる。

なお，ヒアリングにおいては公的な両立支援助成制度の有効性についても尋ねた。中小企業を対象とした両立支援等助成金としては2015年現在，事業所内保育施設設置・運営等支援助成金，子育て期短時間勤務助成金，中小企業両立支援助成金，ポジティブアクション能力アップ助成金が用意されている。このような助成金の利用状況については，「最近初めて利用した」（A氏），「中小では余力がなく，助成金以前に産休・育休自体が困難」（B氏），「目的意識が不明確だと税金の無駄づかいとなる」（E氏）など，今回のヒアリングに関する限り企業へのインセンティブとなり得ている様子はみられなかった。

第4節　就業環境のシステム整備

第2節で示したように育児休業などの制度整備が重要であることはいうまでもないが，今回のヒアリングによってこのような制度整備より具体的かつ日常的な手法が示された。ここでは制度の有無にかかわらず，女性登用を下支えする「業務の配分」や「働き方」などの人事管理システムを取り上げることとしたい。

それは,「不在を補い合えるシステム」「段階的に育成するシステム」「適切な時間管理のシステム」,それに加えて「社外のネットワーク構築」の4点である。

第一は,「不在を補い合えるシステム」の整備である。B氏の事務所では,3名の女性が共に家庭をもっており,急に休まなくてはならない事態も起こりうる。そのようなときにも業務を止めなくてもすむよう,他のメンバーが担当できる体制を取っている。

A氏の営業所でも,「誰が不在でも大丈夫。ただし,誰が抜けてもイヤな会社にしたい」とのフレーズのもと,10名の社員のうち誰かが不在でも補い合えるシステムを作っている。いわゆる「見える化」により,自分の仕事をすべて書き出してもらう「仕事調べ」を第一段階,それを表にし,等級格付を行う「部署別職務一覧表」を第二段階,各仕事内容を誰が担当できるかを表で示す「事業所内仕事内容」を第三段階として,一つの仕事に対して複数の担当者を配当している。

高度なスキルと経験を要する専門業務においては代替不可能な場合もあるだろう。零細事業所では補い合う人員が存在しないこともあり得る。また,小さな組織においてA社のようなシステム構築をしようにも人手と時間を割くには困難があろう。しかし,産休・育休・介護,短時間勤務ひいては在宅勤務などに対処しなくてはならない事態は業務の配分と働き方を見直す何よりのチャンスではないだろうか。

第二は,「段階的に育成するシステム」である。これは上記の「不在を補い合えるシステム」とも深い関わりがある。上記営業所では前年,近隣の高校からの依頼により1名を採用し,育成中である。「部署別職務一覧表」には「挨拶をする」といった基本から仕事内容が示され,等級格付もなされている。新入社員は自らの担当できる仕事内容を増やすことに努め,次の1カ月にはここまで達成しよう,さらには所要時間の短縮を目指そうなど,当人もまた周囲も明確な到達目標・育成目標をもつことができる。

また,これも第一のシステムと関連が深いが,C氏の企業では経理や総務担当者にも採用後に現場を経験させている。その他の従業員も日本各地および海

外の事業所へ順次送り，各地の業務を経験させることによって「多能工」的な育成を行っている。当人を育成すると共に，その後の業務遂行を円滑にすることができ，突発的な事態にも対応できるからである。

また，A氏は，「2020年に指導的地位に占める女性の割合を30％にする」という政府目標には懐疑的である。「適材適所」であるべきと考えるからである。たしかに，キャリアの初期から中期に適切に育成されてこなかった女性を管理職に抜擢し，当人も周囲も苦労をするという事例はこれまでにも幾多もみられた。2016年4月には「女性活躍推進法」が施行された。この法律は，301人以上の企業に女性登用の数値目標を含めた行動計画の策定と公表を義務づけているが，これまで女性の育成に真剣に取り組まれてこなかったことも事実であり，将来を見通した人材育成が強く望まれるところである。

G氏もまた女性の育成には，まず母数を確保した後に段階的に育成するべきであるとの意見をもっている。数字合わせではなく，これから段階的に育成して将来役員を育てるという方が信憑性があるとの意見である。C氏の企業では，学歴，年齢，性別等を問わない昇任システムを取っている。これもまさに「適材適所」を目指すものであるが，逆にこれは年功に頼ることのできない大変厳しいシステムといわねばならない。

育成に関しては厚生労働事務次官（当時）村木厚子氏が意義深い発言をしている。それは，仕事の上では「奥行き」とともに「間口」の広さも必要との発言である。一つの仕事を深めるとたしかに経験値は深まるが，それだけではより高度な判断業務は困難であるという意味である。女性は従来あまり異動もなく，長く勤務をして一つの職務を極めれば，「生き字引」的に重宝がられる例がよくみられた。A氏やC氏の企業においては，この「間口」を広げることが可能となっている。

D氏の企業では，出産後の復帰に関して新たなシステムを構築中である。D氏は経験上，あまりに長く職場から離れていることは復帰あるいは復帰後の障害となる場合があると考えている。そのため，ある程度早期の復帰を促すためのインセンティブを提供するシステムを構築したところである。

第三は「適切な時間管理のシステム」である。A氏の営業所では，「6時半

には終わるシステム」を作り上げた。営業所長となってから10年程はサービス残業を当然とし，従業員が有休を取ることにさえ否定的であったA氏が，「社員を働く道具としてしかみていなかった」ことに気づく中で作り上げたシステムである。

また，同営業所は正社員を基本としており，パート労働は出産後に本人が希望する場合に例外的にしか行っていない。それは第一に，正社員でなければやりがいや夢をもてないと考えるからである。日本では，女性の労働力率（15歳以上人口に占める労働力人口［就業者＋完全失業者］の割合）は，結婚・出産期に当たる年代に一旦低下し，その後再び上昇するという，いわゆるM字カーブを描くことが知られている。M字型の先に夢があれば女性たちが仕事を辞めることはないであろうとの意見である。

B氏の事務所でも，家庭をもつ女性たちが働きやすさの主要なポイントとして「時間」を挙げている。ここにも，上記第一に挙げた「補い合える」体制が大いに力を発揮している。

第四は社内のシステムとは離れるが，「社外のネットワーク構築」である。A氏は，業績のあがる一方で次々に従業員が退社するという苦い経験を経た後，中小企業家同友会の例会に参加した。「経営指針成文化セミナー」の受講を通じ，「経営理念」の重要性を知ったことをはじめとして，同友会での出会いがA氏の人生と経営を大きく変えることとなる。ここまでに触れたシステムの多くは，同友会の異業種交流から学んだものとのことである。自らも5年間大阪府中小企業家同友会女性部長を務め，現在は幹事長として女性たちの活動を率いている。

F氏の場合も，工業団地の若手勉強会，同友会のセミナーを通じて学んだことを社内の組織づくり，それに先立つ初めての社内会議開催，社員の育成等に活かしてきた。D氏もまた青年会議所のメンバーとしてネットワークを構築する中で女性経営者，女性の個人事業主に呼びかけ，自身の子育てと会社経営の経験をもとに，出産や育児といった女性特有のライフイベントをどう乗り切っていくかなどをテーマとした講演活動も行っている。C氏もまた，県の労働委員会委員という重責を担いつつ，県下の女性の集まりを通じて情報交換を続け

ている。このようなネットワークの構築がマイノリティとしての女性にとって重要な役割を果たしていることであろう。同時に，そういった社外のネットワークを通じて学んだことが自社の業務プロセスの改善に活用できている。

　以上の手法は制度が整備されている企業では，制度と実際の運用の間を埋めるものとして，制度が整備されていなければなおのこと，女性の定着と登用に必要なものととらえることができる。

第5節　働き方の見直し

　以上，中小・中堅企業における女性管理職・役員について，先行研究およびヒアリング結果を踏まえつつ論じた。最後にいくつか押さえておきたい点がある。

　その第一は，上記のシステムのほとんどが，女性のみを対象としたものではないことである。2013年「ダイバーシティ経営企業100選」（経済産業省）に選ばれた株式会社日本レーザー代表取締役社長近藤宣之氏のことばを借りれば「女性をどうするかではなく，会社をどうするか」の問題なのである。[19]中小企業では新卒の大卒男性のみをターゲットとしていては採用ができないことも多く，同社でも性別，年齢，国籍に関わらない随時採用を行っている。いわば必要に迫られ，女性も働きやすく成果をあげられるシステムを整えたことが，結果として女性登用につながっているのである。

　また，代表的な両立支援制度として本章では主として育児休業制度を取り上げたが，Ｅ氏は「仕事と介護の両立はこれからのテーマになる」との意見である。長時間労働がすべての働く人々の健康と生活を脅かすことは明らかである。「障がい者を受け入れたことが社員教育に生かせている」Ｆ氏の企業，外国人人材も受け入れ「ASEANの人材も大切になる」というＣ氏など，まさにダイバシティ・マネジメントに直結する側面である。そこには多様な人々の「定着と登用」すなわち「働きやすさと働きがい」の両立を可能とするヒントが詰まっているのではないだろうか。[20]

　第二は，中小企業で有効な手法は大企業にも有効ではないかという点である。

制度の普及や好事例の紹介は,まずは大企業を取り上げ,中小企業に対しては大企業からの援用として論じられる傾向にあった。女性登用の研究においても大企業偏重傾向があろう。大企業による両立支援や女性活用に対して中小企業からは「大企業だからできること」とみられたり,中小企業で行われるきめ細かいコミュニケーションに対して大企業からは「中小だからできること」とみられがちである。しかし,大企業も事業所単位でみれば,従業員規模は中小企業と変わりはない。10名の事業所で可能な手法は大企業の一部署を単位としみれば十分に可能なはずである。

本章で述べたような業務の配分と働き方の見直しが企業規模,性別,年齢,国籍等にかかわらず,すべての働く人のために「働きやすさと働きがい」を提供できるのではないかという点について,さらに対象を細分化した検証ができればと願っている。

[付記]　本稿は日本学術振興会学術研究助成基金助成金(基盤研究(C)課題番号25380563)の助成を受けている。

注
(1) 中小企業基本法規定に基づく「中小企業者」「小規模企業者」は,おおむね**表3-6**に該当するものを指す。

表3-6　中小企業基本法の定義

業　種	中　小　企　業　者 (下記のいずれかを満たすこと)		うち小規模企業者
	資　本　金	常時雇用する従業員	常時雇用する従業員
①製造業・建設業・運輸業 その他の業種(②〜④を除く)	3億円以下	300人以下	20人以下
②卸売業	1億円以下	100人以下	5人以下
③サービス業	5,000万円以下	100人以下	5人以下
④小売業	5,000万円以下	50人以下	5人以下

(出所)　中小企業庁,2015a。

(2) 中小企業庁,2015b。白書では,「小規模企業者」には個人事業主も含まれるため,「小規模事業者」と呼んでいる。なお,2015年よりは『小規模企業白書』も公

第 **3** 章　中小・中堅企業における女性管理職・役員の登用

表されている。
⑶　中小企業庁，2014。
⑷　厚生労働省，2014。企業調査の対象は，日本標準産業分類に基づく16大産業に属する常用労働者10人以上を雇用している民営企業のうちから産業・規模別に層化して抽出した企業。調査対象数6115企業。有効回答数3874企業，有効回答率63.4％。調査時期は，原則として2013年10月 1 日現在の状況について，2013年10月 1 日〜31日までの間。
⑸　全国の世帯から無作為に選定した約47万世帯の15歳以上の世帯員約100万人を対象に，2012年10月 1 日現在で実施。
⑹　TDB 景気動向調査2014年 7 月調査と共に行われたもの。調査期間は2014年 7 月17日〜31日，調査対象は全国 2 万3485社，有効回答企業数は 1 万1017社（回答率46.9％）。
⑺　厚生労働省，2015。
⑻　労働政策研究・研修機構，2015。調査対象は末子が18歳未満の二人親世帯2000，一人親世帯2000。訪問留置回収法。調査期間は2014年11月〜12月。有効回答率は二人親世帯61.1％，一人親世帯48.8％。
⑼　『中小企業白書』は2009年版においても同様の主張を行っている。すなわち，「制度が未整備であっても柔軟に対応している中小企業は多い。また『在宅勤務』等では大企業よりも柔軟に対応している」と述べている。
⑽　厚生労働省，2013。事業所調査の対象は，常用労働者 5 人以上を雇用している民営事業所のうちから，産業・規模別に層化して抽出した5794事業所。有効回答数は3955，有効回答率は68.3％。
⑾　労働政策研究・研修機構，2011。
⑿　企業調査の調査対象は，全国の12産業に属する従業員10人以上1000人未満の企業。東京商工リサーチの企業データベースから， 1 万社（小規模企業をより多めに）を抽出。郵送調査法による。調査時期は2008年11月14日〜12月15日。回収率21.0％。
⒀　論点の策定については，森田（2015）を参照されたい。
⒁　森田，2011。
⒂　中小企業庁，2010。
⒃　大阪府男女共同参画推進財団，2015。平成26年 9 月〜10月に郵送・メールにて調査。回答数は，働く女性980／2210通（44.3％），経営者・管理職475／953通（49.8％），産業カウンセラーとキャリア・コンサルタント186／1060通（17.5％）。
⒄　原資料（部分）は森田（2015）を参照願いたい。
⒅　大阪労働局「OSAKA☆ジョブジェスタ」における講演（於：エル・大阪，2014

年9月2日)。
⒆　大阪商工会議所「成長企業に学ぶ戦略的人材活用フォーラム」における基調講演（於：大阪商工会議所，2014年7月30日）。
⒇　「OSAKA☆ジョブジェスタ」における村木厚子氏の講演。
㉑　労働政策研究・研修機構，2011，170頁。
㉒　中小企業庁，2007，ⅰ頁。

引用参考文献

大阪府男女共同参画推進財団，2015，「内閣府女性活躍加速化に係る交付金事業の報告書」http://www.ogef.jp/upload/event_desc_file/desc_file00000401.pdf　2015年4月20日閲覧。

厚生労働省，2013，「平成24年度雇用均等基本調査」。http://www.mhlw.go.jp/toukei/list/dl/71-24e.pdf　2014年9月5日閲覧。

厚生労働省，2014，「平成25年度雇用均等基本調査」。http://www.mhlw.go.jp/toukei/list/dl/71-25r-07.pdf　2014年9月5日閲覧。

厚生労働省，2015，「平成26年度雇用均等基本調査」。http://www.mhlw.go.jp/toukei/list/71-26r-07.html　2015年9月7日閲覧。

総務省，2013，「平成24年就業構造基本調査」http://www.stat.go.jp/data/shugyou/2012/　2014年8月30日閲覧。

中小企業庁，2006，『中小企業白書　2006年版』。

中小企業庁，2007，『中小企業における次世代育成支援・両立支援の先進事例集　普及版』http://www.chusho.meti.go.jp/pamflet/sonota/ryouritsu.pdf　2015年4月30日閲覧。

中小企業庁，2009，『中小企業白書　2009年版』。

中小企業庁，2010，「我が国の中小企業の実態」。http://www.meti.go.jp/committee/materials2/downloadfiles/g100215a05j.pdf　2015年4月30日閲覧。

中小企業庁，2014，『中小企業白書　2014年版』。

中小企業庁，2015a，『中小企業白書　2015年版』。

中小企業庁，2015b，「2015年版中小企業白書について（概要）」http://www.chusho.meti.go.jp/pamflet/hakusyo/H27/PDF/h27_pdf_mokujityuuGaiyou.pdf　2016年2月20日閲覧。

帝国データバンク，2014，『女性登用に対する企業の意識調査』https://www.tdb.co.jp/report/watching/press/p140804.html　2014年9月5日閲覧。

森田園子，2011，『キャリア・パスの壁を破る——韓国の働く女性をめぐって』八千

代出版。

森田園子,2015,「中小企業における女性役員・取締役と女性登用——論点の策定に向けて」『大阪樟蔭女子大学研究紀要』第5巻,195-204頁。

労働政策研究・研修機構,2011,『中小企業におけるワーク・ライフ・バランスの現状と課題』労働政策研究報告書,No. 135 http://www.jil.go.jp/institute/reports/2011/0135.htm 2014年8月5日閲覧。

労働政策研究・研修機構,2015,『子どものいる世帯の生活状況および保護者の就業に関する調査2014(第3回子育て世帯全国調査)』 http://www.jil.go.jp/institute/research/2015/documents/0145.pdf 2016年2月20日閲覧。

(森田園子)

第Ⅱ部

アジア各国企業の女性管理職・役員の現状

第4章
韓国企業の女性管理職・役員の登用

第1節　韓国企業と女性労働の特徴

　本章では，韓国における女性経営者および女性管理者の実態を紹介し，韓国企業において働く女性がどのように処遇されているか，女性労働者の全般的な状況について簡潔にみておきたい。

　韓国統計庁の調査によれば，2014年現在全人口は5042万人で，うち15歳以上の人口は61.5％である。

　全就業人口は2506万6000人で，全人口の49.75％である。うち男性は1457万3000人（58.1％），女性は1049万4000人（41.9％）であり，男女比はおよそ6：4である。

　就業者を学歴別にみると，大学・短大卒以上の高学歴者は1077万6000人（全就業者比43.0％），高卒者993万4000人（39.6％），中卒者224万6000人（9.0％），小卒以下者は239万1000人（9.5％）であり，高学歴の就業者の男女比は，61.8％：38.2％である。

　就業者の男女構成をみると，女性の就業率が徐々に男性のそれに接近し，就業人口では男女格差は縮小しつつあるといえるが，職位別の男女比をみると，男性に比べて女性がより低い職位におかれている。つまり，1986年に「男女雇用平等法」が成立して以来，職業における女性の地位向上は進みつつあるが，依然として女性の職位は男性に比べて相対的に低い状況にある。

　2008年から2013年までの管理職者数（男女合計）の推移をみると，2008年の54万9000人から2010年には56万2000人へといったん増大した後，2013年には40万3000人へと急減している。2008年から2013年には管理職就業者は男女合計で

26.6％減となっている。うち，男性は2008年の49万7000人から2010年には50万9000人に増加した後，2013年には35万8000人へと30％も激減している。女性も，2008年5万2000人から2010年には5万3000人へ増加しているが，2013年には4万6000人へと13％の減少を示している。リーマンショック後の経済低迷によるものと思われる。

2008～13年に女性管理職は17.4％の減少を示しており，男性管理職の減少より軽度であるようにみえる。しかし，女性管理職はそもそも絶対数が少ないがゆえに，管理職者の減少幅も男性ほど大きくない。以上の推移が示すことは，過去に比べて女性の社会進出が進展してはきたが，まだまだ企業における女性の管理職への登用が進んでおらず，仕事の質や地位向上が図られていないことを示したものと思われる。

筆者は，1998年に韓国の女性労働の実情と課題についてヒアリング調査を行ったが，それから15年を経た2014年現在，韓国社会の変化は目覚ましいものがあり，その経済発展の下で，男性のみならず女性の高学歴化が著しく進展している。

男性の大学進学率はおよそ80％に上るという高学歴化が生じただけではなく，さらに女性の大学進学率が急増し，2009年に初めて男性のそれを0.8ポイント上回って以来，2012年5.7ポイント，さらに2014年には，7ポイント女性の進学率が男性のそれを上回っている。このように女性の大学進学率が高くなる背景には，経済的要因だけではなく，社会的な要因があると思われる。

経済的および社会的要因として分析すれば，韓国社会の変貌と人々の価値観の変化が指摘できる。例えば，従前は一部の女性の社会・経済活動と，高学歴を修得することで自分の価値を高めて嫁入り道具として活用されるにとどまっていたものが，1997年のIMF経済危機以降，大企業を中心に雇用政策が転換されたことにより，雇用の急激な流動化，不安定化に伴い，結婚相手として能力のある働く女性の評価が高まったことが指摘できる。

昔は美人であれば学歴にかかわらず結婚にこぎつけたが，今の男性は美人より能力のある女性を好むという傾向が指摘されるほどである。また，現実的に，企業の賃金水準が切り下げられ，賃金の単身世帯化がおこったことにより，家

計の形成条件が大きく変わり，女性の収入が家計の重要な柱になっている。したがって，女性が働き続けられる環境づくりがますます重要になってきている。

経済のソフト化に伴って，採用側が男性優先の選択行動から転換し，女性の能力所有者を選抜し，その能力の発揮に伴う同一労働同一賃金に近い経済的補償を得られるようになったことが，女性の大学進学率を高めているといえる。

このように働く女性の増加に伴って，働く女性の仕事の質や地位構造はどのように変化し，あるいは進展しているのかについて，今回のインタビュー調査をとおして考察する。

今回の調査対象は，まず，働く女性のリーダー格である上位管理職の女性に焦点を当てて，管理職に至るまでのキャリアパスと現在の職位について聴き取り調査を行っている。

また，それに加えて，90年代に入り第三次産業革命ともいわれるほど，情報化，サービス化が進む中，産業構造の変化は女性たちを，新たなビジネス世界へ進出させていることから，男性の領域とみられていた女性の起業家がどれほど増加しているのか，組織の階段を昇りつめた，いわゆる CEO までのキャリアパスについても聴き取り調査を行った。

これらの現地における聴き取り調査の内容と統計データを用いて，究極的に韓国社会の発展と女性の地位向上はどこまで到達しているのかについて，韓国で働く女性たちの現状と展望を描きたい。こうした方法により，韓国企業に勤務する女性管理職の実像を解明するべく，2014年9月23日から27日までソウルで行った。韓国企業6社の女性管理職7名について，①年齢，学歴および家族関係，②職務経歴，③労働条件，④昇進・昇格，⑤女性優遇政策への対応，⑥キャリアパスの経験上，ジェンダー関係上の悩み・課題などに関して，ヒアリング調査から属性と特質を素描することとしたい。

第2節　女性管理職の実像

（1）大手D建設会社の女性管理職の実像

まず初めに，財閥系大手建設企業の2人の女性管理職についてヒアリング結

果を素描する。2名は，A部長・B次長として直上司・部下関係にあり，それぞれ勤続21年（45歳）と18年（43歳）である。部長は未婚，次長は既婚であり，同社は正規社員4000人のうち女性社員は約300人である。A・B両氏を含め，同社の女性管理職は6人であり，職務階梯は下から代理→課長→次長→部長の4階梯である。A部長は，C部長という女性の先輩の下で次長を務めた同社の女性社員の出世頭の一人である。C部長はA部長より5年先輩である。

　昇進・昇格の特徴はどうかをみると，A・B両氏の場合，差別的な取扱いを受けたことはないという。ただ，男性の場合は一般的に入社前に2～3年間の兵役義務があるので，入社時もしくは最初の昇進時に1年分の加算がある。最初の管理職である代理職に就くのに男性は3年の経歴で昇進するが，女性は4年の経歴を要求される。女性が男性より遅れる理由としては，育児休職後の人事考課で若干の影響を感じるという。しかし，それら以外の場合に昇進に関する不平・不満はかなり多く，A・B両氏の場合には不満があれば，その時点で上司である人事考課者に不満を述べるという。1986年に「男女雇用平等法」が制定され，翌年施行されたが，D社のような財閥系大企業ではその後，あからさまな差別はないようにみえるが，オーナー企業や統制力の強い企業では女性差別が未だに聞かれるという。D社では，高卒と大卒では大きく処遇が異なり，大卒女性では入社後の専門職としての仕事と人事考課，昇進というキャリアルートが開かれているが，高卒女性では事務系の職務に限定されて昇進への階段に辿り着けない。賃金待遇も含めて大卒・高卒の学歴別処遇の格差は大きい。第一に学歴別に賃金テーブル（ホボン）が別建てである。また，4000人の正社員の中に女性社員は300人にすぎず，グループ企業全体で，法的な採用枠を満たすだけで，積極的に女性を募集・採用しようという政策はないように思われるという。

　最近15年間ほどの経緯の中では，産業界における女性の処遇は少しずつ変化してきていると感じられるが，女性の権利として世界的に承認されている産前産後休暇や育児休暇は取得できるし，取得者に対する人事考課も以前のような一方的な低い評価ではなく，中程度の人事評価になっているが，「保健休暇」（日本では生理休暇）は，A部長，B次長を含めて意図的に取得しない女性もあ

るという。それは，女性としての「意地」のような行為であるという。有給休暇についても，上位管理職になるにつれて，この「意地」意識から，最近は取得しない傾向にあるという。

（2） 大手都市J銀行の女性副頭取の実像

K氏は1971年に入行し，2014年現在勤続43年目の62歳の銀行ナンバー2の地位にまで上り詰めた，女性として韓国初のキャリアを歩んできたパワーウーマンである。「未婚というか，シングルというのは少し恥ずかしい」とはにかむ愛らしい女性である。基礎的な属人的要素についての質問が終わるや否や自ら自己紹介をしてくれた。

少女時代は，中学・高校を通してバスケットボールの選手だったので，大学のチームに入る希望であったが，難しかったので実業団チームでプレーすることを目指してJ銀行に入社した。しかし，入社2年目にして，自分や家族と相談の末，女性でも働き続けることが安定的で将来性があるという認識に変わり，運動部をやめて銀行の業務を学び仕事をする部署に転向した。

彼女が働きだした1970年代という時期は，働く女性が少なく，企業社会の中でも，男性の補助的な仕事が一般的で，法的にも何らサポートがなかったという。ところが彼女には幸運の流れがきて，1977年には国連「世界女性年」が開始され，それから約10年という時間が経ったが1986年には「男女雇用平等法」が制定された。それまでは，銀行においても賃金の男女格差はもちろん，男性陣が学縁・地縁・軍隊縁などのネットワークをはりめぐらし，いわゆる「男性中心社会」であった。「なぜ女性は，仕事のできに関わりなく，こんなに不当な扱いをされるのか」という義憤が湧きあがったという。

男性中心社会の効用のメリットは，「ネットワークによる支え合い，情報の網」であると感じてきたという。女性は「ネットワーク不足からくる情報不足」のために女性同士がカバーしにくいし，他の女性が失敗してもそれを喜んでいる女性がいるという。つまり，女性は，能力的に決して男性に劣らず，かえって優秀な面があるのに，「ネットワーク不足，情報不足，個人主義的感情になりやすい」という側面で，女性のキャリアアップの障害となっているとい

う。これを裏返すと，女性が発展していくには，当面，男性のネットワークのような縁，つまり人間関係を構築することが重要であるという。女性同士でお互いにメンターの役割を果たしたり，相互サポート，具体的なアドバイスをしたり，もし誰かが失敗した場合には女性同士でかばい合うなど，女性ネットワークの縁を築くのが現実的であるという。

　韓国の大手金融機関で女性として初めての管理責任者になったときの自己の信念や方針といったものは何か，という質問には，責任感の強さが身上であるという答えが返ってきた。その責任感はＪ銀行の昇進・昇格制度が大きく関わっているという。韓国には，五大都市銀行といって，チョウフン銀行，商業銀行，韓日銀行，第一銀行，産業信託銀行があったが，Ｊ銀行だけが年功序列制度を採っていなかった。他の４行では，以前は女性にも勤続年数に応じて試験制度ではなく自動的に昇進・昇格させていたので，女性の管理職の割合はＪ銀行より高かったが，昇格の程度が低く，経営職に至る女性はいなかった。それに比べてＪ銀行では，勤続６年目に許可される転職試験に合格してはじめて，女性の昇進階段が開かれる制度であったので，女性行員は勉強への意欲が強く，モチベーションも高く，その結果，責任感の強い女性管理職が養成されることになったという。さらに1987年の「男女雇用平等法」の施行以後は，勤続６年目の女性だけの昇進試験は廃止され，昇進試験の制度でも男女平等に受験できるようになり，賃金（ホボン）も男女平等になったといえるという。しかし，昇進時の審査では，近年，社内結婚が増えているために，夫婦ともにホボンが同額である場合，一家の柱である男性側を先に昇進させるといった配慮があるが，夫婦同士が地位・能力ともに同程度であれば同等の責任者になる例は少なくない。また，1997年のIMF危機のときにはリストラが行われたが，夫婦勤務であった場合は女性が退職するという例があった。韓国社会はまだまだ，男性が外で働き，女性が家事を担うというのが一般的な傾向であるという。北欧などで採用されている女性管理職割当制度について評価を聞いてみると，韓国ではまだ実施されていないということであった。しかし，昇進・昇格管理の立場でみると，男性と女性とをそれぞれ審査することよりも，むしろジェンダーを中性化して絶対考課する方がよく，組織において仕事をする場合にはジェン

ダーを中性化した認識で評価するべきであると主張されている。「女性と男性が共存するべきで，お互いが中性であると認識して仕事をしなければ，お互いが性を区分して仕事に臨むべき」であるという。

自分の役員就任をどう評価するかという問いに対して，次の三点を指摘した。第一は，「運」であったという。2000年にスタンダードチャータード銀行がJ銀行を買収して外国から経営陣が入ってきたとき，仕事への評価によって昇進したが，それは韓国人男性の経営陣のもとでは起こりえない評価基準であるとコメントした。韓国人男性にはいまだ男尊女卑の考えが残っており，自分のような高卒，スポーツ系，女性という条件では役員昇格は望むべくもない。自分の場合は仕事の評価による昇格であると確信しているので，正にときの運であったと思う。第二に，「正直者」への評価である。外国人経営者の人事評価基準は徹底して業績評価であり，業績は，単に成果だけでなく，仕事への取組み姿勢，人間的な側面，パフォーマンスに見合う成果の評価という要素である。それは学歴主義ではなく，また女性差別でもない客観的な尺度である。政治的ではなく，人間性が信頼でき，正直者であるかどうかである。第三は，「信頼」を得るということである。「銀行という仕事は，人と人との対面，心，信頼で成り立つ。顧客は無論同僚に対しても誠実に対応すること，自分自身に信頼が寄せられる人間的な品性がなければ，顧客が私の何を信じて自分の財産を預けるのですか」という言葉はとても重みをもって感じられた。

インタビューの最後に最重要な問題として，銀行が女性を育成しようとする体制や姿勢について聞いた。この問いには，1981年に管理職に就任してから声を大にして主張したことであるという答えが返ってきた。他行では年功序列制度のもとで女性管理職が少なからず配置されていたが，J銀行では女性管理職は少なかったので，主婦や女性のお客様に対して，同じ女性として心を読み，それに見合うサービスをしていくことに限界があったが，男性にはみえないことも女性にはみえるので，女性行員の教育を重視し，女性の責任者を増やす必要を主張したということである。

その結果，自分の次の副頭取はスタンダードチャータード銀行からの移植人事であったが，今では常務職以下，着々とJ銀行の生え抜きの女性管理職が昇

進し，能力のある女性が次々と挑戦してきているという。K氏は，スタンダードチャータード銀行支配下になって業務のグローバル化にともない先例を示したことをアフリカの系列銀行との研修交流の中の人種の多様性を実感したと話していただいた。

(3) 政府系K公団の女性常務役員の実像

　N氏は，1985年，現在のK公団の前身であった「ソンオブ公社」に入社し，1997年，現K公団の設立推進事務局へ異動させられた。以来，ケムコ社およびビーゾン社設立業務に従事，30年間のキャリアを積んで2012年2月の株主総会で韓国初の女性常任理事となったが，2014年3月に，同役職を退任した。

　役員就任時には，韓国初の金融公企業の女性常務取締役として脚光を浴びるが，本人は淡々と30年間の努力の跡を振り返り，インタビューが進むうちに韓国初の女性公企業役員への苦難の道を述懐した。同社は，韓国の政府系金融公企業であり，金融企業と公企業との両面を併せもち，特に1997年アジア通貨危機以後は，韓国一国の政府系金融機関として金融政策の要として重要な業務をこなしてきた。そのなかでの苦闘の跡をインタビューからみてみよう。

　まず，30年間のキャリアの概要を聞いた。

　N氏が入社したころの同社の社員の学歴構成は，大半が「保守的な男性社員で商業高校を卒業した人が一般的な社員像であり，女性社員はほとんどおらず，まして女性大卒者を処遇する職種は秘書職のみで，現業には女性は皆無であった。秘書職への誘いがあったが，N氏はスタッフ職ではなく現業ライン部門を選んだ。しかし，そこには女性はいなかったという。ともかく，現業部門で仕事というものをまじめに学びとろう，という気持ちで取り組んだが，その結果，自分の仕事は早く終わり，他の人員の仕事をカバーする必要に迫られた。性格上，よそ見せずまじめに取り組むと「他人からみれば，わたしが自分個人の出世欲という目的や野心があるから頑張っている」と思われたようだが，「純粋に仕事をまじめにやってみたい」という原点から仕事に没頭することとなった。その結果，「女性であっても男性以上に仕事を熱心にやりこなす」ことから，「ジェンダーを超えて仕事の成果を正しく評価してくれた」と自信を示した。

そのような勤務態度や実績評価から，N氏は2007年には48歳で同社人事規定1級に昇格し，経営革新支援部長の要職に抜擢された。翌年，49歳で人事部長に就任し，2014年には53歳でついに女性として韓国初の登記常任理事に就任するに至る。こうした女性のキャリアとしては，歴代の役員の中でもどの職位でも最年少で昇進を実現したことは，自身でも「仕事を熱心にやりこなす過程が評価された」と認識しているし，周囲からも「責任感がある」・「真面目」・「純粋人」という見方で評価が高いことがわかる。

（4）韓国メディア大手K社の著名管理職アナウンサーの実像

Y氏は，一流大学マスメディア専攻を卒業し，著名なアナウンサーの時代をたどり，地方報道局の局長にまで上り詰めた経歴をもつ女性職業人として，1980年代以降の韓国の民主化時代のモデルのような存在である。結婚，出産，育児，家事，良妻をこなす才人であるが，職業経歴三十数年にして，女性労働者として労働組合幹部を経験し，女性の職場進出の先陣を切ってきた結果，女性の管理職としても高い地位に就いた視点から，韓国の権威主義や「輸入民主主義」の下での限界も感じている。韓国の女性政策の到達点として，女性への管理職割当制や，「女性に親和的な企業」の認証制度によっても，なお超え難い体制の壁を実感しているようである。

Y氏の職業人生の始まりは，大学の専攻を現代的なマスメディア専攻に定め，意識的にメディア業界に目標を絞ったことが功を奏したといえよう。1980年代初めは女性が活躍できる業界は限られており，K社の当時の社長は，入社面接で暗に入社したら結婚退職にならないように示唆している。結婚しても働き続けることを要望したのである。Y氏のキャリアには，当時としては開明的な経営者の価値観が反映しているともみられる。結果的にY氏は同期入社の女性7名のうちで最も早く結婚し，自分の生き方を貫いた女性となった。

韓国においては，既婚者・未婚者の扱いが差別的で，未婚女性アナウンサーは放送局の花としてもてはやす傾向にあり，現場管理者たちも早期に結婚してしまう女性には，番組担当を与えないとか，女性同士を競わせるという傾向があったという。そのような時代に女性が職業をもつ目的は，一義的に経済的メ

リットにあり，企業も社会も家計補助的な職業意識が根強かった。そのような韓国社会で，金銭的なメリットよりも，むしろ「自分磨き」という意識で就業できる職業分野は，教師，行員のほか司法試験に合格して法曹界や上級公務員を目指すしか，キャリアの展望はないといってよかった。Y氏の狙いは，男性と対等な処遇を受けられる職業分野にあった。実際，K社では，大卒女性は入社時には男性と同等な4級の賃金等級（ホボン）を適用されたが，既婚女性に対するその後の処遇においては，排除の論理が明確に働き，番組担当の配置の際にも「家庭もちのために馬力が落ちる」といった理由で「優先順位からしだいに排除」され，「目にみえない障壁」が立ちはだかったという。

仕事を回さない，仕事を教えない，などの処遇は，今日では明確に差別と判定される。当時は，成果に対応して同期者の昇進ルールの範囲内で遅れ早かれ4級から3級へ昇進したが，Y氏には一切の昇進がなかったため，職場で既婚者が局の室長に女性集団で抗議したりした。また，労働組合がなく，社内に女性に対する職場の利益を代弁する組織もなかった。こうした職場状況が変わった契機は，1989年の盧泰愚大統領の「民主化宣言」のもとに，韓国初の「労働組合法」ができたことにある。Y氏は，同期入社組で最後の昇進者になった。会社内に労働組合ができ，「公平な人事」の要求を掲げ，成果を出すY氏の排除を継続する理由がなくなったのである。

では，昇進ルールが職場にできたからといって，「仕事の配分」上で公正さが担保されたかといえば，必ずしもそう簡単ではない。Y氏のプロ根性が形成されたのは，実はこの時期であったという。Y氏自身の中に，「プロ精神の下に仕事に取組む」こと，その結果として「職場内でも誰がみてもケチをつけられない仕事」をすることが，「権利の主張」の前提であるという。しかし，女性が「自立」しなければ，仕事の達成や権利の主張をどれほどしても，無意味であるとも感じたという。それは「女性の弱さ」ともいうべき問題点で，「残念ながら女性は結束力が弱く，ときとして女性を分断する組織の上からの力が加わる」と，女性たちはバラバラにされ，「弱肉強食の論理」におかれ，結局，仕事の達成も権利の主張も，何も得られず，昇進もせず，経済的にも成果がない，という繰り返しになる。これが，女性たちの結束をいっそう難しくすると

いう。

　とはいえ，Y氏の展望は徐々に開かれていく。政府が投資する公企業として，従業員が500人以上の場合，託児所を設置するという法律がつくられ，K社でもY氏が組合長を務める中で，男性社員を説得して，会社に要望して資金をつくり，社内託児所を設立させた。すると，女性だけでなく，男性社員もよく利用するようになった。いまは，妊娠の段階から託児所の利用希望が殺到するほどになり，待機者が増えるほどであるという。

　労働組合運動の成果として「K社こどもの家」と命名され，それがモデルとなって国会職員用の託児所ができるまでになったという。

　しかしながら，Y氏の昇進ルートは，順風満帆とはいかない。地方局への転勤命令で，夫と子どもとの別居を強いられ，子どもの教育・進学にも影響が出たと感じている。これは，転勤を口実にした嫌がらせ，退職強要だと受け止めたようである。しかし，この逆境が彼女をさらに強くする。Y氏の会社観では，マスメディアは表面的には進歩的ではあるが，組織の内部に目を転ずると，男女差別，女性の認識や活用の仕方など，最も厳しいのが韓国社会でもある。利益優先の一般企業と異なり，成果が数値で表しにくい公企業や非営利組織では，むしろ男性が主導権を握って権力を乱用している，というのがY氏の観察である。

　では，韓国の女性差別撤廃の取組みについては，Y氏はどう評価しているのか。「男女平等」の強調，女性枠の拡大，管理職の女性割当制度など，政策レベルでは進展しているようにみえるが，実際に進展しているかといえば，大いに疑問であるという。地方勤務を終えて，ソウルに帰り，次長，部長へと昇進したものの，部長昇進の際には上司と戦うことになり，「管理職ポスト・ハンターのきつい女」というイメージを得た一方では，女性差別撤廃の具体的な成果が明らかでない，という実情であるという。

　しかし，Y氏が，そのような闘争の過程を経て，やる気と実行力を高めてきたこともまた事実であろう。50歳を過ぎて，ふっと思うことは？　と問われて，彼女は，「たしかに男性は家の主で，女性の副収入源とは立場が違うし，その（管理職の）観点でみると，男性優位もありかな，とも思う。40歳代には男性

だからではなく，能力のある者が昇進すべきだと強く思ったものだが，歳をとって高位管理職の立場になってみると，男性たちも可哀そうに思える」とも述懐している。また，「結局，組織の中で，(男女が) 一緒に仕事をしていかねばならないし，事実，男性を追い抜いて (自分が) 先に昇進したといっても，男性の社会的な立ち位置や，気持ちを考えると，(昇進が) それほど意味のあることかどうか，(中略) 歳をとって人間として熟したのか，欲張りの気持ちを捨てました。そうしたら，自然と昇進という席がめぐってきました」と。

　韓国の職場の男女平等政策や雇用平等政策について，Y氏はどのようにみているのだろう。男女平等とは一体何か。これについてY氏は，「あくまでも，能力のある男性が，もし自分と対等な立場におかれたときには，その人に先に昇進のチャンスを与えてもよいということで，能力のない男性に席を譲るということにはなりません」という。つまり，機会の平等という意識が基礎にあり，能力の差異の反映が可能になるというのである。このような観点は，韓国の従来の競争主義意識をさらに強めることにもなろうが，韓国の国策によって男性は徴兵軍歴（当時は3年，現在は2年半）の分だけ同期入社の女性に比べて3号俸高くスタートするのも「辛抱できる」のだという。では，軍歴加算というこのシステムは，男性に有利に働くかといえば，年齢給のシステムからは当然のことであるが，実は，青春の真っただ中を徴兵に割かれることは，男性の能力形成にとって少なからずマイナスに働いているという。実際，入社時のブラインド・テスト（受験者名を伏せたテスト）の成績では，「女性の方がはるかに能力がある」という結果があるという。軍歴期間に男性は勉強面で女性に後れをとるというわけである。一般知識だけでなく，専門知識においても能力低下をきたしている。このことは，女性の出産・育児期間の休職による能力低下と類似した現象であり，また自分の経験からみても，従来は全般的に，女性が配置される職務は周辺業務だけであったため，女性がいつまでも高度な職務へ異動されずに放置されてきたという。

　しかし，最近の傾向では，女性の仕事意識や権利意識が高まり，男性上司も以前のような男性優先的な行動をとれなくなっているという。特に「30歳代の女性は自分の権利意識に目覚め，自己管理，能力啓発を怠らない」ので，ブラ

インド・テストでは採点者がさじ加減できないので，常に女性が高い得点をとる傾向にあるという。

とはいえ，女性の発言力が現実に強まりをみせているかといえば，そう単純ではない。どの組織においても，女性は数的に劣位にあるので，少なくとも女性の3割が結集しないと発言力の強化にはつながらない。女性アナウンサー職種でも，かつての5％時代と比べて，いまはアナウンサー・放送記者などの業務担当女性が30％を占めるに至ってようやく重視されえたという。女性の社会的地位の程度は，実際，権利意識・仕事意識・社会的発言力に負っているという。

それでは女性のさらなる社会進出を推進するには，いかなる政策課題があるかを訊いたところ，Y氏の結論は明確なものであった。女性が既婚者である場合，仕事・家事・育児という過重負担が職務経歴の断絶を生むことになっているのは明確であるので，これらの「男性と異なる側面を社会的な問題として取扱う」政策が重要だという。とりわけ「家庭の仕事を社会的に認定」することが経歴断絶を止めるためには重要であり，「男性たちのマインド」の更新も必要であることは言をまたないが，外国（例えばヨーロッパ，とりわけスウェーデン）のように「女性が働きやすい環境を社会的に整える」こと，「それが持続的に運営される」こと，「能力ある女性が安心して働ける」こと，これらが韓国の深刻な少子高齢化に対する取組みにも必須の要点であるという。

結論的にいえば，そのような社会政策の根本には，社会的・人的インフラの整備，つまり「基礎教育時代」から男女平等意識を育むことを優先政策課題として，あまねく人々に平等意識を注入することが重要である。この平等意識は，男女間の平等というだけではなく，男性同士，女性同士の間でも共有される必要がある。家族形態は様々であり，共働き家庭もあれば，片働きで専業主婦という家庭もあり，子どもが多い家庭もある。経済的メリットだけの視点では，共働きでＷインカム家庭が豊かであるが，他方では専業主婦の社会的評価が今は低くとも子だくさんの家庭は将来の人的資源に貢献するであろう，などの多様な価値観を総合的に政策課題としていくことが重要であるという。そのような政策推進のためには，個人の能力開発に対する誘導政策が必要であるが，他

方，企業など社会的組織に対しては，（女性に）「親和的な企業」という認証制度を，税制や能力開発政策・経済産業政策などに広く取り込んでいくことが必要となろう。また，女性が同性の能力開発や人格形成に貢献していくために，企業内にも男女共同参画組織を設置して，先輩が後輩のメンター（人生のアドバイザー）としてサポートするなどのきめ細かいサブシステムが重要であるという。

　Y氏のインタビューを終えて，率直にいえば，このような人材が公共政策の立案者や運営者に必要な時代であるという感銘を受けた。公共政策として男女平等を推進するにしても，大統領の鶴の一声だけでは何も進まない。きめ細かく，幅の広い共同参画運動としていけば，社会的に効果のある政策体系に仕上げることもできよう。事実すでに，北欧諸国ではそうしているではないか，という感想を強くする思いがする。

第3節　女性経営者の自立像

（1）IT企業の女性創業者の成功の軌跡

　ソ氏がIT企業を1987年に創業して27年目を迎えている。35歳のときのことだから，2014年現在，推定62歳。ソ氏が率いるファイン・テクノロジー社は，本社をソウル近郊の京畿道華城市におき，主力工場を2カ所有している。一つはゴム関連製品の製造工場，もう一つは半導体関連部材の製造工場である。

　創業当時は，ユニオン化学と名乗り，ソ氏が創業者となって出発した。ソ氏は，ブギョン大学および釜山工業大学工学科を卒業し，その後，大学院に進んで工学博士号を取得した逸材である。同社は，1998年に産業用特殊テープの生産分野に進出し，社名を現在のファイン・テクノロジーと改名して（以下F社と略す），現在に至る。国内向けだけでなく，世界的な技術力を基盤にして輸出で成長しており，総売上高は1000万ドルに達する。ソ氏は，産業界でも指導力を発揮し，女性経営者協会会長，ベンチャー産業協会会長の職にあり，慶南情報大学で教鞭をとっている。その活躍は，韓国の『毎日経済新聞』等で頻繁に取り上げられている。

さて，ソ氏によると，このIT企業F社を創業するに至った発端は，自身が化学工業専攻であったからだという。当初は別の企業に入り，仕事をある程度学んでから創業したという。生まれは農家で，中学校卒業後，15歳から都会に出て勉強し，5年制の専門学校に入ってケミカル化学工業を専攻した。1986年から準備をし，翌年に創業した。ソ氏によると，80年代以降，韓国をリードする中小企業や「ヒドン（隠れ）チャンピオン」企業が多数，創業しているという。マスコミもそれらに注目して，政府が主導する産業団地形成による地域活性化路線のもとに，F社関連ではヒドン（隠れ）チャンピオン事業の例を大きく紹介している。

　F社は，従業員が約40人で，装置産業の特性を活かし少数精鋭で経営しており，主力製品は半導体製造の過程で必要な薄物フィルムであり，業界を主導する地位を築いているという。ソ氏の業界の指導力の根源は，そうした専門分野の知識の絶え間ない刷新に根差しており，実際，政府の女性起業家支援制度を活用しながら，高い経営力で企業内を先導し，従業員を活性化させ，業界のリーダーとして高い意欲を示している。

　さて，F社がIT企業（業界）界で成功した要因は，何に求められるだろうか。ソ氏が強調している第一の要因は，韓国では産業における男女平等が実現されていることであるという。創業当時は，「起業に際して銀行に融資を依頼すると，女性の場合は男性つまり夫の保証人を要求されたが，今日ではそうした差別はない」という。その意味で「韓国は女性天国」であるという。こうした変化は，2000年代に「国連女性の10年」政策を掲げ，国連が女性の人権拡大のための世界的な取組みを行ったが，それに伴って韓国でも多様な女性人権運動に取り組んだ。特に2008年，慶尚南道で「世界女性人権大会」が開催された際には，ソ氏が経済活動分野の委員長を務め，また各種のNPO活動に参加することによって，女性の経済活動に対する差別が取り払われてきたという。ソ氏の実感としては，韓国における女性の権利は，日本を上回り，特に女性経営者に対するサポートは，アメリカをも凌駕するほどだという。

　具体的な優遇制度として，銀行融資や政府資金融資に際しては，政府を保証人とすることができることや，利子優遇制度があって女性は男性よりも１％優

遇(男性4％,女性3％)される。原材料など物資の調達においても,女性経営者は調達庁から優先的に供給を受けることができる。さらに申請業務などにおいて女性と男性とで点数評価される際には,女性起業経営者には加算点が加えられ,政府の女性優遇施策を受けることができるという。

　こうした女性の権利の向上は,民法上での女性の権利にも現れており,「戸籍法」の改正によって,従来は男女別姓により子どもには男性側の姓が与えられたが,戸籍制度が改められ,女性側の姓を名乗らせることができるようになった。総合的に女性サポート政策が韓国の特長となっており,男性にとっては「逆差別」と思われるほどであるという。それゆえ,女性経営者の中には,政府の支援に依存しすぎて,自立的に経営する精神を失う者もみられるようになったが,ソ氏からみれば「女性は自力で立ち上がって免疫を高めることで,はじめて女性経営者として成功したといえる」という。したがって,政府の経営者支援政策は,「本当に厳しい企業に対して男女を問わずに支援することが重要であり」,女性起業家に支援する場合は,起業したてのよちよち歩きの時期に支援するのが本筋であるという。1999年には「女性起業特別法」が制定され,時限立法として女性起業支援がなされたが,多くの女性起業家は,政府頼みの支援依存の態度であったため,女性の起業家の「浅ましさ」をかえってみせつける結果になったとされる。

　こうした女性に対する政府支援策のあり方についての自戒的な姿勢は,ソ氏の経営者倫理を裏づける思考であろう。女性起業家の一定のテイクオフの後は,むしろ先輩の女性起業家が後輩の女性たちを指導・助言するべきで,女性の人的ネットワークの中で,女性の世代間支援の輪が形成され,女性同士の共助の思考が,総じて女性起業家の社会貢献に結びつくという根幹的な姿勢を示している。ソ氏がリーダーとして活動している慶尚南道女性経営者協会では,後輩女性経営者をサポートする制度があり,先輩経営者が後輩を海外視察に同行したり,仕事の繋がりや個人的・経済的な支援策を展開して,女性の起業を支援しているという。

　ソ氏が強調している経営者としての成功要因の第二のものは,彼女の私的な境遇の問題を社会的な関係性に変換してしまったことによると思われる。ソ氏

第4章　韓国企業の女性管理職・役員の登用

は，結婚し，子どもをもうけ，かつ仕事に精を出し，実家の親たちの扶養をしていたが，夫との夫婦関係に亀裂が入り，離婚に至ったことから帰結する要因である。いわばソ氏流の処世術とでもいうべき人間関係術である。それは，韓国社会の特質でもあるが，離婚した女性が「白い目でみられる」とか，「心理的にストレスを受ける」などの精神的な悩みであった。当時は，韓国の民主化以前の時代であったため，「女性の離婚自体が後ろ指を指されること」であったし，また「女性が偉そうに働くこと」それ自体が韓国では珍しいことであった。ソ氏が親に感謝すること，それは「美人ではなく，それとはかけ離れた，平凡な顔の持ち主」であったことだという。「女性の美人系を使った仕事」は，一種の反社会的な隠喩を含み，女性自身にも耐えがたい屈辱であるという矜持がソ氏にはあった。そこで彼女が考え出した秘策が，自らを「ハルモニ（お婆さま）」と従業員たちに呼ばせることであった。まだ35歳の女性が自らの矜持を守るために，あえて取引先にも「社長」ではなく，「お婆さま」と呼ばせることによって，男女関係を意識させない人間関係を形成し，また取引先の年配の男性たちのプライドをも傷つけずに関係性マーケティングを実行していくことが，ことさらに重要な成功要因となったという。年若き「ハルモニ」であることで，女性経営者に接する際の男性たちの心理的な鬱屈を解消することに成功したのである。つまり韓国という「男尊女卑社会」の「しきたり」や，「女性観」を棚上げする手法が有効だったのである。「本当に取引先の男性たちの立場になって，話を聞いてあげたり，楽にしてあげたので円滑なビジネスができた」とソ氏は述懐している。

　最後に，成功要因の第三のものとは何かを探ろう。ソ氏の言葉を借りれば，「勝勝長具（スンスンチャング）」というものの見方であり，いわば，「長期的視野に立った経営」というに等しい。それは，常に勝ち続けることの困難さをわきまえて，長期的な視点に立って遠くを慮るという姿勢であろう。「私は，ゆっくりと長く『勝勝』と登っていく」という視点は，「ビジネスは，始まってすぐに終わるのではなく，長く生き残らないといけない」からであるというのである。近年，「長寿企業」という言葉が高い評価をもって好まれるが，韓国的な死生観とマッチして，かえって現代的な経営戦略となっているといって

よかろう。
　このようにソ氏は，なかなかの戦略家であり，女傑である。現代韓国の名優であり，なおかつ東アジアから欧州，アメリカをも飛び回るグローバル人材であるといえよう。

（2）大現鉄鋼(デヒョンチョルガン)の女性起業家キム・キベ氏の成功の軌跡

　大現鉄鋼の女性創業家としてのキム氏は，財閥体制の一角に食い込んだ女性経営者として異色の存在である。大現鉄鋼の本社は，ソウル近郊の京畿道華城市にあり，本社の下に数社の事業会社を展開している。同社は，POSCOの鉄鋼材を一手に元売りする販売会社，現代製鉄の販売代理店であり，韓国全国に20社ある現代製鉄の小売会社の一つである。鉄板・鋼材の加工・流通を扱う会社であり，1998年設立，翌年99年に法人化して起成鉄鋼(キジョンチョルガン)を名乗り，2011年6月に株式会社化して社名を大現鉄鋼(デヒョンチョルガン)と称する。大卒社員の年俸は4000〜5000万ウォン（日本円で400〜500万円）になり，処遇は高い水準にある。

　キム氏の職業人生は，高校3年生の2学期にソウル市庁の近くにあった貿易会社に就職したところからスタートした。鉄鋼の仕事に携わるきっかけは，キム氏の弟が当時，POSCO（当時の浦項製鉄）に勤務しており，POSCOには，職員が退職した場合は，同社の鉄材を商売とする優先権が与えられていたので，弟に会社を辞めさせ，2人で個人経営者になろうと誓い合ったという。近年の韓国では，個人事業者が就業者のうちで最も多く，就業人口の43％にも達するが，多くは脱サラのにわか個人経営者で，長くは続かずに廃業に至る者が少なくない。その中で，いち早く事業機会をとらえて，個人経営を発足させたことは，時宜を得た経営判断であったであろう。それから17年，キム氏は52歳に達し，35歳の創業時からみて急速に成長して韓国を代表する鉄鋼加工販売事業者となった。鉄鋼事業は，「マージンがよく，家の建築には不可欠な資材であるので，有利なビジネス」であった。そのような，いわゆる叩き上げの高卒女性経営者でかくも成功した事例は珍しいこともあり，メディア界でも頻繁に取り上げられる女性経営者となった。それだけでなく，現在は，建設企業の経営者であり，コーヒーショップ・チェーンの経営者でもある。多角化を進めて一代

にして中小企業ではあるが，流通複合企業を築き上げた話題の女性である。しかも，それだけではなく，いわば韓国の母のモデルともいえる新しい女性の生き方を社会に提示したことも強調しておきたい。

女性が仕事を選択する場合，今も韓国では花屋さん，洋食店，化粧品店，銀行員などの「一定の範囲を超えられない」という実情はあるが，キム氏の場合は，そうした「ハードルの低い仕事」ではなく，自他ともに認められるような「凄い仕事」を「男性と同等以上に，かつ男性の10倍も努力を注ぎ頑張っていけば必ず成功する」という仕事意識に支えられていたという。1990年代末は，まさにアジア経済危機の直後であり，韓国がどん底にあった時期であったが，それがかえって業界全体の事業再編成の時期となり，女性社長の手腕が発揮される背景となった。現在，現代製鉄の代理店の販社は全国に20社あるが，その現代製鉄も，韓宝鉄鋼，江源産業，利川製鉄が合併統合してできたPOSCOの総代理店であり，POSCOから供給される鋼材のすべてを現代製鉄が製品化し，それを20社の加工小売企業が販売している。大現鉄鋼は，そうした20社の小売代理店の一つに生き残らせた女性創業者の成果なのである。

筆者の「女性社長としての心構え」についての質問に対して，「女性であるからこそ，女性という性を前面に出してはならない，常に弱いと思われないように，そして計算高いと思われないように行動に注意してきた」と述懐しており，女性経営者の経営行動において韓国という社会がもつ規範意識に対応したものといえよう。「女性だから，銀行に利子を安くしてほしいとねだる」とか，「官庁に行って女性の特例措置はないか」などという行動は見苦しいばかりで，到底，理解できないという。「お金がなくて昼ご飯を食べないことがあっても，他人にきちんと配慮をすれば，すべて廻り回って，ビジネスとして返ってくる」というのが，経営姿勢なのだという。「私には特別にしてくれる必要はない」という点では，ビジネスは公平に，というビジネス倫理の問題でもあろう。

このような倫理観を身上とする女性経営者であるから，従業員にもさぞ厳しい態度で臨んでいるかと思われ，対従業員関係について訊いたところ，仕事自体に厳しい反面，意外にも母親のような，優しく気遣いの利いた観音様のような存在であると感じさせられた。以下で，社員の処遇や人間関係管理の考え方

を聞いてみよう。

　本社40名の社員のうち10名が女性であるが，女性の管理職も多く，部長，次長まで昇進しているという。賃金は，以前は年功序列制であったが，2012年から年俸制に転換した。年俸査定の方法は，目標管理をベースにして，日頃の仕事ぶりをみながら，不満が出ないように個人面談を必要に応じて行う，というものである。実際，40名の従業員に社長が直接に全員面談することも難しくはないだろう。実際の事例であるが，若い女性社員の場合，別のアルバイトの所得もないと生活費に困るというので，その仕事を辞めさせ，職務に専念できるように給与を上げた，という。日本では，生活費目当てに，よく残業代稼ぎが問題にされるが，その逆のケースであろう。また，昇進については，「正確にいうと『規程』がない」という。しかし，社長と幹部による個別人事管理が可能だと考えて，勤続年数，社内の相場を勘案しながら，人事異動も含めて，あらかじめ各人に次の配置予定を告げておき，最終的には年初に正式発表するという。そのねらいは，次のようである。「従業員の皆さんにいっていることは，昇進というのは，社長が指名する以前に，周りの皆さんから認められることである」。勤続年数よりも，中途入社であっても，頭脳的な働き方をしている者は，自然と周囲の者から仕事ができる人だと評価がつく。「各人の仕事ぶりを正確に，公平に評価するのも社長の仕事であるが，誰がみても認めるような仕事をすれば，疑心をもたれることなく昇進ができます」これがキム氏の原則であるという。また，昇進を前にして本人と面談し，次はこのような仕事の役割をしなければならないが，それを担える自信はあるか，と問うのである。このように職務の明確化によって，本人に挑戦させる機会を与えるのが公平な人事のツボであるというのが，キム氏の人事掌握術であろう。

　次に，女性社員の結婚と勤続の処遇について訊いてみると，自分の育児と仕事の両立の経験から，結婚式から10日間の法定休暇に加えて，付加休暇を与えている。さらに，出産後は，3カ月の有給休暇を与えている。大手企業のような法的規程を遵守するだけのやり方ではなく，こまめに女性のニーズを聞いて不満が出ないように心掛けているという。

　では，仕事それ自体についての満足度を問うた。新入社員からは，仕事量の

多さに対する不満や，それを理由とした退職があるという。しかし，「女性は辛抱という美徳を仕事に活かしている」ので中途退職はないという。仕事内容も，POSCOから仕入れた鉄鋼材を加工して販売する事業であり，たしかに労働負担は多いが，加工から製品設置まで一連の工程を請け負うので，顧客からの要望も多く，こまめな対応が要求されるという。こうした事業形態では，仕事内容は不定形な場合が多いので，従業員は機転を利かせた働き方を要求される。それが賃金等の報酬に反映されるならば問題がでないであろう。中小企業に対する税制優遇などを活用して，4事業所に分割して経営している，という。このことから，いかに会社の経営基盤が体力のある状態を保ち，成功しているかが推測される。

（3）アーバン・デザイン・アイデア創業者チェ社長の成功の軌跡

　UDI（Urban Design Idea Co.Ltd.）は，1996年，崔（チェ）ヂョンヨン氏によって創立された。その事業分野は都市住環境の設計・開発およびリノベーションを主要領域とし，「環境と人のための多様なプロジェクト」「都市再開発デザイン」「サービス・デザイン」「防犯環境デザイン」などのインフラストラクチャーのリデザインを中心に「人と環境との関係性」を全く新たな視野から作り変える「新しいデザイン手法」の開発事業である。チェ氏によれば，都市デザイン・アイデア・コンセプトを組み合わせて一種のコンピュータを制作する，つまり「Better Life Computer」を描き出すことが仕事の中心だという。創業と同時に「LEDデザイン研究所」を設立し，「小さな工場」を擁してLED製品をニーズに合わせて製造している。韓国・知識経済部が選定した「デザイン優秀企業」に列せられ，都市計画，建築，デザイン履歴，環境など多様な分野にわたって事業展開している。特にLED照明技術を駆使して，照明デザインや照明作品，デザイン作品の事業化などを行っており，デザインと技術との融合を図る頭脳労働を展開している。繊細な感性を活かす女性に適した事業，女性の力量を発揮しやすい分野であり，女性の強みを活かす分野でもあるという。とりわけLED照明デザイン事業は，発展途上国でも小規模に取り組める分野であるので，小規模出資による女性企業などにも適している。

こうした先端的な事業分野にいち早く着目したチェ氏の眼力は先見性の高いものである。同社の強みについては，「LED という人間に親和的なエネルギー」を中心として，テクノロジー・デザイン・マーケティングの三位一体の開発戦略をもっていることを挙げている。CEO（経営執行責任者）としての考え方については「自分が常に，なぜ私がこれほど熱心に仕事をしているのかを考えると，私が今の仕事が好きであるだけではなく，自分がしている仕事を好きになれなければ，CEO として責任を取れないと思うから」と答えた。「社会の多くの人々に，働くチャンスと安定の機会とを与えることが，社会に寄与することになるからである」という。これがチェ氏の仕事へのモチベーションである。チェ氏としては，事業承継してくれる人物の出現を期待して，事業の成長を目指しているという。こうした理念は，アップル社の CEO やマイクロソフト社のビル・ゲイツ会長などの先端的な経営者にみられる視点であろう。

チェ氏の人生を賭けた都市デザインとは何かを問うと，「都市デザインの元は，人間と環境との関係を先に考えることである」という。実際に「都市の統合，再生，つまり落ちぶれた都市を活気あふれる都市に変化させることである」。これまでに10～30万坪の規模の都市領域の再生デザインを手掛けてきたが，衛星都市や海辺の都市，落ちぶれた都市など，韓国の経済格差の激しさのゆえに，「本当に疲弊した町や行政上の無許可村があれば，そこにわが社が LED 照明を点けて，お婆さんたちに涙の感謝をいただいたときには，本当にこの仕事に自負心が湧いてきました」と感動的な話も聞いた。「日本のコミュニティではよくこうした社会貢献の話を聞きますが，韓国はこれからだという展望にあふれている」。全羅道の2200の島々の町で LED 照明によるブリッジ・デザインに取り組んでいるが，「道路案内板やベンチなど都市の一角のデザインや，LED の技術革新によってソーラー LED が設置できれば，公園や河川などに照明を点けて，住宅の壁面や自転車専用道路，通学路など，公共の福祉につながる構想とデザインとが期待されています」と顔を輝かせる。日本からは，この技術に注目して輸入したいという引き合いがある。ソーラー LED は，製品が単体なので消費者が自由に設計できるし，大いに電力の節減に貢献できる。発展途上国にも，災害時の携帯照明としても工夫ができ，諸外国のバイ

ヤーからの引き合いも増えているという。イギリスのある都市では，エネルギーにかける予算をゼロにして，その節約分を廃棄物の処理など他の用途の財源として活用しており，国連本部も途上国支援のアイテムとして注目している。さらに韓国でも観光都市の照明用に製品開発を行い，政府のテストケースとして済州島や釜山の貧困な村で実験しているそうである。こうした技術的進化によって，新しい女性用のビジネス・プロジェクトを立ち上げているという。

「女性のための新ビジネス・プロジェクト」では，出産・育児などで職業経歴断絶をきたした女性には，社会参加のために，「母がいつも家にいる」というコンセプトをビジネス化して，女性の特性を活かした物づくり，デザイン，料理，販売方法など，女性各自が可能なノウハウや技能を活用して，在宅ビジネスに繋げられるように，「Shop in Home」を推奨して，「家庭の女性が時間的制約を超えて，無理なくできる仕事環境を提供できるように，ネットワークを拡げています」という。

　女性がビジネスで働くことの意義を訊くと，「働くとは，女性が自ら運営する，ということだ」という。例えば女性が自分でできることをオンラインにアップすると，それをみた女性から一定の時間帯に訪問してほしいという注文が入る，そこで自己の能力を短時間だけ区切って提供する，これが女性向けのコンサルティング業務になる。また，「女性の希望共同体」を立ち上げているが，そこでは会員はビジネスの収益の１％を寄付することが義務づけられており，その寄付からシングルマザーや経済的に厳しい母親たちを援助する仕組みである。能力のある女性ならば，自分の能力を寄付することもでき，貧困を脱した女性は，過去の自分のような女性に援助のサイクルを届ける仕組みとなっている。

　したがって，Shop in Home は，単なるネットカンパニーではなく，それを手段として女性に能力を付けていく女性向け OJT（On the Job Training，現場職業訓練）だといえる。

　そのサービス教育の内容は，ライセンス取得方法，パッケージ開発，包装の仕方，配送の方法，組織として企業が行っている業務の流れの組み方などについて，個人の連携で可能になるように構成の仕方を教えることである，という。

チェ氏は，スモール・ビジネスの指向を明示している。会社のあり方として，「会社の核心構造をしっかりとする」「周囲とのパートナーシップを強いものにする」「関係性をうまく維持する」という考え方が，スモール・ビジネスの成功の基本であるとも示唆している。

第4節　職場環境づくりと女性の就労機会の拡大

韓国では，2015年には女性の人口が男性の人口を上回るとの報道が耳目を引いているが，女性の就業問題の中で，職業経歴の断絶問題は大きな経済的損失であるとして注目されている。2014年の統計によれば，女性の人口2508万7000人のうち，経済活動人口は1080万2000人，就業者数は1049万4000人である。その内，15～54歳の既婚女性は965万1000人であるが，これを100％とすると，その内，就業者は575万7000人で59.7％，非就業者は389万4000人で40.3％を占める。非就業者の内，経歴断絶による無業者は213万9000人で，就業している既婚女性の22.2％に上っている。就業既婚女性の5人に1人以上が実際に経歴断絶による無業者である。経歴断絶による無業者213万9000人の年齢構成内訳をみると，15～29歳が19万1000人で8.9％，30～39歳が111万6000人で52.2％，40～49歳が63万9000人で29.9％，50～54歳が19万2000人で9.0％となっており，結婚・妊娠・出産・育児のために職業経歴を断絶した女性は，30歳以上の女性が経歴断絶による無業者の90％超を占めている。それゆえ，韓国の女性たちにとって，経歴の断絶に至らざるをえない環境の原因となっている結婚・妊娠・出産・育児という人生のステージを，経歴断絶に至らないように家事と育児との両立や，ワークライフバランスを確保できるようにするために，これまでの構想を超えた新しい公共政策や企業福祉施策の実現が求められている。他方，経歴断絶に至るまでの就業年数をみると，1年未満が1.6％，1～3年未満が1.8％，3～5年未満が1.4％，5～10年未満が22.3％，10～20年未満が25.7％，20年以上が10.6％となっており，既婚女性の約5％が勤続年数5年未満の者であるのに対して，95％超の既婚女性が中途退職に至ったまま，経歴断絶状態におかれている。それゆえ，経歴断絶のまま無業で過ごしている女性に新しい就

業機会を提供し，あるいは就業環境の整備によって就業可能な方法として，①企業側の人事政策の見直しによる女性の中途退職の防止，②政府の公共政策による女性無業者への就業機会の創出，③経営者団体や各種女性ネットワークによるホーム・ビジネスの開発・創業支援などが挙げられる。そして，女性の経済的自立を促進する施策を韓国社会全体が支援してゆくことが大きな課題となっている。今回の調査結果，日本と同様他の先進国と比べ女性上位管理職が異常ともいえるほど少ない原因を痛感した。

　先進国へ仲間入りを果たした韓国経済の成長と，女性の社会進出は目覚ましいものがあるが，その外見的成長とは裏腹に企業における女性の地位向上は他の先進国に比して，さほど進展しておらず，女性の継続就業環境の厳しさは特段の状況にある。

　それゆえ，社会全体に，とりわけ企業などにおいて，割当制などの法制をクリアするためだけの管理職を選抜するのではなく，女性に職能開発の機会をもっと提供し，女性管理職の増加を促す必要がある。そのためには，家庭と仕事とが矛盾なくバランスがとれるような職場環境づくりと女性の就業機会・創業機会をさらに拡大していくことが強く求められている。

引用参考文献

明泰淑，1999，『韓国の労務管理と女性労働』文眞堂。
明泰淑，2005，「韓国の女性労働」（第4章），柴山恵美子・藤井治枝・守屋貴司編著『世界の女性労働』ミネルヴァ書房。
明泰淑，2000，「韓国企業の働く女性」（第2章），柴山恵美子・藤井治枝・渡辺峻編著『各国企業の働く女性たち』ミネルヴァ書房。
渡辺峻・中村艶子，2004，『男女協働の職場づくり』ミネルヴァ書房。

（明　泰淑）

第5章
中国企業の女性管理職・役員の登用

第1節　女性役員比率の現状

　アメリカ経済誌『フォーチュン』は毎年世界トップ500企業を公表している。2014年に同誌に選ばれた中国企業（香港を含む）は100社であり，トップ10社には中国石油化工集団公司（3位），中国石油天然気集団公司（4位），国家電網公司（7位）の3社が入っている。10年前2003年にトップ500社に選ばれた中国企業（香港を含む）はわずか11社であり，トップ10には入っていない。

　また『フォーチュン』は毎年世界に最も影響があるビジネスウーマン50人も公表している。2003年で，初めて中国企業の女性経営者4人の名前が挙げられた。その中では上海宝山鉄鋼集団経営者の謝企華は特に注目された経営者の一人である。彼女は優れた経営能力の持ち主であり，2003年に同社の営業利益は業界の世界ランキング第4位で，翌年に見事に世界トップ500ランキングに入るまでに企業を成長させている。『フォーチュン』(2004年) 公表の50人のビジネスウーマンの中で彼女が第2位に入っており，世界トップ500企業唯一の女性経営者であり，中国でも大きな話題になった。この年には海爾集団（ハイアール）の楊綿綿も第8位に入り，中国企業の女性経営者が6名となった。

　2004年以降，公表された中国企業の女性経営者の人数はほぼ一定で，ランキング順位のみの変動となっている。そして，2014年の公表では中国企業の女性経営者は7人となり，1人増えた。上海宝山鉄鋼集団の謝企華と聯想集団（レノボ）の馬雪征は『フォーチュン』の世界500社に選ばれた企業の女性経営者であり執行役員でもある。中国メディアは彼女たちの存在が中国女性全体の地位向上や社会進出の模範として高く評価し，女性役員の活用にも関心を寄せた。

(1) 中国の女性役員・取締役の比率の国際比較

　これは，本書の序章においても紹介した内容であるが，アメリカの調査・コンサルティング会社「GMI レーティングス（GMI Ratings）」は2013年4月に世界45カ国の企業5977社を対象に，女性役員（取締役・執行役員）比率の調査結果を報告した（表序‐1も参照）。それによると45カ国の中，中国の女性役員比率は8.4％で，第25位を占めている。上位10カ国とその女性役員比率はノルウェー36.1％，スウェーデン27.0％，フィンランド26.8％，フランス18.3％，南アフリカ17.9％，デンマーク17.2％，オランダ17.0％，イスラエル15.7％，ニュージーランド15.1％，ドイツ14.1％，となっている。一方，下位の10カ国はブラジル5.1％，ロシア4.8％，ハンガリー4.5％，台湾4.4％，エジプト4.4％，ポルトガル3.7％，チリ2.8％，韓国1.9％，日本1.1％，モロッコ0.0％となっている(4)。このように，中国は上位の北欧諸国と比較すると，女性役員比率に大きな差をつけられたものの，下位のグループより女性の役員の比率が高いことがわかる。

　アジア諸国（45カ国中に13カ国）だけみると，イスラエル15.7％，トルコ12.7％，タイ9.7％，香港9.5％，中国8.4％，フィリピン7.9％，シンガポール6.9％，マレーシア6.6％，インド6.5％，インドネシア6.0％，台湾4.4％，韓国1.9％，日本1.1％となっている(5)。アジア諸国の中では，中国の女性役員の比率は高いとはいえない。

　また，マッキンゼー報告「Women Matter : An Asian Perspective（女性が企業にもたらすインパクト：アジア諸国の現状）」(6)（2012年）によると，中国の上場企業の女性取締役と執行役員比率は，それぞれ9.0％と8.0％で，アジアの上場企業（8社）の中でも，第4位を占め，それほど高くないという結果である。また，アジアの上場企業の取締役と執行役員の平均比率はそれぞれ6.0％と8.0％であるのに対し，欧州のそれは17.0％と10％，アメリカは15.0％と14.0％であり，アジアの上場企業における女性の取締役と執行役員の比率はかなり低いことがわかる(7)。

　上記の二つの調査から，現在中国女性役員の登用率は欧州・アジア全体の中で中位ということが確認できる。

（２）中国上場企業における女性役員の登用実態とその特徴

中国の上場企業における女性役員の登用状況について，『フォーブズ』（2012）の報告によると，中国の上場企業数は1997年の720社から2012年の2367社と，15年間で1647社増えたのに対して，女性社長の占める割合は1997年の3.7％から2010年の4.0％，女性 CEO が占める割合は4.6％から5.6％へと上昇幅はわずかであった。また，上場企業の女性役員の割合は1999年の9.2％から2010年の11.7％まで上昇した。その中で，非国有企業における女性役員の割合は1999年の10.4％から2010年の13.7％となり，国有企業では1999年の8.5％から2010年の10.0％となった。

中国では女性役員の登用に関する研究はほとんどなく，かつ正式な統計資料もほとんどない。『フォーチュン』誌以外，筆者が探したところ，日本の東洋経済新報社は2012年に中国最大の経済情報ベンダー「Wind 資訊（上海万得信息技術）」と業務提携を交わし，『会社四季報』の姉妹版『中国会社四季報（2014年版）』（以下『中国四季報』と略す）が出版されている。この本は世界に上場する中国企業3210社の情報を一挙集録し，日本のみならず，世界でも例がない中国企業のデータブックとなっている。『中国四季報』の中で上場会社の取締役会の代表者と役員の情報が掲載され，それを統計し，中国の上場企業の女性役員の登用状況をみることにした。

『中国四季報』からの筆者の統計では，全上場企業3210社の中で，女性経営者がいる会社は125社で，上場企業全体のわずか4％でしかない。業種別に上位からみると，建設・不動産関係（住宅・建設関係製品・設備製造を含む）が23社，機械・装置製造が16社，小売業が10社，エレクトロニクス（家庭用と産業用を含む）が10社，ヘルスケア・医薬関係が8社，ソフトウエア・情報技術開発が8社，化学が7社，食品製造が6社，アパレルが5社，メディア関係が5社，燃料・資源関係，自動車部品製造，公共関係（上下水道・電力），外食サービスおよび金属系素材・鉄鋼がそれぞれ4社，他産業サービス・製品が2社，通信サービス，紙・パルプ製品製造，運送関係，総合商社，金融サービスがそれぞれ1社となっている。中国では建設・不動産関係（23社）の女性経営者が最も多く，その次は機械・装置製造（16社），小売業とエレクトロニクスはそれぞ

れ10社でトップ3に入っている。

また，この125社の企業属性をみると，民営企業が90社，国有企業が35社であり民営企業に女性経営者が多いことが明らかとなった。

中国の上場企業における女性役員の登用状況について，筆者は『中国四季報』に掲載された3210社すべてをデータ分析していないが，業種別売上高順にそれぞれ10社（業種によって，10社以下の場合もある）のデータを分析することによって，売上高が高い上場企業における女性役員の登用状況もみてみることにした。該当した上場会社288社をみると，役員（同一人物が複数の職位を担当する場合，カウントしない）4043人に対し，女性役員は397人で全体の10％となり，それほど比率は高くない。しかし，女性役員が1名以上いる会社は211社であり，企業全体の73％を占め，売上高が高い企業の中で女性役員がいない企業は少ないといえる。

（3）中国女性役員比率の高い上場企業の分析

ここでは『中国四季報』から抽出した288社の中から，女性役員率が高い企業（30％以上）のデータを分析し，その特徴をみてみよう。

女性役員の登用率が高い企業の10社を業種別（表5-1）でみると，最も登用率が高いのは魏橋紡績（アパレル），北京確安科技（半導体・電子部品の検査），北京道従交通安全科技（建設関係設備の設計・設置）の3社で，いずれも高い登用率で50％となっている。次に，女性役員の登用率が40％台を占めるのは北京嘉寓門窓幕墻（建設関係製品製造），国光電器（音響機器製造），海寧中国皮革城（皮革製品卸市場の開発・運営）の3社である。最後に30％台となるのは浙江愛仕達電器（調理器具製造），長城汽車（自動車部品製造），索芙特（化粧品製造），玖竜紙業控股（段ボール原紙製造）の4社である。全体的にみると，女性役員の登用が最も多い業種は建設関係（不動産を含む）3社であることが明らかになった。第1節ですでに述べたように上場企業3210社の女性経営者比率についてもやはり建設・不動産関係が最も多かった。

女性役員の職位をみてみると，10社では監査役18人，執行役員14人（うち3人が総経理，1人が副総裁），非執行役員7人，財務総責任者6人，女性経営者

第Ⅱ部　アジア各国企業の女性管理職・役員の現状

表 5 - 1　女性役員率が最も高い上場企業

	企　業　名（略称）	企業属性	業　　種	役員数（人）	女性役員数（％）
1	魏橋紡績	公有	アパレル	12	6 (50)
2	北京確安科技	国有	半導体・電子部品の検査	10	5 (50)
3	北京道従交通安全科技	民営	建設関係設備の設計・設置	8	4 (50)
4	北京嘉寓門窓幕墻	民営	建設関係製品製造	12	5 (42)
5	国光電器	民営	音響機器製造	13	5 (40)
6	海寧中国皮革城	国有	皮革製品卸市場の開発・運営	15	6 (40)
7	浙江愛仕達電器	民営	調理器具製造	11	4 (36)
8	長城汽車	民営	自動車部品製造	15	5 (33)
9	索芙特	民営	化粧品製造	12	4 (33)
10	玖竜紙業控股	民営	段ボール原紙製造	10	3 (30)

（出所）『中国会社四季報　2014年版』に基づき筆者作成。

2 人となっている。女性役員の中で，執行役員より非執行役員が多く，特に監査役が最も多いこととなる。

　また，10社のうち 6 社は女性財務総責任者となり，中国では女性が財務の仕事に従事する傾向があり，そのため，女性役員の中で財務総責任者が多いことも推測できる。

　さらに，10社の企業属性をみると，民営企業が 7 社，国有企業が 2 社，公有企業が 1 社となっている。全体的に民営企業が女性役員率は高くなっている。近年，中国では民営企業が著しく増えていることもあり，その民営企業の中では同族経営が最も多くみられる。表 5 - 1 の10社の中では，筆者の調べでは魏橋紡績（公有だが，事実上民営），浙江愛仕達電器，索芙特，玖竜紙業控股の 4 社が同族経営であり，そのうち魏橋紡績と玖竜紙業控股の 2 社は女性経営者となっている。魏橋紡績は中国国内綿製品の大手メーカーであり，女性経営者の張紅霞と非執行役員の張士平（父）と張一族が経営を支配している。玖竜紙業控股の女性経営者の張茵は中国で最も成功した女性富豪の一人で，執行役員の中に彼女の夫，実弟，息子が入っている。浙江愛仕達電器は経営者の陳合林とその親族が経営している。索芙特では，経営者の梁国堅とその妻の張桂珍，および親族が経営している。前述のように中国では民営企業では同族経営が最もよくみられる光景であり，女性親族の経営参入によって，間接的に女性役員が

増えている原因の一つと考えられる。

　上記の分析によって，中国の上場企業の女性役員の登用の特徴を次のようにまとめてみた。

　①女性役員率が最も高い業種として建設関係（不動産）を挙げられる。
　②女性役員の中では執行役員より非執行役員のほうが多いこと，またポストとしては監査役と財務総責任者が多い。
　③民営企業のほうが国有企業より，女性役員率は高い。

　筆者の統計は，全体的女性役員登用の特徴を説明できないものの，少なくとも女性役員比率が高い会社における女性役員登用の特徴を説明することができる。

（4）企業の所有形態別・産業別でみる女性役員・管理職の登用現状：国有企業の昇進問題を中心として

　中国企業の所有形態別・産業別でみる女性役員・管理職の登用現状についてさらに紹介・分析をしておきたい。

　2010年第5期の中国雑誌『中国企業家』によると，中国A株に上場している企業の中では，女性役員あるいは女性管理職がいる会社は1107社であり，全体企業の約67％を占めている一方，登用されていた女性役員・管理職は1980人にとどまった。その中で，女性役員・管理職を登用している最も多い業種は，サービス業に属する「不動産」93社（8.4％）であることがわかった。さらに，2010年の上場企業の中でも，女性役員が最も多い企業7社のうちの6社はサービス業に集中している特徴がみられる。

　①非国有企業——キャリア・能力が重視される

　表5-2で挙げられた上位7社のうちの5社における女性役員は「外部採用」の方式で登用される一方，個人のキャリアや学歴がより重視されることも注目すべきである。例えば，西安開元の現役取締役A氏は，アメリカ企業や香港企業におけるキャリア経験をした上で，西安開元社の代表取締役として登用された。また，銀川新華百貨の女性役員C氏は日本の経済学修士，M氏はイギリスの会計学修士の学位をもち，海外での留学経験もあるため，役員として民間企

第Ⅱ部　アジア各国企業の女性管理職・役員の現状

表5-2　女性役員が最も多い上場企業（2010年）

企業名（略称）	業　種	取締役合計（人）	女性取締役（人）	登用方式	注
深圳世紀星源	不動産	15	6	外部採用	
西安開元	百貨店	9	5	外部採用	外国キャリアあり
青島双星	ゴム・化学工業	9	5	内部昇進 外部採用	
上海聯華合繊	化学繊維・不動産	11	5	内部昇進	国有系企業
ハルビン工大	総合サービス・IT	9	5	内部昇進	国有系企業
銀川新華百貨	百貨店	9	5	外部採用	外国学歴あり
ST 華控	不動産	9	5	外部採用	

（出所）『中国上場企業統計年鑑』（2010）。巨潮資訊　http://www.cninfo.com.cn/information/lclist.html（2015年3月16日閲覧）により筆者作成。

業に登用された。つまり，非国有企業では，役員は登用される際に，政治的身分，年齢，性別や出身より，個人の能力やキャリアが重視される特徴が挙げられる。

②国有企業——政治的身分は不可欠である

完全に内部昇進を採用する2社の企業の前身は，いずれも各地の旧国有企業であったため，企業の改革後でも，国有企業の中でよくみられる共産党の組織が残っている。例えば，「ハルビン工大」における5名の女性役員うちの4人は中国共産党員でありながら，1人は前職（中国共産党・軍隊組織の要職）の影響で，「団委主席」「宣伝部部長」に任命され，残りの3人はすべて「会計士」として登用されている。

これらの事例から，中国の国有企業では，取締役会，監事会や経理などの諸制度が確立されると共に，現段階では，役員や管理職の登用は共産党組織と切り離すのは難しいといえよう。

第2節　女性役員登用の現状と問題点

毛沢東はかつて"婦女能頂半辺天"「女性が天下の半分を支えられる」とい

う名言を残していた。毛沢東が封建時代から蔓延してきた「男主外，女主内」という「男尊女卑」の思想を変えようとして，この名言を残したのである。以来，中国政府は「婦女能頂半辺天」を男女平等のスローガンとして，様々な分野で女性の社会進出を進めてきた。例えば，政治面では女性の政治地位を代表する女性国会議員（中国で全国人民代表大会代表と呼ぶ。以下，全人代代表と略す）の人数をみてみると，建国の第1届全国人民代表大会(14)（1954〜59年）の女性全人代代表は147人（12％）であったが，第12届全国人民代表大会（2013〜18年）の女性人代代表数では637人（21.3％）まで増え，女性の政治への参与が明らかに増えたのである。しかし，その女性全人代代表の比率は第4届全国人民代表大会（1975〜78年）の最高の比率（22.6％）に達成したあと，ずっと21％程度を維持したままで，女性全人代代表の人数も600人ぐらいで，あまり増えていない状況である。(15)

経済面においても1978年の「改革開放」以来20年あまりの間，中国女性の社会進出が著しく増加し，現在，中国の女性労働力率（都市部と農村部）は63.7％を占めており，女性の就労率が高い国として世界的にも知られている。

また，中国では"一人っ子政策"を推進したために，女性にとって子育ての負担が比較的に軽いとみられる一方で，基本的に夫婦共働きであり，子育ては両方の親にまかせるケースがほとんどである。そのため，女性のキャリア形成の面においては，比較的に有利であると思われる。

しかしながら，第1節で明らかになったのは世界の諸国と比較すると，中国の上場企業における女性役員の登用率が欧州諸国もちろん，アジア諸国の中でも，それほど高くなく，経営トップになるとさらに少ない状況にあるということだ。

こうした状況は近年中国における女性就労環境の変化と関係があると思われる。

中国では毛沢東時代（1949〜78年）は女性も男性と平等に社会建設に参加しなければならないという考えが強く，「平等」を意識した結果，女性は国家の労働力の統一雇用・配分によって就業し，比較的に安定した。また，重工業から専門職・技術職まで，就業分野も広がっていた。このように毛沢東時代では

「婦女能頂半辺天（女性が天下の半分を支えられる）」をスローガンとして，競争原理を排除した平等主義の下に就業配分政策を実施した結果，政治と経済の両面で女性活用はもちろん，女性の地位も著しく改善したとみられた。したがって，この「婦女能頂半辺天」はただのスローガンではなく，各分野における女性登用（50％）を目指すという意味も含まれており，いわゆる女性就労に関する中国版「クオータ制」といってもよい。

しかし，改革開放が始まると，市場経済を取り入れることによって，「平等」より「競争」という考えが徐々に浸透してきた。競争原理の下で，従来の平等主義による安定した女性の就業は大きく変わっていたのである。

（1）都市女性の「下崗（レイオフ）」と男女別定年制

改革開放に伴い，中国政府は率先して国有企業の改革を実施した。特に採算性のない国有企業を中心に，企業内に抱えた大量の余剰労働力を整理することによって，合理化を図ろうという目的であった。この余剰人員の整理＝「下崗（レイオフ）」には効率の高い労働力配置が求められ，国有企業の改革に伴う不可避的な問題として，すべての労働者に共通して適用されるが，問題は，この措置の対象となる女性労働者の比率が男性よりも高くなるということである。中国国家統計局の統計によると，1994年における都市部の「下崗」労働者360万人の中で，女性が62％を占めている。つまり，市場経済を取り入れることによって，効率を優先する国有企業は労働者を選別するようになった。真っ先に整理されたのは「三多」といわれている女性であるが，その中に出産・育児・授乳期の女性の「下崗」も多い。この場合，多くの女性は再就職を断念し，「専業主婦」を選択した。

中国では女性就労に影響がある制度といえば，男女別定年制が挙げられる。一般的に女性が50歳，男性が60歳，男性より女性のほうが，定年が早まるということになっているが，1990年代半ば以降に，実際の退職年齢が女性40歳以上，男性50歳以上とさらに早まった。この定年制度によって，女性就労可能期間が男性より短くなったが，一人っ子政策とあわせ，女性の就業継続に貢献していることは間違いない。また，国有企業および政府機関などの公共部門であれば，

女性は早い退職の後に手厚い年金を受給することも可能であり，同時に親の介護と孫の面倒をみることもできるので，女性自身が歓迎している側面もある。[18]

このように，改革開放と共に，これまでの女性就業政策（平等，かつ統一配分）と逆に，中国政府が国有企業の余剰労働力（女性労働者）を「回家（自宅に帰る）」に誘導する姿勢がみられた。このことからも，実質的に中国政府が女性に対する手厚い「平等主義」就業政策から「競争主義」の下に新しい就業政策に転換したこと，労働・雇用面における性別役割分業も水面下で構築されつつあるといえよう。

（２）農村女性の「出稼ぎ」

改革開放以来，中国沿岸部の経済発展と共に，内陸部の農村人口が農業から離れ，都市部へ就労する機会が増えた。その中でも特に農村の若い女性＝「打工妹」による就労ケースが最も多くみられる。中国沿海地域に設立された経済開発区内の外資企業や民営企業では，安価な労働力として，農村の女性労働力の雇用を好んでいる。これらの企業では，母性保護の負担を避けるために，主に若い女性を雇用している。女性が結婚・妊娠した途端に，契約期間の打ち切りや再更新をしないのが一般的である。出稼ぎ労働者の中では，男性より女性のほうがはるかに不利であった。

中国では「打工妹」の存在に対して，女性就労の拡大と共に，女性地位の向上としてとらえる見方が一般的である。改革開放以来，女性就労は確実に増え，女性地位の向上に貢献したかというと，意外にそうではない。今でも増えつつある女性就労の多くは非正規雇用にすぎない。低賃金で，長時間労働が強いられ，社会保障の面においても守られない場合が多い。

（３）現在の中国女性における就業意識の変化

中国では儒教の影響によって女性に「良妻賢母」の美徳が求められ，家庭役割を背負わされている。毛沢東時代に女性が家庭から社会へ進出し，家庭役割と職業役割を同時に演じる二重負担を抱えていても，仕事をしないという選択がなかった。しかし，改革開放以来，国有企業における女性の「下崗」の現象

によって，中国で「婦女回家（女性は家に帰れ）」という論争が始まった。効率性を追求する企業にとって，女性より男性のほうが効率的であることに間違いない。そして「下崗」の女性の多くは仕方なく家庭に戻るケースであったが，最近では，「夫が一定の経済力をもっている家庭では，女性が自ら仕事をやめ家庭に入り専業主婦になるケースも増えてきた」[19]。つまり，中国では先進国型の「専業主婦」が現れたのである。

こうした「専業主婦」の出現は中国女性の就業意識の変化として現れている。改革開放以降，市場経済の競争原理の下で，男性と女性が同じスタートラインに立つことによって，女性の就業環境は厳しくなったのである。近年，多くの調査によって，中国では性別役割による男女の分業化が進んでいると共に，男性との賃金の格差も生じていることが明らかとなった[20]。

改革解放と共に，中国政府が女性への手厚い就業政策から撤退した結果，ごく一部の女性が競争原理に適応でき，勝ち抜くことができても，多くの女性は家庭優先を選択し，家庭役割を演じる「良妻賢母」に回帰したのである。したがって，中国では女性の就労率が高いにもかかわらず，女性役員の数がわずかとなる。

第3節　女性管理職・役員の課題と展望

近年，欧州では女性役員を積極的に登用する動きがあった。それは2012年11月に欧州連合（以下EUと略す）が域内の上場企業に対し発表した，役員に一定比率の女性を割り当てることを義務づける法案「クオータ制／割当制」の影響があった。この法案では2020年までに監査役会の40%に女性が就くことを求めると同時に，達成できなかった企業に対する罰則も盛り込まれた。ただし，罰則の内容は加盟国が決めることになっている。

実際に「クオータ制」を導入しているノルウェーやスウェーデンなどの北欧諸国の女性役員率をみると，「クオータ制」がない国よりも比較的に高い。これから，この「クオータ制」の導入を検討しようとする国も増えるだろう。

この「クオータ制／割当制」導入の背景には女性の平等への取組みの意識が

高いことはもちろん，近年における女性活用に関する研究にも関係がある。その代表的な先行研究としてマッキンゼーの女性の活用と経営との関係に関する研究がある。この研究の中で，欧米を中心に女性の活用が経営に与えるインパクトを分析した結果，経営陣に占める女性比率と企業の業績には正の相関関係があることを確認した。つまり経営マネジメント層に女性管理職および役員の比率が高い企業のほうが，女性管理職・役員のいない企業よりも高い営業利益が得られた[21]。女性活用の重要性がますます浮き彫りとなっているのである。

しかし，マッキンゼー (2012) の研究ではアジア主要10カ国の上場企業を調査したところ，「アジアではリーダーシップを備えた女性が数多く存在するにもかかわらず，企業はこうした女性を十分に活用できていない現状」を指摘した[22]。このことからも，中国企業にとって，優秀な女性をいかに活用していくかが，今後重要な課題となるのであろう。

今日，中国上場企業の女性役員の登用状況は世界各国と比較した場合，登用比率は全体的に決して高くない。しかし，中国国内での起業ブームによって，企業の数が増えている。たとえ，女性役員の登用率が同じでも，年々企業が増加する中で，女性役員の人数も増加している。世界各国と比較した場合，その点も留意すべきであろう。

また，年々増加している中国企業の中で，非国有企業（民営企業）が著しく増加している。中国では民営企業のほうが国有企業より女性経営者・役員の登用率が高いことはすでに明らかした。

中国女性企業家協会によると，現在，中国では女性経営者が急増している。民営中小企業の約2割で女性がトップとなった。また，女性経営者の企業のうち66％は，従業員の過半数を女性が占めることもわかった。今後，増えつつある中国非国有企業における女性経営者・役員の増加も期待できよう。

だが，一方で，中国企業における女性役員の登用は課題も残している。中国女性企業家協会では，毎年優秀な女性経営者（2014年109人）を表彰しており，選ばれた女性経営者たちの名前と写真は，協会のホームページで確認することができる[23]。同協会では優秀な女性経営者の表彰・宣伝を力に入れているが，女性起業に対するサポート政策は全く見当たらない。

中国では優秀な女性経営者と共に，女性活用の意識が少しずつ現れてきたが，全体的にはまだ時間がかかると思われ，今後，女性起業に対する様々なサポートが必要となろう。

注

(1) 『フォーチュン』の中文版『財富』 http://www.fortunechina.com/fortune500/c/2014-07/07/content_212317.htm　2015年6月6日閲覧。
(2) 『フォーチュン』の中文版『財富』 http://www.fortunechina.com/fortune500/c/2003-10/01/content_9594.htm　2015年6月6日閲覧。
(3) http://economy.enorth.com.cn/system/2005/11/11/001162349.shtml　2015年6月6日閲覧。
(4) http://10rank.blog.fc2.com/blog-entry-252.html　2015年4月10日閲覧。
(5) 同上。
(6) 本調査は，アジア主要10カ国の上場企業745社を対象として，取締役および執行役員の性別構成比の分析を行うと同時に，1500人の上級管理職に対してアンケートを実施した。
(7) マッキンゼーの報告「Women Matter : An Asian Perspective（女性が企業にもたらすインパクト：アジア諸国の現状）」 http://www.harmonyresidence.co.jp/wordpress/wp-content/uploads/Women-Matter_Press-Release_J_Final.pdf　2015年4月10日閲覧。
(8) 石，2014。
(9) 『中国四季報』では上場会社の取締役会長（中国語で「董事长」と呼ぶ）と役員の情報の掲載してあり，特に女性取締役会長の場合に必ず（女性）と明記している。「董事长」以外役員の場合，その明記はない。
(10) 『中国四季報』（2014年）では役員の情報（名前）を掲載しているが，性別に関しては特に男女を明記せず，筆者が名前から女性であるかどうかを判断し，統計している。名前で判断できない場合，「判断不可」として役員の総人数にカウントしない。なお，この統計結果はすべて筆者が責任を負うことにする。
(11) 中国本土の上海・深圳の両証券取引所では，外国人の取引が制限され，中国国民だけが取引を認められているA株と，外国人が取引できるB株に区別されている。
(12) http://www.iceo.com.cn/zazhi/2010/0320/192431.shtml　2014年11月17日閲覧。
(13) 『中国企業家』http://www.iceo.com.cn/zazhi/2010/0320/192431.shtml　2014年11月17日閲覧。

⑭　日本の国会に相当し,「全人大」と略称する。中国の憲法で,最高の国家権力機関と定められている。年に1回,3月10日から2週間ほどの期間に人民大会堂で開かれる。一級行政区（直轄市,省,自治区）の地方人民代表大会の間接選挙による代表と,人民解放軍選出代表により構成され,任期は5年。

⑮　何,2007,414頁。

⑯　何,同上論文,439頁。

⑰　「三多」とは教育水準が低い者,高年齢層（35～45歳）,技術レベルの低い者を指す。

⑱　石塚,2014b,54頁。

⑲　同上,58頁。

⑳　石塚,2006。

㉑　McKinsey & Company, 2010.

㉒　McKinsey & Company, 2012.

㉓　中国女企業家協会ホームページ http://www.cawe.org.cn/cawe/fore/shoHonorList.action?pageInfo.currPage=3&pageInfo.countPage=14　2015年6月15日閲覧。

引用参考文献

石塚浩美,2006,「中国・北京の男女間賃金格差とジェンダー──F-GENS 中国（北京）調査2004を用いた要因分解分析」『F-GENS journal』No. 5。

石塚浩美,2010,『中国労働市場のジェンダー分析──経済・社会システムから見る都市部就業者』勁草書房。

石塚浩美,2014a,「日本・中国・韓国企業におけるジェンダー・ダイバーシティ経営の実情と課題──男女の人材活用に関する企業調査（中国・韓国）605企業の結果」RIETI Discussion Paper Series 14-J-010。

石塚浩美,2014b,「中国における先進国型の『専業主婦』と女性就業に関する実証分析──2006年および2008年の中国総合社会調査 CGSS データを用いた分析」『大原社会問題研究所雑誌』667号,法政大学大原社会問題研究所。

何燕侠,2007,「現代中国の女性事情」『法政理論』第39巻第4号。

柴山恵美子・藤井治枝・守屋貴司編著,2005,『世界の女性労働──ジェンダー・バランス社会の創造へ』ミネルヴァ書房。

石錚,2014,「中国・香港・台湾・シンガポールの上場企業における女性役員の登用に関する国際比較研究序説──専攻研究と理論的フレームワークを巡って」『立命館経営学』第53巻第4号。

東洋経済,2013,『中国会社四季報　2014年版』東洋経済新報社。

松井智予，2013，「上場企業における女性役員クオータ制の目的と効用」『上智法学論集』第56巻第4号。

守屋貴司，2014，「上場企業の女性役員比率に関する国際比較研究」『立命館経営学』第52巻第6号。

山本勲，2014，「上場企業における女性活用状況と企業業績との関係——企業パネルデータを用いた検証」RIETI Discussion Paper Series 14-J-016。

外国語文献

北京阳光天传媒有限公司・国际商业机器（中国）有限公司・糀ネ商务信息咨询上海有限公司，2009，「中国职业女性生存状态调查报告（2009）」．

科锐国际市场调研中心，2011，「职场女性工作生活状态调查报告（2011）」科锐国际人力资有限公司．

科锐国际市场调研中心，2013，「中国职业女性调查报告（2013）」科锐国际人力资有限公司．

McKinsey & Company, 2007, "Gender Diversity, a Corporate Performance Driver,."

McKinsey & Company, 2008, "Female Leadership, a Competitive Edge for the Future,."

McKinsey & Company, 2010, "Women at the Top of Corporations: Making it Happen."

McKinsey & Company, 2012, "Making the Breakthrough," Women Matter 2012.

McKinsey & Company, 2013, "Gender Diversity in Top Management: Moving Corporate Culture, Moving Boundaries," Women Matter 2013.

McKinsey & Company, 2014, "McKinsey Global Survey results: Moving mind-sets on gender diversity."

McKinsey & Company, Jun., 2014, "Women Matter: An Asian Perspective Harnessing female talent to raise corporate performance."

（宋　艶苓　第1節（1），（2），（3），第2節，第3節；
石　錚　第1節（4））

第6章
台湾企業の女性管理職・役員の登用

第1節　女性の労働の経済的な背景

　1960年代には，台湾政府が主導した台湾経済の改革に伴い，台湾の産業構造は急速に工業化し，台湾の労働集約型産業が飛躍的に発展することとなった。1980年代に入ると，台湾の産業構造は労働集約型産業からIT産業へ移行し始め，半導体や通信・電子などの産業分野で台湾経済は発展を進めていく。1990年代以後，台湾は政治・軍事・外交において資本主義国であるアメリカに依存する一方，中国の改革開放政策の影響で，台湾と中国の経済交流が頻繁になった。さらに，中国本土からの積極的な外資導入政策および低賃金労働力の魅力から，台湾の家電製造業や一部のローテク産業は急速に中国へ生産拠点を移転すると共に，2005年以降，中国が台湾の最大貿易相手国および最大生産拠点として，台湾との緊密度を急速に深めている。

　こうした経済環境と産業化の進展によって，台湾における産業構造と労働人口構造の変化により女性労働環境も激変することとなった。台湾経済の発展や国民所得の増加によって，台湾労働者は労働者の権利を意識することとなった。それにより，近年，女性を保護することを目的とした各種の法制度を制定すると共に，女性に関する社会福祉を充実させ，積極的に女性労働者を労働市場に参入させることとなっている。

　しかしながら，近年の統計結果と調査報告からみると，台湾では，依然として男女分業といった社会的規範が存在しており，それが女性の就業と昇進に大きく影響を与えているため，現在でも，台湾の男性労働者数が女性よりはるかに多くを占めている。このような労働状況の下で，これまで台湾政府が打ち出

した労働政策，社会福祉や社会保障は，女性労働者にとって，たしかに男女平等といえるのか，そして，現実の労働現場で，それらの男女平等政策が確実に実行されるのかという問題を分析し，解明することが必要である。

第2節　女性の労働事情

　台湾では，産業化の進展に伴い，産業構造と労働人口構造の変化による女性の労働環境も変化してきている。台湾の「行政院主計處（日本の総務省統計局に相当する）」の調査データ（2014年「労働力参与率」）によると，台湾の女性労働力人口は，過去3年間では増加してきているが，男性に比べてまだ低くなっている（表6-1）。

　一方，台湾政府は，競争力を上昇させるために，女性の労働力を活用する意識と動向が強くみられ，女性労働者に対する労働政策および社会福祉制度を積極的に推進している。台湾の雇用状況については，2013年の男性就業者は604万2000人，女性就業者は504万3000人であった。年齢層25～44歳の就業者は男性52％に対して，女性が58％を占めるのが目立つが，同性別では，いずれも2010年からの約年間1％の幅で減少しているのがわかった。

　2004年1月9日に開かれた「行政院女性権益促進委員会第18次委員会」において，女性労働力の積極的な参加は，経済的な側面に対しても有利な影響を及ぼすと認識され，女性の労働力率の向上に関する「女性政策綱領」が可決されている。

　前述したような台湾女性の低労働力率の原因としては，経済，産業，文化や労働者の年齢，教育などの様々な要因に影響されるが，その中で，台湾では，中国と同様，儒教文化の影響により，「家庭」，「家族」や「血縁」の意識がよくみられるため，それが女性の労働環境や労働意識に大きく影響すると考えられる。すなわち，儒教文化における「男は外（仕事），女は内（家庭）」という「家族的役割」が台湾人の潜在意識に存在しており，女性が，社会で労働する必要はないと認識されているわけである。近代社会になると，その文化によって形成された労働慣習は，「男は社交的活動の主体，女は附属者」という社会

第❻章　台湾企業の女性管理職・役員の登用

表6-1　性別別就業率（2011-2014年）　　　　　　　（単位：％）

	2011年			2012年			2013年			2014年		
	計	男	女	計	男	女	計	男	女	計	男	女
	58.17	66.67	49.97	58.35	66.83	50.19	58.43	66.74	50.46	58.54	66.78	50.64

（出所）　行政院主計處（各年）「性別統計指標」データにより筆者作成。

表6-2　結婚・育児によって離職した女性の推移

年	結婚による離職した女性		妊娠・出産による離職した女性	
	（千人）	％	（千人）	％
2003	1,505	28.73	811	15.49
2006	1,521	28.95	808	15.39
2010	1,412	26.17	867	16.07
2013	1,201	22.36	846	15.76

（出所）　行政院主計處（各年）『女性の結婚・育児と就業に関する調査報告』により筆者作成。

的規範が徐々に構築されることとなった。台湾行政院労工委員会の調査によると，女性が労働市場に参加することにおいて最も大きなハードルは育児，次に家事労働となっている。表6-2に示した結果からは，台湾における女性の結婚・育児による離職率は徐々に減っていく傾向が示されつつも，現在でも約40％近くの台湾女性は結婚・育児のため，キャリアが中断されるという現実がわかる。さらに，離職した女性たちは，再就業しても，企業側に「附属者」として取り扱われ，非正規雇用や管理職に昇進できない従業員として働いているケースがよくみられる(1)。

また，全体就業者の産業別の分布状況から，台湾における労働力の産業構造は，サービス業に移行する変化がみられる（表6-3，表6-4）。その一つの理由は，中国の改革開放政策に伴う世界中の多くの製造工場が中国に移転したため，台湾の製造業におけるワーカーが徐々に退職，あるいは付加価値の高い業種に転職したからである。特に，女性労働者は体力に大きく依存する工業からサービス業にシフトしつつある傾向が男性より顕著である。これから，中国のみならず，ベトナムやインドなどにおける外国工場の増加に伴い，台湾の産業構造は，労働集約型から知識集約型へのシフトが一層進んでいくと考えられる

表6-3　産業別就業者の推移（2001-2015年3月）

年	合　計	農林漁牧業		工　業		サービス業	
		(千人)	(%)	(千人)	(%)	(千人)	(%)
2001	9,383	706	7.5	3,432	36.6	5,245	55.9
2002	9,454	709	7.5	3,388	35.8	5,356	56.7
2003	9,573	696	7.3	3,398	35.5	5,480	57.2
2004	9,786	642	6.6	3,514	35.9	5,631	57.5
2005	9,942	590	5.9	3,619	36.4	5,733	57.7
2006	10,111	554	5.5	3,700	36.6	5,857	57.9
2007	10,294	543	5.3	3,788	36.8	5,962	57.9
2008	10,403	535	5.1	3,832	36.8	6,036	58.0
2009	10,279	543	5.3	3,684	35.8	6,051	58.9
2010	10,493	550	5.2	3,769	35.9	6,174	58.8
2011	10,709	542	5.1	3,892	36.3	6,275	58.6
2012	10,860	544	5.0	3,935	36.2	6,381	58.8
2013	10,967	544	5.0	3,965	36.2	6,458	58.9
2014	11,079	548	4.9	4,004	36.1	6,526	58.9
2015 (1～3月)	11,160	554	5.0	4,026	36.1	6,580	59.0

（出所）行政院主計處，2015，「就業・失業統計」データにより筆者作成。

表6-4　性別別・産業別就業者数の推移

	年	合　計	農林漁牧業		工　業		サービス業	
		(千人)	(千人)	(%)	(千人)	(%)	(千人)	(%)
男性	2004	5,680	458	8.06	2,381	41.91	2,842	50.03
	2009	5,776	380	6.58	2,511	43.48	2,885	49.95
	2013	6,116	391	6.40	2,712	44.34	3,013	49.26
	2014	6,166	392	6.35	2,746	44.53	3,029	49.12
女性	2004	4,106	184	4.48	1,133	27.60	2,789	67.92
	2009	4,502	163	3.62	1,173	26.06	3,166	70.33
	2013	4,851	152	3.14	1,253	25.84	3,446	71.02
	2014	4,913	157	3.19	1,258	25.62	3,498	71.20

（出所）表6-3に同じ。

であろう。

　一方，25歳から49歳の女性の労働力率は年々上昇していた。経済の発展と共に，生産の機械化の発達に伴う労働依存比率は減少する傾向がみられている。その結果として，雇用が競争的な状況になるにつれ，労働市場における性差別，

第 6 章　台湾企業の女性管理職・役員の登用

表 6 - 5　年次・性別別就業者身分割合

(単位：％)

年	総計		雇主		経営者		ファミリー・ヘルパー(無償)		従業員合計		民間企業従業員		政府機関従業員	
	男	女	男	女	男	女	男	女	男	女	男	女	男	女
2000	59.7	40.3	4.6	0.8	12.7	3.3	1.9	5.6	40.6	30.5	34.8	26.2	5.8	4.3
2001	59.2	40.8	4.4	0.8	12.5	3.3	1.8	5.5	40.5	31.2	34.6	26.9	5.9	4.3
2002	58.7	41.3	4.4	0.9	12.4	3.4	1.8	5.6	40.1	31.6	34.4	27.2	5.6	4.4
2003	58.3	41.7	4.3	0.9	12.1	3.4	1.8	5.5	40.1	32.0	34.4	27.3	5.7	4.7
2004	58.0	42.0	4.3	0.9	11.5	3.4	1.8	5.4	40.5	32.4	34.9	27.8	5.5	4.6
2005	57.9	42.1	4.2	0.9	11.1	3.4	1.6	5.1	41.0	32.8	35.8	28.3	5.2	4.5
2010	56.1	43.9	3.8	0.7	9.6	3.2	1.4	4.3	41.4	35.7	36.3	30.8	5.1	4.9
2011	56.2	43.8	3.7	0.8	9.2	3.2	1.4	4.0	41.9	35.8	37.2	30.8	4.8	4.9
2012	56.2	43.8	3.5	0.9	9.1	3.1	1.5	3.8	42.1	36.0	37.7	30.9	4.4	5.1
2013	55.8	44.2	3.4	0.9	9.0	3.0	1.5	3.7	41.8	36.6	37.5	31.6	4.3	5.0
2014	55.6	44.4	3.4	0.8	8.8	3.1	1.5	3.7	42.0	36.8	37.7	31.8	4.2	5.0

(出所)　行政院主計處（各年）『人力運用調査報告』により筆者作成。

　非正規雇用，妊娠・出産・育児を理由とした解雇など，台湾の女性労働は不安定化の状況となっている。

　上述した文化的要因や産業構造による影響のほかに，変化した経済環境も，台湾の女性労働に影響を与えている。1970年代には，台湾の工業の発展に伴い，国内市場の需要が過剰になったため，当時の政府は積極的に輸出に関連する産業を展開していた。その結果，労働集約型産業の増加によって大量の労働力が必要となったため，一部の女性労働者は農村部から都市部の労働市場に投入された。その時期に，工業における女性労働者数が急スピードで上昇し，多くの台湾の女性が初めて無償労働者（家事）から有償労働者（ワーカー）になったのである。1980年代以降，グローバル市場への進出や都市化の進展で，女性は職業を選択する機会が増えたにもかかわらず，多くの職場で依然として「附属者」として位置づけられているのである。女性の低レベル登用という現象は一般従業員のみならず，役員層や管理層においてもよく存在している。

　女性労働者の身分について，「台湾行政院主計處」の各年の調査データ（表 6 - 5 ）では，2014年に「雇主（使用者)」や「営業者」としての就業比率は，それぞれ0.8％と3.1％である。男性比率の3.4％と8.8％と比較すると，依然と

して大きな差が存在している。2000～2014年就業先における女性従業員の伸びについて，民間企業（5.6％）は政府機関（0.7％）に比べて8倍の規模となる。よって，女性労働者は，政府機関から民間企業へシフトする傾向がみられている。

　表6-5の統計結果をみると，近年，増えつつある台湾の女性労働者は，雇主や個人経営者としてでなく，比較的，従業員として働いていることがわかった。すなわち，現在，台湾における女性の社会進出は高いレベルにもかかわらず，女性たちは，企業の経営者より，従業員として就業する傾向が一つの特徴として考えられる。

第3節　女性の労働力率と非正規雇用

　台湾労工委員会における中年女性労働力に関する調査結果によると，台湾の女性労働力は欧米の就労率と比較すると大幅に下回っており，アジアの中でも比較して低い水準にとどまっている。表6-6および図6-1（2005年女性）の統計データから，30歳以上の台湾女性の労働力率は，年齢の増加に伴い，徐々に低下していく特徴がみられる。一般的に，日本や中国の場合，女性の就労率は，結婚・出産・育児の期間に大幅に低下し，子どもの成人後にその比率が回復するといったM型就労モデルの傾向にあるが，本章における集計結果では，台湾女性の労働力率参加状況はそのような特徴は顕著ではなかった。その原因は，台湾従来の社会的慣習や文化の影響で，出産・育児の時期を経過しても再就職しない女性が多く存在していると考えられる。一方で，台湾の統計局（行政院主計處）が公表するデータの中では，取り扱われる女性に関する雇用形態の説明がなかったため，非正規雇用とした中高年層の女性たちは除外され，統計データに含まれていない可能性もある。それも，台湾女性のM型就労モデルを鈍化させる一つの要因として考えられる。さらに，図6-1では，2005年に比べて，2014年における35～44歳までの女性労働力率の上昇を微小であるが確認することができる。台湾政府は，日本や中国と同様，今後の少子高齢化の時代を迎え，労働力不足を解消し，台湾の経済力を維持するため，いままで十分

第❻章　台湾企業の女性管理職・役員の登用

表6-6　年齢・性別別労働力率
(単位：%)

年	25～29歳			30～34歳			35～39歳			40～44歳			45～64歳			65歳以上		
	計	男	女	計	男	女	計	男	女	計	男	女	計	男	女	計	男	女
2005	83.38	89.18	77.71	82.91	94.60	71.35	81.94	95.22	68.64	79.34	93.91	64.64	60.24	78.12	42.59	7.27	10.66	3.86
2006	84.53	89.34	79.85	84.08	94.71	73.66	82.86	95.39	70.42	80.51	94.16	66.81	60.01	77.61	42.68	7.58	11.18	4.04
2007	84.68	88.68	80.79	84.37	94.14	74.80	83.17	95.32	71.18	81.42	94.03	68.79	60.55	77.25	44.13	8.13	11.95	4.45
2008	85.02	88.32	81.82	84.75	94.19	75.50	83.86	95.52	72.39	81.56	93.96	69.14	60.83	76.89	45.08	8.10	11.74	4.64
2009	85.82	89.35	82.39	85.18	94.11	76.46	84.24	95.39	73.35	81.45	93.20	69.72	60.25	75.65	45.17	8.05	11.95	4.40
2010	86.88	90.17	83.69	85.18	93.90	76.71	84.56	95.23	74.25	82.22	93.37	71.17	60.31	75.36	45.61	8.09	12.07	4.43
2011	89.39	92.01	86.91	85.89	94.59	77.50	84.13	94.76	73.94	82.92	94.07	71.97	60.36	75.54	45.59	7.93	12.00	4.23
2012	91.87	94.66	89.22	86.40	95.05	78.08	83.96	94.36	74.00	83.60	94.28	73.17	60.48	75.39	46.01	8.10	12.46	4.20
2013	92.50	94.77	90.30	86.71	94.60	79.13	84.10	94.05	74.59	84.02	94.55	73.82	60.73	74.82	47.08	8.34	12.82	4.38
2014	91.67	94.58	88.84	88.19	96.07	80.62	83.77	93.43	74.54	84.48	94.32	75.02	61.65	75.06	48.69	8.68	13.31	4.63

（出所）　行政院主計處，2014，『人力資源統計調査年報』により筆者作成。

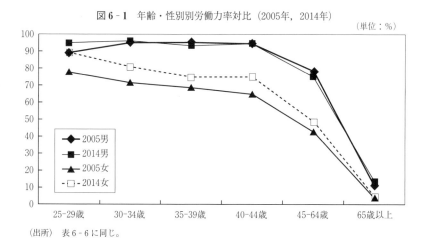

図6-1　年齢・性別別労働力率対比（2005年，2014年）

（出所）　表6-6に同じ。

に利用されていない女性労働力を活用する方針を固めている。よって，今後，政府のさらなる努力により，台湾女性の就業モデルはM字型に変わる可能性が十分あると推測される。本節では，台湾女性の年齢別による労働力率のデータで女性の非正規雇用の実態を紹介し，未だに解決できていない問題点について考察していくことにしたい。

　台湾では，女性の労働力率が年齢によって大きく変化する。2005年から2014

表6-7 既婚・同居者の労働力率　　　　　　　　　　　　（単位：％）

年	2000	2001	2002	2003	2004	2005	2006	2007	2008	2009	2010	2011	2012	2013	2014
計	62.4	62.0	61.9	61.8	61.9	61.7	61.7	61.8	61.5	60.9	60.7	60.6	60.5	60.4	60.4
男性	79.0	78.0	77.4	76.7	76.2	75.8	75.1	74.7	74.0	73.1	72.5	72.4	72.1	71.6	71.2
女性	46.1	46.3	46.6	47.1	47.8	47.8	48.4	49.1	49.1	48.9	49.0	49.0	49.1	49.4	49.8

（出所）行政院主計處（各年）『人力資源統計調査年報』により筆者作成。

年までの10年間における性別別の労働力率について，図6-1および表6-7の集計結果からみると，25歳以上の女性の労働力率は，各年齢層においても2005年から2014年にかけて上昇し，各年齢層における男性の労働力率より増加幅が大きいという二つの特徴が確認できる。また，台湾における同居者を含める既婚女性の労働力率は年々増加しており，2014時点で過去最高の49.8％となり，主婦の就労がこれまでよりも増加している一方，特に25歳から29歳までの女性については，労働力率の増加は約11％に達し，この10年間に増加幅が最も大きくなっている。さらに，同調査によれば，「子どものある，なし」においての既婚女性の労働力率は，子どもがいない場合78.33％にまで上るが，6歳以下の子どもがいる場合は57.24％に低下し，6歳超の子どもがいる場合はさらに45.77％まで低下していることがわかった。これらのデータや報告から，台湾政府は，労働力率を上げるため，既婚者や中年女性労働力の利用を通して女性の再就職を実現することが重要な手段であると認識している。

　一方で，台湾では，家計を分担し，自分のキャリアのために働く既婚女性が増えているが，それに対して，中高年層男性の労働力率は年々低下し，2014年時点では過去最低の71.2％であり，女性と全く逆の状況になった（図6-1，表6-7）。特に45歳以上の男性および30歳以下の青年層の労働力率が減少する現象が比較的顕著である。そして，中高年男性の労働力率低下につながる最も大きな理由は，台湾の「労働基準法」に定められた退職の年齢が低いためである。[2]一方，台湾の行政院主計處の報告では，2014年における30歳以下の若年男性の労働力率が，2005年に比べて著しく低下しているが，その原因は，近年の若者はより高い学歴を追求するために，大学における教育期間が伸ばされ，労働市場への進出が遅れたためである。[3]

ところが，上述した女性の就業率の上昇にかかわらず，女性に対して新たな課題が現れている。台湾では，経済のグローバル化の時代に伴い，企業が競争の激化などの厳しい経営環境の中で，人件費削減をめぐる，組織の縮小あるいは再編を日々行っている。そのため，柔軟的な労働雇用システムへシフトする企業が増えつつあることから，「派遣労働」や「パートタイム雇用」などの非正規雇用の採用率が徐々に上昇している。特に，経済の不況期では，リストラや労働条件の悪化が，女性の労働環境に大きな影響を与えており，従来，正規雇用された多くの女性たちはこのような労働環境の中で，非正規女性労働者へと転換されていくこととなった。また，育児などのためいったん退職した女性は再就職する際に，ほぼ非正規雇用として取り扱われるケースがよくあり派遣労働者などの非正規雇用の中でも，女性は高い割合を占めているのが目立つ。

　台湾の行政院主計處が行った統計データによると，2012年5月においてパート・アルバイト・派遣労働者の合計約73万5000人の中で，男性の37万6000人に対して，女性は35万9000人であった。2013年5月の統計結果では，非正規雇用の男性（37万9000人）は前年度と比べて微増したが，非正規雇用の女性はわずか1年間で2万人増の38万人まで急上昇した。女性の非正規雇用の背景について，前節で述べた産業構造や労働力構成の変化のほかに，台湾の従来的な社会意識，すなわち，社会における性別意識は依然として重要な影響要因として存在している。正規雇用された女性でも，結婚・出産・育児のため，いったん，労働市場から退出した後に，女性は「附属者」であるという意識が再び喚起され，彼女たちは再就職の希望があっても，パートや派遣などの雇用形態に組み入れられてしまう。非正規雇用の問題を含めて，今後の女性労働の環境づくりに対して，台湾政府はさらなる有効な政策や社会福祉の充実を策定・施行することが現在の急務となっている。

第4節　労働に関わる政策と問題点

　台湾の女性をより公平に労働市場に参入させ，女性の能力を有効的に発揮させるため，政府は女性労働政策の策定においての重要な役割をもつこととなる。

この視点から，現在，台湾における女性労働政策についての考察が必要である。

（1）労働政策

　欧米からの，ジェンダー意識の影響を受けて，台湾政府は1980年代から，女性労働者の労働環境と権利を重視するようになり，新たな労働政策の制定や新たな法律の改正を行った。そして，女性の出産・育児などに対して，それに関連する福祉制度の策定や拡充が徐々に実施された。

　まず，1984年に公布された「労働基準法」の中で，女性労働者は午後10時より翌朝6時までの労働を禁止すると明確に規定された（一般女性保護規定，第49条）。そして，過去の労働政策では，女性は立場的に弱い存在として認識されたため，女性が就労する際に，弱い労働者との観点が強かったが近年，台湾政府は，女性労働者に対する姿勢を従来の「保護」から「平等」にかえ，労働政策を転換している。そこで，1992年に公布された「就業服務法」は，性別を含む多数の差別条件を法的に除去し，女性の雇用機会均等を保障する重要な依拠となった。また，日本の「男女雇用機会均等法」に相当する「性別工作平等法」は，さらに労働市場における性別平等を促進し，職場での性差別がない均等な労働環境を明確にした。

【性別工作平等法】（2002年3月8日施行，2014年12月11日修正）
　○性別平等に関する項目
　　①性別差別の禁止
　　　〈1〉　事業主は募集，採用，昇進，配置，教育訓練，福利厚生，定年，退職，離職，解雇にいたる全雇用ステージにおいて，性別の差別を禁止する。（第7条〜第10条）
　　　〈2〉　労働規則または雇用契約に結婚，妊娠，出産，育児等の理由により無給休業，解雇を定めることを禁止する。（第11条）
　　②セクシュアル・ハラスメントの定義を定め，事業主がセクシュアル・ハラスメントの発生を予防する責任を課す。（第12条，第13条）
　　③就業均等を促す措置
　　　〈1〉　生理休暇，産休，育児休暇，哺乳期間の労働時間短縮（調整），

事業主は保育施設を提供する。(第14条〜第23条)
〈2〉 国は結婚，妊娠，出産，育児または家庭介護のために離職した労働者に再就職の機会を与える必要な措置を取るべきである。(第24条)
〈3〉 事業者は妊娠，出産，育児または家庭のため，退職した労働者を雇用する場合，効果が顕著になるように，国は適当な奨励を与えるべきである。(第25条)

そして，2014年5月28日に修正された「労工保険条例」（日本語訳：労働者保健条例）の中で，妊娠・出産や高齢者の女性保護政策について，以下のように規定されている。

①母性保護として，出産または早産のための女性の被保険者に対して給付金を支給すること。(第20条，第31条，第32条，第76条の1)
②労働保険に加入した期間が満1年または満55歳以上の女性被保険者が退職した場合においては，老人給付の対象となる。(第58条)

台湾政府は，女性の労働環境の改善を目指し，関連する法令の策定や修正を行っているが，上述した女性の労働権益や各保証制度は正規雇用とされた女性が主な適用対象として策定されたものであり，前節で取り上げた非正規雇用の女性の労働環境の改善については，未だに明確にされていない。

（2）育児に関する社会福祉

政府が女性の労働力を有効に増やすために，女性活用政策を実施するほかに，それに関連する地方厚生施設や福利制度も整備してきた。「性別工作平等法」は，現在，従業員30人超の企業で1年以上勤務した女性に対して，子どもが3歳までの間，最大2年間の育児休暇の申請を認めているが，現行法では，育児休暇中は無給である。それに対して，行政院労工委員会は2006年5月に，女性の労働市場への参加拡大を目的として，育児休暇を取得中の女性を対象に，月間最大1万3500新台湾ドル（約5万1670円）の助成金支給を行う計画を発表した。さらに，上記助成金支給の計画によると，出産後の女性が引き続き勤務をする場合では，女性労働者は最大6カ月間助成金を受給することが可能となっ

た。

　正規雇用の女性に比べて，政府は，非正規雇用や事業主としての女性に対して，特に既婚女性の就業率を上げ，仕事と家庭生活の両立を促すため，女性再就業強化法案や女性起業への基金補助条例なども打ち出した。しかしながら，これらの支援策の施行にもかかわらず，前節で述べたように，女性雇主や経営者数が増加する傾向は全くみえていない。

（3）台湾政府の女性労働政策の問題点

　台湾政府は，雇用形態（正規，非正規等々）に関係せず，女性の労働環境を改善し，女性の権益を確実に保護するため，女性労働政策および社会福利に関する施策を全面的で，長期的な戦略を立てることが重要であると認識している。正規雇用された女性労働者は性別工作平等法と労働基本法によって保障されているが，それらの法律は従来の女性雇用の形態に基づいて策定されたため，現在の労働雇用スタイルが多様化した時代においては，家事・育児との両立が困難になっている。したがって労働者は非正規雇用になると，従事する仕事の内容が正規労働雇用の場合と同じでも，正規労働者と同じ保障を得ることができない。

　例えば，台湾の性別工作平等法第19条に「30人以上の職場で，3歳以下の幼児を育てている女性を雇用した会社は，1日1時間の勤務時間短縮を申請する」と規定されるが，現実には，育児や介護など家庭の理由で短時間や不定時の時間帯でしか働くことができない多くの女性たちはパートタイムやアルバイトなど非正規雇用の形態でしか就業できないため，こうした福利制度を享受することができないのである。

　そして，女性労働者の非正規雇用の影響，また，グローバル化および高齢化社会を迎え，女性の雇用形態はさらに不安定な状況になり，所得レベルも低下していく傾向が今後の女性労働の特徴として考えられる。くわえて，男女賃金の格差が拡大する可能性がある中で，政府側からの，それに対する案は，現在見当たらない。

　また，多くの女性たちは，妊娠や育児の時期をすぎて，再び職場へ戻りたい

という要望があっても，年齢や能力などの理由で断られたり，あるいは正規従業員として採用されないケースが多い。その結果，キャリアを中断された女性たちは就業保険，退職金や社会福祉等も大きく影響され，もしくはなくなってしまう。したがって，台湾女性の労働条件の改善は，政府による法的措置のほかに，現地企業による男女平等の意識や協力的な姿勢も必要な要因であろう。

第5節　女性管理職・役員の登用実態

前章で述べたように，台湾政府は，女性の社会的地位を保障するため，「性別工作平等法」など様々な法的措置や保障制度を制定し，女性たちにより進出しやすい社会環境を提供した。全体的に，台湾では，「性別工作平等法」により，雇用における男女の平等に向けた目標はある程度促進されているが，内政部（日本の内務省に相当する）では，政府には，女性により優しい環境を整備することなど，依然として多くの課題があることを指摘しており，こうした目標を達成するための一歩として，公的施設に，授乳室と女性用公衆トイレを増設することを計画している。社会的福祉に比べて，企業における女性労働者の労働環境，例えば，昇進や人材育成に関する改善の進度は緩慢である。

仕事現場における女性労働の現状については，女性が，企業の管理職・取締役，議員，公的機関の管理者として就業したケースは，依然として低いレベルであると台湾の行政院主計處の報告[4]により指摘されている。また，日本の労働政策研究機構においても，台湾は実際に企業の管理職・取締役，議員，公的機関の長の83.6％は男性であり，さらなる改善が必要であると指摘した[5]。そこで，企業における女性の処遇，特に企業における女性役員，管理職の登用や女性の人材育成状況をより正確に把握するため，本節では，調査資料や統計データを紹介し，考察を行いたい。

まず，台湾の新聞紙『中国時報』の記事によると，2011年の時点では，上場企業における女性役員の比率は5％にも至らず，女性は企業の取締役会に入ることは依然として困難であった。しかし，2014年の統計結果では，女性取締役・監事の割合は14.1％まで上昇し，アジアにおいては日本や韓国に比べて高

表6-8 性別別TWSE[6]に上場する企業における取締役の推移

年	計	男 性		女 性	
		(人)	(％)	(人)	(％)
2010	5,740	5,108	88.99	632	11.01
2011	5,853	5,199	88.83	654	11.17
2012	7,118	6,358	89.32	760	10.68
2013	7,455	6,621	88.81	834	11.19
2014	6,409	5,673	88.52	736	11.48

(出所) 金融監督管理委員会（各年）「上市櫃公司董事性別分析表」により筆者作成。

いが，ノルウェーなどの国とはまだ大きな差があると指摘された[7]。

統計データから，近年の女性役員の登用状況についてみてみよう。台湾の金融監督管理委員会の統計結果（表6-8）からは，2010年から2014年までの5年間で，上場企業における女性役員の比率が11.01％から11.48％に上昇したことが確認できた。しかしながら，その上昇するスピードは非常に遅く，5年間にわたって0.5％にすぎなかったことも目立った。

産業別では，台湾のハイテク工業における女性役員は少なく，取締役会に入る女性の大半は取締役の娘や親族であることが特徴的である。例えば，知名度の高い台湾のコンピュータメーカーであるエイサーの監査役を担当する葉紫華氏は，企業の創設者施振栄氏の妻である。また，日本でもよくみる台湾の家電メーカー（ブランド名：EUPA〔ユーパ〕）燦坤実業（サンクンじつぎょう）の取締役を務める蔡淑惠氏は，代表取締役社長呉燦坤氏の妻である[8]。

そして，金融業における女性の労働状況について，台湾のコンサルティング会社「1111人力銀行」は百数社を対象とした調査結果から，80％以上の金融業者は「性別工作平等法」に規定された育児休暇や託児施設は企業運営にとって大きなコストであり，女性従業員の残業や夜勤の出勤配置に困っている。さらに，6割近くの経営者は，「性別工作平等法」を実施した場合，女性従業員の効率は男性に比べて大きく低下していく可能性があるため，女性従業員の雇用数を減らすという意向を表明した[9]。

しかしながら，女性管理職を含む女性の登用の全般的な傾向をみると，台湾の統計機構，行政院主計處の調査結果によると，仕事をもつ女性の数は2005年

には419万人となり，2002年の390万7000人から7.2％増加した。女性の労働力率も，同期間に，46.59％から48.12％と1.53ポイント増加したことが明らかになっている。さらに，台湾企業の管理職，取締役の総数に占める女性の割合も，微増ながら14.6％から16.3％と増加傾向にはある。そして，**表6-9**で示されたように，2005年から，企業の管理層（企業代表者・管理者）における就業者数は年々減っている傾向があるにもかかわらず，この10年間で女性が占める比率は2005年の16.29％から2014年の25.38％まで約9ポイントの増加が確認された。それに対して，管理層における男性の割合は女性の場合と逆の状況であり，2005年の83.71％から徐々に減少し，2014年の時点では74.62％になった。管理層女性の割合が上昇した一つの理由としては，政府は積極的に既婚者や中年女性労働者の再就職や自営業を促進させるからである。また，これまで実施される年金制度や早期退職制度の影響で，年金の前倒し受給を選択し，早い時期で退職した男性は少なくないため，企業の管理層における男性は年々減少した。その結果，女性が比較的管理層に入りやすくなった。

　前述のように，台湾では，管理層における女性の割合は年々の上昇に伴い，女性の労働地位も徐々に改善したと考えられる。しかしながら，女性労働者が全職種就業者全体に占める比率をみると，依然として深刻な課題が存在している。全職種就業者全体を基準とした管理層女性の比率は，2005年の0.16％から2014年の0.23％にわずか0.07ポイントの増加しかない。さらに，同条件である男性の割合に比較すると，近年，その格差が縮小する傾向にあっても10倍以上の差が存在していることは無視できない。特に，毎年増えつつある台湾全体の労働者数に比べて，管理層における女性の割合はまだ低レベル，そして低速のままで進んでいるのが現実である。

　性別工作平等法の規定では，従業員250人以上の事業所には託児所の設置が義務づけられているが，同調査によると該当条例を遵守している企業は，対象企業のわずか38.1％にすぎなかった。また，同法は企業に対して，生理休暇，流産休暇，出産育児休暇を与えるよう求めているが，現実では，生理休暇を認めている企業は27.2％にすぎず，流産休暇，または出産後の妻に付き添うために夫に育児休暇を認めている企業はさらに少ない。また，母親が就業時間中に

第Ⅱ部　アジア各国企業の女性管理職・役員の現状

表6-9　管理層における性別別就業状況の推移（2005-2014年）

年度	全職種就業者全体合計（男女／千人）	管理層（企業代表者・管理者）						
		管理層就業者小計（男女／千人）	女性			男性		
			人数（千人）	管理層就業者に占める比率（％）	全職種就業者全体に占める比率（％）	人数（千人）	管理層就業者に占める比率（％）	全職種就業者全体に占める比率（％）
2005	9,942	448	73	16.29	0.16	375	83.71	3.77
2006	10,111	452	80	17.70	0.18	372	82.30	3.68
2007	10,294	463	81	17.49	0.17	382	82.51	3.71
2008	10,403	463	83	17.93	0.17	380	82.07	3.65
2009	10,279	444	86	19.37	0.19	358	80.63	3.48
2010	10,493	443	91	20.54	0.20	352	79.46	3.35
2011	10,709	435	94	21.61	0.20	341	78.39	3.18
2012	10,860	422	98	23.22	0.21	324	76.78	2.98
2013	10,967	404	101	25.00	0.23	303	75.00	2.76
2014	11,079	394	100	25.38	0.23	294	74.62	2.65

（出所）　行政院主計處（各年）「就業・失業統計資料」により筆者作成。

　授乳することは行政指導で奨励しているが，実際に授乳室または保育室を設置している企業，団体は6.6％にすぎない。さらに，5％の企業では，法令の規定を無視し，妊婦の出産休暇が依然として認められていない実態は深刻な社会問題となっている。

　今後，台湾において，女性管理職さらには，女性の役員数を増加させていく上で，女性の人材育成が重要であることが考えられる。台湾工業局では，男性従業員が多い電子・機械産業において，企業の女性従業員を対象として，労働技能，専門技術能力のレベルや男女参画意識を高めるために，従業員全体に訓練課程（年間数回）を受講させている。その受講の結果は，台湾工業局「2013年度工業局企業包班性別分析報告」（2013年度工業局企業における性別別訓練〔OFFJT〕分析報告書）によると，2013年度では，一般の在職男性従業員の受講者の出席数は合計1896人／回で，全体の77.5％を占め，女性は503人／回で，全体の20.6％を占める。管理職の場合では，男性の出席数は40回（1.6％）に対して，女性は7回（0.3％）にすぎない。さらに，表6-10のデータをみると，このOFFJT訓練課程を受講するトップレベルの管理者は，男女共いないことも特徴である。この統計結果から，台湾工業局や台湾の工業企業は，女性従業

表 6-10　職位別・性別受講者の受講回数

開講コース名	総計	男性				女性			
		小計	トップ管理層	ミドル管理層	一般従業員	小計	トップ管理層	ミドル管理層	一般従業員
人材育成	164	139	0	26	113	25	0	6	19
電子産業発展	2,282	1,797	0	14	1,783	485	0	1	484
総計	2,446	1,936	0	40	1,896	510	0	7	503

(出所)　台湾工業局「2013年度工業局企業包班性別分析報告」により筆者加筆。

員をめぐって，教育訓練制度を通して女性人材の増加を促進しようとした行動が確認できた。ところが，このような OFFJT 訓練を受ける従業員の大半は一般労働者であったため，現実では，企業のトップ管理層にいる管理者を対象とした教育訓練や人材育成の制度は未だに形成されていないことが女性人材の活用のもう一つの阻害要素となっている。

よって，仕事をもつ女性の数および労働力における女性の労働力率は，毎年上昇したにもかかわらず，企業側では，依然として多くの法規の実施を延滞，あるいは無視しており，女性の労働環境の改善および職場における女性労働地位の上昇の大きな阻害要因となっている。そして，台湾の企業は職場の女性に対しての人材育成の意識も薄いため，現時点では，能力のある女性は昇進の意識があっても自力で成功することはほぼ不可能である。一方で，女性 NGO や NPO 組織は積極的に女性リーダーを育成するためのトレーニングを積極的に実施し，女性の社会進出に一定の効果を上げている。ただし，これらのトレーニングはすべて OFFJT かつ自由参加の形で行われるため，訓練の効果は参加者個人の状況に影響されやすい。したがって，今後，台湾企業における女性管理者の能力を十分に発揮させるためには，企業側が，確実に女性労働に関する法律法規を遵守した上で，OJT により女性人材の育成という大きな責任を担っている。

注
(1)　張，2009，79-94頁。

(2) 『労働基準法』第六章：退職 第五十三条（従業員は自ら退職する場合）によると、従業員は、以下のいずれかの場合であれば、自ら退職を申請することができる。（一）在職15年以上，かつ55歳以上のもの。（二）在職25年以上のもの。（三）在職10年以上，かつ60歳以上のもの。ただし，非正規雇用される労働者は適用対象外となる（筆者注）。
(3) 台湾行政院主計處, 2014,「人力資源調查性別專題分析」2頁。
参考 HP：http://www.stat.gov.tw/np.asp?ctNode=514 2015年4月23閲覧。
(4) 台湾行政院主計處, 2007,「人力運用調查報告書」。
(5) http://www.jil.go.jp/foreign/jihou/2006_5/taiwan_02.html 2015年4月10日閲覧。
(6) TWSE は，TAIWAN STOCKING EXCHANGE の略語で，台湾証券取引所である。
(7) 『中国時報』電子版（2014年4月18日付） http://www.chinatimes.com/newspapers/20140418001787-260110 2015年4月24日閲覧。
(8) 『台湾女科技人電子報』第40期 http://www2.tku.edu.tw/~tfst/040FST/news/news40.htm 2015年4月24日閲覧。
(9) 『iThome 新聞』（2002年2月2日付）http://www.ithome.com.tw/node/16008 2015年4月24日閲覧。
(10) 台湾行政院主計處, 2002, 2005,「性別統計指標」の公表データにより筆者が算出した。

引用参考資料（中国語）
「女性勞工統計」（2012年）考試院。
「人力運用調查報告」（2000〜2014年）行政院主計處。
台灣婦女資訊網, 1997,「台灣婦女處境報告」 http://taiwan.yam.org.tw/womenweb/ 2015年6月3日閲覧。
「中華民國台灣地區國民所得」（2000〜2014年）行政院主計處。
「中華民國台灣地區國民生活狀況調查」（2000〜2014年）行政院主計處。
張瑞雄, 2009,「台灣非典型僱用女性勞工之現狀與問題」『応用外語学報』Vol. 12。
「婦女婚育與就業調查報告」（2014年）行政院主計處。
余漢儀, 1991,「台灣地區兩性就業狀況之研究」行政院主計處。
劉毓秀, 1995,『台灣婦女處境白皮書』時報文化出版社。

（石　錚）

第 7 章
香港企業の女性管理職・役員の登用

第1節　労働市場の概況

　香港は，イギリスの植民地であり，その後，1997年に中国に復帰したという歴史的経緯がある。イギリスの植民地であった時代の香港は，1970年代末に施行された中国の改革開放政策に伴い，中国本土との経済交流が急速に拡大した。さらに，中国政府に指定された深圳（シンセン）や珠海（シュカイ）などの経済特区は地理的に香港と近隣しているため，香港の製造業は中国本土の安価な労働力とインフラ条件を利用し，続々と同地に生産拠点をシフトし，香港の産業構造は工業化から急速にサービス化していくこととなった。一方，香港では，最低賃金を保障する法的枠組みがなく，労働者と雇い主の交渉によって賃金を決めることが普通である。したがって，香港では，企業において能力主義が徹底され，年齢や出身などの制限はほとんど存在せず，能力やキャリア経験の高い人材を企業が採用する一方，仕事の安定性や人間関係より，賃金のわずかな上昇を理由に転職する女性労働者が少なくない。[1]

　1990年代から，香港の労働市場では，製造業の中国への移転および香港住民の海外移民の影響で，製造業における工場労働者の失業問題が日々顕著化すると同時に，企業における専門職や管理職も不足することとなった。この状況に対して，香港政府は労働力を確保する計画を打ち出すとともに，香港の新たな産業構造に応じて人材育成や訓練プログラムを提供し，女性を含めた労働者の再就職を促進することとなった。

　本章では，まず，香港女性の労働に関する経済・社会・文化的特徴を検討し，近年における女性労働の情勢を示すことにしたい。次に，香港女性の活躍を推

進させる法制度や労働団体を説明する。最後に，香港企業における女性の役員や管理職の登用状況から，香港社会に存在する男女格差の実態を明らかにすることにしたい。

第2節　女性の労働情勢

(1) 労働市場における女性就業の状況

香港では，1997年に中国へ復帰した後も，中国の「一国二制」政策の影響で復帰前の法律，法規を継続している。そのため，植民地支配国であったイギリスの影響を受けた香港の労働意識や慣習についても，植民地化時代のまま維持されている。2014年度の労働力調査では，香港の総労働人口は385万8800人，男性が52％，女性が48％の比率となっており，2011年に比べて，女性労働者の比率はわずか4ポイント増の結果となった。[2]政府統計局の予測では，この推移が継続し，2023年には，女性の労働者の割合は，男性を超え，2026年には55.4％に上昇することが見込まれている。[3]女性労働者が男性を超える一つの理由としては，女性の教育水準の向上に伴う，高学歴を求めた結果の晩婚や独身の女性，外国人の家庭労働者の増加に伴う香港女性の労働力率が引き上げられるからである。

本節では，まず，各統計データや資料から，香港における女性の経済的・社会的状況を概観したい。香港政府の統計に基づく調査データによると，香港の女性労働力率は，1986年から年々増加してきており，男性との差が徐々に縮小しているが，男性労働力率に比べて，依然として低いままである。一方，年齢別で女性労働力参加率の特徴をみれば，15～24歳および65歳の女性の労働者は減少したが，その他の年齢層の女性労働者は増加する傾向が現れている。その理由は，香港政府の統計データでは，中国大陸や東南アジアなどから香港に入った大量の出稼ぎの女性により，香港の女性人口が男性より約16％多くなったためである（表7-1）。また，香港の男女別失業者の状況は，データによると，各年齢層においても，女性の失業率は男性より低いと確認できた（表7-2）。その理由は以下の二つであると筆者は考えている。一つは香港の「平等

第 7 章　香港企業の女性管理職・役員の登用

表7-1　年齢別・性別別労働力率の推移
(単位：%)

年齢	性別	1986年	1991年	1996年	2001年	2006年	2011年	2012年	2013年
15-19	女	31.7	25.7	18.5	15.5	13.1	9.1	9.7	11.5
	男	34.5	29.4	22.0	17.1	14.3	9.9	10.5	11.0
20-24	女	84.3	81.7	77.6	72.3	71.1	62.1	62.0	64.2
	男	88.0	84.6	78.5	72.1	69.0	61.1	61.1	62.5
25-29	女	71.5	79.7	82.9	86.8	87.2	87.5	87.2	86.6
	男	98.5	97.5	97.1	96.4	95.6	93.9	94.5	93.8
30-34	女	55.4	59.2	69.1	76.4	78.9	80.1	80.5	81.5
	男	98.8	98.8	98.5	97.6	96.8	96.3	97.4	96.9
35-39	女	52.8	52.4	56.9	66.0	72.3	73.5	74.6	75.4
	男	98.7	98.7	98.0	97.3	96.6	96.7	96.3	96.8
40-44	女	56.3	54.0	54.3	60.5	67.3	71.7	72.8	74.3
	男	98.1	98.4	97.6	96.9	96.0	95.8	96.0	95.9
45-49	女	52.1	52.3	51.5	56.3	62.7	68.3	68.9	71.3
	男	97.1	97.8	96.6	95.4	94.4	94.6	94.7	95.2
50-54	女	40.3	41.7	39.4	47.2	53.1	58.7	60.8	63.8
	男	93.6	92.4	91.5	90.4	89.5	90.4	90.5	91.9
55-59	女	31.1	27.6	26.3	32.4	36.3	42.8	45.4	47.0
	男	81.6	81.7	77.2	77.4	75.6	78.1	78.9	81.3
60-64	女	21.7	17.2	11.3	10.3	14.3	21.3	22.2	23.9
	男	56.5	54.7	50.1	46.0	46.2	50.0	53.7	55.4
≧65	女	10.0	6.4	2.7	1.9	1.8	2.3	2.9	3.3
	男	25.0	20.8	13.5	10.5	10.2	10.5	11.9	13.2
合計	女	48.9	47.9	47.8	50.8	52.6	53.0	53.6	54.5
	男	80.5	78.9	75.7	73.0	70.9	68.4	68.7	69.1

(出所)　香港特別行政区政府統計処，2015，「性別統計」より筆者作成。

機会法」などの男女平等を主張する法令の影響であり，もう一つは労働者構成に起因している。すなわち，近年，外国人女性が家政婦やベビーシッターなどの家庭労働者として香港に大量に入っているため，香港全体の女性の失業率を引き下げていることである。また，香港の統計データでは，外国人労働者と香港人も含めて，男女比を出している。この点は，香港の特殊な歴史的状況を反映していると考えられる。

表7-2 年齢別・性別別失業率の推移
(単位:%)

年齢	性別	1986年	1991年	1996年	2001年	2006年	2011年	2012年	2013年
15-19	女	9.7	7.5	12.3	21.4	18.6	13.6	11.9	11.4
	男	10.8	8.6	12.6	25.4	24.8	17.9	15.6	17.5
20-29	女	3.0	1.9	2.8	4.6	4.1	4.1	4.1	4.5
	男	3.4	2.6	4.4	7.8	7.3	6.7	6.6	6.8
30-39	女	1.2	1.0	1.5	2.6	2.7	2.0	1.9	2.1
	男	1.9	1.2	2.2	4.3	4.2	3.1	2.9	2.5
40-49	女	0.9	0.9	1.7	3.4	3.6	2.5	2.5	2.6
	男	1.8	1.5	2.4	5.4	4.7	3.0	3.1	3.1
50-59	女	1.4	0.5	1.3	3.3	4.1	2.2	2.3	2.6
	男	3.2	1.8	3.1	6.3	6.3	3.9	3.3	3.4
≧60	女	0.9	***	***	1.7	***	2.0	1.4	2.1
	男	2.3	0.7	1.2	2.9	3.0	2.0	2.2	2.3
合計	女	2.5	1.6	2.3	3.9	3.8	2.8	2.7	3.0
	男	3.0	1.9	3.1	6.0	5.7	4.0	3.8	3.8

(注) ***のデータは誤差が大きいため、公表されない。
(出所) 表7-1に同じ。

　そして、全体就業者の職種の分布状況についてみると、2013年では、「非技術系労働者」[4]として働いている香港の女性労働者が最も多く、全体労働者の13.3%を占め、第2位の「事務員」より約3ポイント上回っている。それに対して、2008年以後の各年では、「マネージャー・行政事業従業者」として就業している女性の割合はいずれも4%以下で、男性の割合の半分にも達していない（表7-3）。したがって、香港の労働市場において、女性の能力は男性と同様には認識、あるいは活用されていないことがわかる。

(2) 女性の社会進出

　女性の社会進出について、マスターカード社が行った「女性の社会進出度調査（Master Index of Women's Advancement〔MIWA〕）」では、社会経済学の観点から、香港を含めたアジア・太平洋の13市場の男女を「雇用市場への参加」「学歴」「管理職の割合」「平均収入」の4項目について調査している。

　2015年に公表されたこの調査結果の中で、「男女平等推進の進捗状況」につ

第7章　香港企業の女性管理職・役員の登用

表7-3　全業種の性別別・職種別の就業者推移

職種	性別	2008年* 千人	(%)	2009年* 千人	(%)	2010年* 千人	(%)	2011年** 千人	(%)	2012年** 千人	(%)	2013年** 千人	(%)
マネージャー・行政事業従事者	女	104.1	3.0	99.9	2.9	106.5	3.1	123.2	3.4	134.7	3.7	117.3	3.1
	男	249.4	7.1	234.5	6.8	240.7	6.9	259.3	7.3	272.3	7.4	259.3	7.0
専門者	女	95.9	2.7	89.0	2.6	86.1	2.5	99.2	2.8	100.0	2.7	101.3	2.7
	男	158.2	4.5	148.2	4.3	146.2	4.2	146.3	4.1	166.0	4.5	168.3	4.5
専門者補助者	女	300.0	8.5	308.6	8.9	301.7	8.7	311.0	8.7	318.6	8.7	340.1	9.1
	男	372.2	10.6	381.9	11.0	377.0	10.9	400.1	11.2	395.0	10.8	404.5	10.9
事務員	女	402.3	11.5	396.0	11.4	403.9	11.6	367.3	10.3	369.0	10.1	375.7	10.1
	男	146.5	4.2	147.7	4.3	152.7	4.4	137.4	3.8	136.9	3.7	138.0	3.7
販売・サービス従事者	女	292.1	8.3	292.9	8.4	289.0	8.3	333.6	9.3	344.0	9.4	360.8	9.7
	男	258.8	7.4	252.5	7.3	258.1	7.4	260.6	7.3	261.8	7.2	270.4	7.3
工芸関連者	女	10.0	0.3	8.8	0.3	8.0	0.2	10.6	0.3	11.1	0.3	11.7	0.3
	男	247.5	7.1	242.3	7.0	235.8	6.8	238.8	6.7	236.4	6.5	246.8	6.6
機械操作者・装備者	女	16.1	0.5	13.3	0.4	10.8	0.3	8.6	0.2	7.3	0.2	5.6	0.2
	男	196.6	5.6	187.2	5.4	184.9	5.3	172.2	4.8	174.2	4.8	176.5	4.7
非技術系労働者	女	421.6	12.0	431.7	12.4	433.7	12.5	456.6	12.8	477.6	13.0	497.4	13.3
	男	232.4	6.6	228.3	6.6	235.9	6.7	247.4	6.9	251.6	6.9	250.5	6.7
その他	女	1.3	0.0	1.3	0.0	0.8	0.0	1.2	0.0	1.2	0.0	1.2	0.0
	男	3.9	0.1	3.7	0.1	2.5	0.1	3.2	0.1	3.0	0.1	2.4	0.1
小計	女	1,643.5	46.8	1,641.4	47.3	1,640.5	47.2	1,711.2	47.8	1,763.5	48.2	1,811.2	48.6
	男	1,865.6	53.2	1,826.2	52.7	1,833.7	52.8	1,865.2	52.2	1,897.2	51.8	1,916.8	51.4
総計		3,509.1	100.0	3,467.6	100.0	3,474.1	100.0	3,576.4	100.0	3,660.7	100.0	3,728.0	100.0

（注）＊の統計データは，「香港標準行業分類（2.0版）」および「国際標準職業分類（1988年版）」の標準によって集計されたものである。
　　＊＊の統計データは，「香港標準行業分類（2.0版）」および「国際標準職業分類（2008年版）」の標準によって集計されたものである。
（出所）表7-1に同じ。

いて，香港における女性の社会進出度は63.2％と評価され，台湾（63.0％），韓国（51.6％）や日本（48.8％）に比べて評価が高い一方，ニュージーランド（77.3％），フィリピン（72.6％）やシンガポール（70.5％）と比べると，まだ大きく低下している（図7-1）。一方，女性のリーダーシップの状況について，香港の評価は29.7％であり，中国（28.7％）と台湾（28.4％）との差が大きくないが，韓国（19.2％）と日本（14.7％）の評価を大幅に上回っている。それは，

図7-1　女性の社会進出度調査（MIWA，2015年）

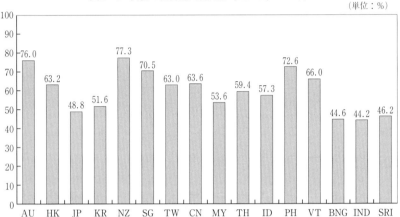

（注）　HK＝香港，JP＝日本，KR＝韓国，NZ＝ニュージランド，SG＝シンガポール，TW＝台湾，CN＝中国（本土），PH＝フィリピン，VT＝ベトナム

（出所）　Mastercard Index of Women's Advancement（MIWA）2015．http://www.masterintelligence.com/content/intelligence/en/research/reports/2015/mastercard-index-of-womens-advancement.html　2015年4月30日閲覧．

香港政府が性別にかかわらず優秀な外国人労働者を積極的に誘致することと，職場における能力主義という評価・昇進慣習の影響で，香港女性のリーダーシップがアップされ，他国に比べて強いからである。この調査によって，世界・アジアにおける香港の「男女平等推進の進捗状況」地位をかいまみることができる。

　上述したデータからみると，香港におけるジェンダー意識および女性地位はたしかに年々上昇しており，アジアの先進国である日本や韓国に比べても発展していることが確認できる。この結果は，イギリスの植民地から中国への復帰という特殊な歴史背景の影響を受けて作られた香港の法律に緊密に関連していると考えられる。香港では，当時，労働・雇用を平等化するために，平等機会委員会（Equal Opportunities Commission）が香港行政府の管理担当部署として，1996年から実施された「平等機会法」の実施を監督している。香港の平等機会法は，雇用者側が，男女の別，身体障碍の有無，家庭状況に関して，採用，昇給，解雇などを機会均等に行う義務，すなわち，被雇用者の権利を擁護するも

のである。香港の男女平等に関する法律の制定を促進する一つの要因は，経済発展に伴う男女比の変化と緊密に関連している。イギリス統治時代の香港は，男性労働者が不足して大量の出稼ぎのインド人を香港に連れてきた結果，香港の男性は女性より圧倒的に多くなった。イギリス政府は，少数派となる女性の社会的地位および労働条件を保障するため，初めて男女平等の意識を法律で明らかにすることにした。[7]

香港における男女平等の労働環境は，単なる制度によって構築できたものではなく，香港住民による従来的な文化意識形態と植民地時期による歴史的要因など，複数の要因に影響された結果である。香港はイギリス植民地の時代から，外国人労働者によって形成されてきた社会である。特に，1970年代の工業化による急激な経済発展は，労働力不足を引き起こしたため，現地の女性労働力を吸収すると同時に，タイ，インドネシアやフィリピンなどの周辺国からの大量の外国人労働者によって補われてきた。[8]また，イギリスの植民地であった香港では，司法制度や教育における英語のレベルは高く，仕事現場においても英語が通じる労働者が多い。[9]そのため，近年，ますます英語を話せる外国人，例えばタイ人より，公用語として英語を日常で話せるフィリピン人労働者を選好する傾向がみられている。

現在でも，多くの香港女性は，子育て中でもベビーシッターとして外国人家庭労働者を利用して社会進出をすることができる一方，ベビーシッターなどの外国人家庭労働者や，多くの非正規雇用で働いている女性労働者たちの労働環境は，香港の女性労働政策に大きく影響されている。そこで，次節では，香港における女性労働に関わる法律およびNPOやNGO団体による女性に対する支援の状況について簡単に紹介・考察することにしたい。

第3節　女性労働に関わる法制度と支援団体

（1）法律法規

香港は中国に返還され，中国の特別行政区となったが，前述のとおり，中国の「一国二制」政策の影響で，1997年以後，香港における労働法の理念，内容，

適用，慣習は中国復帰前と同じ法律，法令を継続している。2000年に香港労働局は「雇用条例」「労働関係条例」「労働組合条例および付随規制」「従業員補償条例」など12本の労働法規とその関連規制を制定した。ここでは，香港の人事・労務管理において，最も重要である「雇用条例」を取り上げ，特徴的部分を説明する。

①「雇用条例」の適用範囲

香港では，当地で労働者を採用する場合には，「雇用条例」で定められた内容の最低基準を充たした雇用条件で雇用契約を締結することになる。香港の雇用条例は，雇用契約，賃金の算定と支払い，年次有給休暇，傷病時の手当，産休時の保障，契約の終了や解雇時の補償など，雇主の被雇用者に対する各種の労働条件を規定している。この法律の適用範囲には，1週間に18時間以上，かつ連続して4週以上で契約される（「雇用条例」では，これを「継続的契約」と定義）労働者（本文では，「継続的契約」の元での労働者を「継続的労働者」と定義する）を対象にしている条項が主として記載されたため，前述した条件を満たしていないパートタイムやアルバイトなどの非継続的労働者に対して，適用されない場合もある。

また，香港は，イギリスの植民地の影響で制定された雇用条例には，労働者保護の観点が欠如しており，不当解雇に関する法律がほとんど規定されていないという指摘がみられるが，現行の「雇用条例」の「第八条　雇用契約の終止」および「第九条　雇用保障」における「賠償請求資格と賠償内容」の条例では，解雇の妥当，あるいは不当である理由を説明しているほかにも，不当解雇された場合の賠償内容も明記されている。

②女性労働者の産休時の保障制度

「雇用条例」の第六条では，妊娠している女性の継続的労働者に対して，連続で10週間以上の産休を規定している。また，妊娠期間や出産時に伴う病気があって，仕事に支障を及ぼす場合では，さらに4週間の休暇を得ることができる。逆に，雇主は，妊娠している女性従業員に対して，休暇や賃金を与えなかった場合は，最高で5万香港ドル（日本円で約77万2000円）の罰金が命じられることがある。そして，妊娠している女性従業員を解雇した雇主は，最高で10

第7章　香港企業の女性管理職・役員の登用

表7-4　妊娠・出産に伴う休暇を得るための必要な証明と証明書発行者

証明内容	認可される証明書の発行者		
	登録医師	登録漢方医師	登録助産師
妊娠と出産予定日	○	○	○
実際の出産日	○	認可外	○
妊娠・出産に伴う傷病のため，出勤できない	○	○	認可外
出産に伴う検査・治療や流産のため，出勤できない	○	○	認可外
体力的作業，危険や有害に伴う仕事に勤務できない	○	○	認可外

（出所）　香港特別行政区労工処，2014，「雇用条例簡明指南」第六章。

万香港ドル（日本円で約154万4000円）を罰金として支払わなければならないほかに，さらに，当該従業員に解雇保証金，1カ月分の給料，10週間の産休期間の給料（引き続き雇用される場合）を払う義務があると「雇用条例」で明記されている。一方で，女性従業員は，「雇用条例」で規定される各種の産休保障を享受する前提として，認可される登録医師，登録漢方医師，あるいは登録助産師が発行した医師証明書が必要となる（表7-4）。

（2）雇用形態

　香港では，雇用の形態は主に以下の3種類あり，それによって在職の期間や賃金の支払い方法は異なっている。
　①正規雇用
　正規雇用者は完全に企業の正規社員の地位にあり，企業の「中核」に属している。給与は月給制で，様々な雇用給付や有給休暇などの福利厚生を受けることができる。
　②長期契約雇用
　③短期・一時雇用
　中核労働者以外の雇用者は，長期雇用または一時雇用の形で契約され，補助的な仕事が与えられる。こうした契約採用者は，季節による生産や仕事量の変動に応じて増員・削減ができる柔軟な人材として扱われ，特に短期雇用や一時雇用者は，日給制あるいは出来高払いケースが多い。また，香港の雇用条例第

二条では，雇用の「継続的契約」の概念などが導入されている。その雇用契約の「継続期」とは，1カ月ごとに契約を継続・更新できる月決めの契約と解釈することである。すなわち，香港の継続的契約で働いている雇用者は，1カ月ごとの延長を無効にする明確な合意，あるいは他に雇用期間が明確化された書類がないかぎり，法律による雇用の地位が保証され，雇い主や会社の都合による無条件での解雇されることはできなくなった。

(3) その他の主たる労働関連法
①差別条例

香港では，「雇用条例」のほかにも，性差別，障碍者差別や人種差別，そしてハラスメントを禁止する法律が多数存在している。ここで「雇用条例」第九条の「雇用保障」の適用について補足説明する必要がある。「雇用条例」によると，「雇用保障」で規定された内容は，性別（女性），身体の障碍（障碍者），家庭や人種による差別で解雇したケースに適用せず，別途の「性的差別条例」「障碍者差別条例」「家庭職位差別条例」「人種差別条例」に対応している。

②労働者災害補償条例

労働災害に対する賃金の保障および死亡・後遺障害補償などを規定する法律。

③職業安全健康条例

労働安全に関する雇主の義務を定めた法律。

④個人情報保護条例

労働者の個人情報に関する従業員プライバシーを保護することを目的とした法律。

(4) 女性労働の支援団体

上述のように，女性労働の平等化を推進するため，香港政府は積極的に労働関連法を実施するほか，香港における様々な支援団体も活躍している。ここでは，香港における女性労働の支援団体を概観してみよう。

①香港婦女労工協会（日本語訳：香港女性労働者連盟）

香港婦女労工協会は，1980年代以後，中国市場の開放に伴って，香港の産業

構造が製造業からサービス業へ移行したために起きる労働者の問題に着目している。特に，香港では，多くの非正規雇用者に対して，最低賃金や労働時間に関する法律が欠け，労働者は低賃金，長時間労働などの劣悪な労働条件のもとでの雇用を強要される問題や外国人労働者枠が制限される問題が存在している。一方，香港婦女労工協会は，それらの問題を政府に反映し，適切な解決策も要求している。

②労資関係協進会（日本語訳：労使関係協会）[16]

労資関係協進会は，1968年に設立された。当初はホワイトカラー，公務員，教員が中心であったが，1970～80年代にかけ労組の運動も軌道に乗りはじめ，ブルーカラーも含めた組織へと発展している。当該団体は，女性労働者の自立をすすめるプログラムや職業訓練などを政府に先駆けて実施している。また，2000年からは，「女工合作社」（日本語訳：女性労働者協同組合）を立ち上げ，女性労働者を対象として，就職や再就職の指導，さらに女性創業に必要となる訓練も行っている。

③香港職工会連盟（日本語訳：香港労働組合連盟）[17]

独立系ナショナルセンターの職工会連盟（工盟）は，労働者の団結，尊厳，公平，民主といった理念を掲げ，労働政策，労働者の教育・訓練や労働条件と賃金などの分野において活躍している。香港職工会連盟は政府や企業が低賃金で雇用できる外国人労働者を無限度に受け入れないように要求するほか，女性を支援する「婦女事務委員会」を組織し，現在香港で働く女性労働者の権利と社会的地位を向上させるための活動も行っている。

④香港婦女中心協会（日本語訳：香港女性センター協会）[18]

香港婦女中心協会は1981年に設立され，女性の教育，健康，雇用，社会参加などを促進するために必要となるサービスを提供するNGOである。この協会の理念は，主に(1)女性の権利と社会地位を向上させる。(2)女性の潜在能力を開発する。(3)女性に関する政策，制度に存在している問題を発見し，政府などの各部門に改善要請を提出し，女性が利用できる資源の公平化を図ることである。

また，当該協会では，労働および教育に関連する紹介サービスが，多くの女性に利用され，社会への貢献は非常に大きいといえる。

前述したように，香港では，女性労働と女性の社会進出について，法律での改善のみならず，社会における男女平等意識の普及に伴い，民間団体もますます重要な組織として役に立つはずである。

しかしながら，現時点では，解雇や雇用保障制度を適用される労働者は，いずれも前述したとおり継続的労働者を中心としているため，非継続的労働者あるいはその他の形態で雇用される非正規労働者に適用する保障的法制度は，依然として不足点が存在していることを筆者は改めて指摘したい。特に，アジアの少子高齢化社会と経済発展の動向から推測すると，香港では女性労働者や外国人労働者を含めて非継続的労働者の人数は増えていく可能性が高いため，それらの労働者に関する労働保護政策の制定は今後の急務となることが想定される。

第4節　女性管理職・役員の登用の現状

（1）差別のある登用実態

前節で述べたように，返還後の香港は，基本的にイギリスの制度と政策運営の方法をそのまま引き継いでいる。また，香港は湾岸経済都市という地理的制約があるため，すべての産業を均等に発展させることが不可能なため，香港政府は，各産業を自由に競争させ，競争力の高い産業は存続させる一方，競争力の低い産業は徐々に消滅させていっている。産業別でみれば，金融，不動産，公共サービス業以外の産業について，政府の介入はほとんど行われておらず，企業の所有形態も民間企業がほとんどであり，政府が直接経営する国有系企業は交通・輸送業の一部に限られている。また，香港における外国企業に対しても，減税や免税などの優遇政策がなく，現地企業と同様に扱われている。したがって，香港政府は，銀行以外の企業が経営不振ないし倒産した場合でも，中国の国有企業のように，政策による産業の保護，援助や救済などの措置を行わない。

そのような経済的背景の影響で，香港における企業は，激しい競争環境の中で存続する目的として，競争的な労働市場の中でより競争力の高い人材を求め

第7章　香港企業の女性管理職・役員の登用

るのが一般的である。したがって，そのような労働環境における高い業務能力や豊かなキャリアをもった労働者は，女性であっても積極的に採用され，優秀な女性の中間管理職を登用する傾向があらわれつつある。そして，役員に昇進する潜在的可能性が高まりつつあると考えることができよう。そこで，筆者は，香港の上場企業や政府統計機構から得たそれぞれのデータから，香港における女性役員や管理職の登用状況を説明したい。

　まず，男女別で中間管理職の統計データを用いて香港企業における中間管理職における男女平等の状況をみよう。香港特別行政区の政府統計の2015年の「性別統計」によると，2011年から2013年の各年では，男性中間管理職の登用人数は女性中間管理職の倍以上となっている。中間管理職の登用人数は最も多かった2012年でも，女性の割合は男性の半分にしか到達していなかった。この結果から，近年，香港における女性の労働力率は上がりつつある傾向にもかかわらず，中間管理職や取締役においての女性が男性に比べて大変少ない。それと同時に，中間管理職の女性の登用が一時的に微増とはいえ増加したが，安定的に成長していく傾向がみえない（表7-5）。

　さらに，上場企業における女性取締役の登用数についてみることにしたい。香港証券取引所の1518社の統計データの結果では，女性取締役が存在していない企業は612社であり，企業全体の約40％を占める。一方で，女性取締役が1人しかいない会社は564社であり，全体の約37％を占めることがわかる（表7-6）[09]。すなわち，女性取締役が1人以下の香港企業が，全体企業の約80％近くを占めることとなるため，現段階では，香港の上場企業における女性取締役の登用率はまだ低いといえよう。そして，登用された女性取締役の年齢分布については，表7-7でみると，女性取締役の割合は，全体役員数の約1割しかないにもかかわらず，男性と比べて中高年層の取締役は非常に少ないという特徴がある。さらに，60歳以上の女性取締役はわずか160人であり，全体人数の1.5％しか占めていないことは，男性と比較して最も大きな相違点である。

　次に，香港企業の中間管理職において男女別の賃金差について述べたい。一つ目は，2011年から2013年における男女賃金の差の変化である。香港政府の統計データによると，2011年では，男女とも月収は3万香港ドルであったが，

第Ⅱ部　アジア各国企業の女性管理職・役員の現状

表7-5　性別別中間管理職の人数と比率（2011-2013年）

性別	2011年		2012年		2013年	
	千人	(%)	千人	(%)	千人	(%)
女	123.2	3.4	134.7	3.7	117.3	3.1
男	259.3	7.3	272.3	7.4	259.3	7.0

(注)　この統計データは、「香港標準行業分類（2.0版）」および「国際標準職業分類（2008年版）」の標準によって集計されたものである。
(出所)　香港特別行政区政府統計処，2015，「性別統計」より筆者作成。

表7-6　女性取締役の登用人数別上場企業の分布状況

女性取締役(人)	企　業　数(社)	企業全体に占める割合(%)
0	612	40.3
1	564	37.2
2	242	15.9
3	61	4.0
4	32	2.1
5	7	0.5
合　計	1,518	100.0

(出所)　HKEx（2012）報告書「董事会成員多元化」より筆者整理・作成。

表7-7　性別別・年齢別取締役の分布状況

年齢(歳)	全　体		女　性		男　性	
	(人)	(%)	(人)	(%)	(人)	(%)
～30	97	0.9	23	0.2	74	0.7
31～40	944	8.9	206	1.9	738	7.0
41～50	3,670	34.6	510	4.8	3,160	29.8
51～60	3,405	32.1	304	2.9	3,101	29.3
60～	2,485	23.4	160	1.5	2,325	21.9
合計	10,601	100.0	1,203	11.3	9,398	88.7

(出所)　表7-6に同じ。

表7-8 性別別中間管理職の月収（2011-2013年）

(中央値，香港ドル)

性別	2011年	2012年	2013年
女	30,000	30,000	33,000
男	30,000	32,000	36,000

(注) 1：この統計データは，「香港標準行業分類（2.0版）」および「国際標準職業分類（2008年版）」の標準によって集計されたものである。
2：1香港ドルは約15.44円である。
(出所) 香港特別行政区政府統計処，2014，「香港的女性及男性主要統計数字」より作成。

2012年では，男性（3万2000香港ドル）と女性（3万香港ドル）では2000香港ドルの差が生じた。2013年では，男性（3万6000香港ドル）と女性（3万3000香港ドル）では，さらに1000香港ドルの差が生じ，合計3000香港ドルの差があった。二つ目は，賃金の増加率である。男性の中間管理職の場合では，2011年から2013年の賃金増加率は20％であったのに対して，女性はわずか男性の半分である10％である。このように，同じ中間管理職においても性別によって賃金の差が存在する現実，そして徐々に拡大する男女の賃金差は，今後の女性の就業や昇進に対して，不利な影響を与える可能性があり，修正される必要があると筆者は考えている（表7-8）。

また，従来の文化や労働慣習の影響で，女性は企業の管理職に登用された場合でも，上司や部下との関係構築がうまくいかず，日々過大な精神的負担を担っている可能性は高い。例えば，『香港経済日報』（2013年11月20日）の記事では，香港企業における中間管理者職のストレスに関する統計の中で，ストレスの42％は，上司との関係・コミュニケーションから由来することであると報道される[20]。

したがって，香港の職場における既存の労働環境と登用慣習は，女性たちの昇進意欲を大きく引き下げる，昇進を阻害する大きな要因といえるであろう。さらに，これまでの人事・労務管理の方法をより柔軟化，公平化しなければ，将来は，女性のみならず，男性管理職の登用率までが低下するリスクも存在している。

第Ⅱ部　アジア各国企業の女性管理職・役員の現状

（2）女性の活躍促進に取り組む香港企業

　前述のように，香港企業の中で役員や管理職として活躍している女性は依然として少ない。そして，女性役員や管理職を登用している企業においても，男女間の賃金格差が存在している。この背景には，いわゆる男性は仕事，女性は家庭という儒教的意識が根強くあり，また，女性は仕事をしても，主に補佐の役割を担うケースが多いということが挙げられる。

　一方で，香港では，グローバル化や企業の国際化に伴い，近年，能力の高い外国人や女性を積極的に採用する企業や，積極的に女性取締役の登用に努力している企業も現れている（表7-9）。例えば，香港鉄路有限公司では，一般従業員のみならず，役員や管理層においても，下記のような多元化政策があり，男女平等の意識を尊重している。

①会社では機会均等の原則に基づき，すべての職位で働く従業員に対して，人種，性別，年齢，国籍，宗教，家族の状況などによる差別意識の防止に努めている。

②取締役会においても，多元化政策を実施している。役員の選任について，能力，地域貢献，業務経験を重視する一方，出身，民族，性別などの個人的要因による差別をしない。[21]

　このような政策を通して，女性が企業の取締役会に入れることが比較的に容易になった。その結果，香港鉄路有限公司が登用している女性取締役の人数は，2013年の2人から2014年の4人に増加し，取締役会における女性の比率も2013年の16.7％から2014年には26.7％に上昇した。

　そして，香港企業のみならず，香港に進出する交通銀行（5位），中国建設銀行（6位）や中国銀行（10位）などの中国企業も積極的に女性役員を採用している（表7-9）。さらに，積極的に中国本土の市場参入に取り組んでいる香港企業が中国現地の企業において，女性役員を採用するケースも見受けられる。香港企業の中国本土市場への進出に当たっては，日本や欧米の企業に比べて，言語やビジネス慣習，現地ネットワーク形成などにおいて多くの優位性をもっている。比較的参入障壁が低いサービス，健康・美容産業や飲食産業のみならず，フランチャイズ小売業ないし，不動産業などの業界にも，政府部門と連携

第 7 章 香港企業の女性管理職・役員の登用

表 7-9 女性取締役を登用する上場企業ランキング（2014年）

順位	企 業 名	取締役人数（人）	女性取締役 人数（人）	女性取締役 割合（％）
1	HANG SENG BANK LTD（ハンセン銀行）	14	4	28.6
2	MTR CORPORATION LTD（香港鉄路有限公司）	15	4	26.7
3	HSBC HOLDINGS PLC（HSBC ホールディングス）	17	4	23.5
4	CHINA RESOURCES POWER HOLDINGS COMPANY LTD（華潤電力）	13	3	23.1
5	BANK OF COMMUNICATIONS COMPANY LTD（交通銀行）	18	4	22.2
6	CHINA CONSTRUCTION BANK CORPORATION（中国建設銀行）	15	3	20.0
7	CHEUNG KONG (HOLDINGS) LTD（長江実業）	21	4	19.0
8	CLP HOLDINGS LTD（CLP ホールディングス）	17	3	17.6
8	SWIRE PACIFIC LTD（スワイヤー・パシフィック・グループ）	17	3	17.6
10	BANK OF CHINA LTD（中国銀行）	14	2	14.3
10	HUTCHISON WHAMPOA LTD（ハチソン・ワンポア・リミテッド）	14	2	14.3
10	NEW WORLD DEVELOPMENT COMPANY LTD（新世界発展）	14	2	14.3

（出所）社商賢匯，2014，「2014年度香港企業女性董事概況」10頁より筆者作成。

する形で事業を展開している。ここでは，中国に進出している香港企業 Tomo Knife（以下T社と略す）社の事例から，女性役員の登用の実態や特徴について紹介・考察しよう。

【中国の政府部門と提携して中国本土に進出する香港企業】
　①企業概要
　　企業名：TomoKnife (Hong Kong) Ltd[22]
　　出資者：Mr. Wang
　　取締役：3名（女性1名）
　　資本形態：個人資本100％，未上場（株式市場の変動によるリスクを回避するため，取締役会では，上場しない方針は決められた。）
　　企業統治システム：華人ファミリー式
　　事業範囲：中国本土（メイン）

第Ⅱ部　アジア各国企業の女性管理職・役員の現状

　　事業概要：商社。がん検査用の医療機器の販売，メンテナンスおよびその他のサービスを提供する。
　②中国本土の事業展開状況
　　支社・オフィス数：
　　　＊北京支社：管理・財務部門
　　　＊上海オフィス：営業・技術・サービス部門
　　女性取締役：1名（北京支社）
　　男性取締役：1名（上海オフィス）
　　従業員数：100人未満
　　商品の仕入先：アメリカ
　　販売対象：公営病院（中国各地）
　　業務提携者：中国衛生部（北京）

　T社は，国家資本を全く所有していないため，経営管理者や役員を採用する際，中国の政府による影響はほぼない。一方で，従業員や役員の評価や昇進・昇給については，会社のオーナー，すなわち代表取締役社長が最終的な意思決定権をもっているため，従業員の能力に応じて個別評価するというやり方を採用している。T社の取締役として登用されている女性A氏は，もともと中国のある大手国有企業S社の中間管理職に勤めていたが，中国国有企業の管理制度や昇進制度に対して不満があったため，S社からT社に転職していた。A氏はT社に入社した後，仕事と家庭を両立しながら努力して，わずか5年間で自分の能力を証明していた。その結果，A氏の業績と能力は社長に高く評価され，翌年から企業の取締役として登用されることになった。

　これまで，中国本土に進出している香港企業，特に中国の株式市場に上場している大手企業における役員登用の慣習からみると，中国国有企業の登用制度を参考にしながら，少しずつ能力主義へ展開していくことが最も一般的である。それに対して，中国株式市場に上場していない中小規模の香港企業は，中国政府の資金や制度に左右されないため，女性役員や管理職の登用に当たっては，一層簡単に行えるわけである。

　中国本土の経済発展と市場開拓に伴って，今後中国における労働力の需要はますます高くなり，かつ，今後中国社会の少子高齢化の影響で，中国の労働市

第 7 章　香港企業の女性管理職・役員の登用

場では，女性の労働力率をアップさせさせなければならない。将来，中国では，本章で紹介した香港鉄路有限公司と同様，取締役会の多元化政策や男女平等意識の普及に伴い，香港における上場企業のみならず，非上場企業ないし，中国本土に進出している香港企業においても，女性が尊重され，社会進出が可能になる時代が近づいているといえよう。

注
(1)　谷垣，2001，221頁。
(2)　香港特別行政区政府統計処，各年，「香港統計年刊」のデータにより筆者が統計した結果である。
(3)　香港特別行政区政府統計処「2009年経済概況及2010年経済展望」　http://www.hkeconomy.gov.hk/tc/pdf/box-09q4-c6-1.pdf　2015年5月1日閲覧。
(4)　香港政府統計処は，国際労働機関（ILO）が定めた「国際標準職業分類（ISCO）」にしたがって，単純作業の従事者，例えば清掃員やヘルパーなどを「非技術系労働者」と称する。　http://www.ilo.org/public/english/bureau/stat/isco/isco88/9.htm 2015年10月12日閲覧。
(5)　香港では，一般的に，マネジャーは「経理」とも呼ばれて，香港の統計機構に中間管理職（一般管理職，General Management）として取り扱われる。香港特別行政区政府統計処「2014年経理級専業僱員薪金及僱員福利統計報告（高層管理人員除外）」附録II，50頁。
(6)　Mastercard Index of Women's Advancement (MIWA) 2015. http://www.masterintelligence.com/content/intelligence/en/research/reports/2015/mastercard-index-of-womens-advancement.html　2015年4月30日閲覧。
(7)　劉，2009，199-202頁。
(8)　高須道枝，2007，「シンガポールと香港における『新しい労働運動』」九州大学大学院人間環境学府　http://www.hues.kyushu-u.ac.jp/education/student/thesis.html　2015年5月12日閲覧。
(9)　ZHU，1997，58-61頁。
(10)　香港特別行政区労工処，2014，第一章，4頁。
(11)　飯泉雅明「香港の人事労務管理」　http://www.asia-businessguide.jp/labor/index.html#01　2015年5月20日閲覧。
(12)　香港特別行政区労工処，2014，19-20頁。
(13)　雇用条例第二条「雇用合約的持続期」。

(14) 「家庭崗位歧視條例」第 2 條：釋義によると，「家族職位（family status）」とは，直系家族メンバーの面倒をみる責任を担う職，あるいはその職をする人。
(15) Hong Kong Women Workers' Association　http://www.hkwwa.org.hk/　2015年9月30日閲覧。
(16) INDUSTRIAL RELATIONS INSTITUTE　http://www.iri.org.hk　2015年9月30日閲覧。
(17) Hong Kong Confederation of Trade Unions　http://www.hkctu.org.hk/　2015年9月30日閲覧。
(18) Hong Kong Federation of Women's Centres　http://womencentre.org.hk/　2015年9月30日閲覧。
(19) 表出所の HKEx は，Hong Kong Exchanges and Clearing Limited の略称で，香港証券取引所である。
(20) 『香港経済日報（電子版）』2013年11月20日付　http://www.hket.com/eti/article/d8564499-2ba9-488c-a4b1-52d51228f7b7-933968?source=print&printable=true　2015年5月15日閲覧。
(21) 香港鉄路有限公司「取締役会の多元化政策」より筆者作成。
(22) TomoKnife (Hong Kong) Ltd 公式サイト　http://tomoknife.com 参照。

引用参考文献

谷垣真理子，2001，「経済の発展・衰退・再生に関する研究会」報告書。
ZHU Yan，1997，「香港返還と香港経済の行方」『FRI REVIEW』(1997年4月) 富士通総研。
香港特別行政区労工処，2014，「雇用条例簡明指南」。
劉蜀永，2009，『簡明香港史（新版)』三聯書店。

（石　　錚）

第8章
インドネシア企業の女性管理職・役員の登用

第1節　経済・社会的動向と女性の社会進出

(1) インドネシア経済の発展と女性の社会進出

　近年のインドネシアの経済は，首都ジャカルタを中心に急成長を続け，その成長率は毎年6%前後を維持している[1]。その結果，現在，ジャカルタは世界で最も成長する都市として，日系企業のみならず世界中の企業から注目を浴びている。それに伴い人口は急速に増加し，また中間層・富裕層は拡大し，経済市場として大きな魅力になっている。

　このような経済発展の結果，労働市場には男性だけでなく女性も積極的に進出をしており，女性の活躍は著しい。例えば国際会計事務所 Grant Thornton の調査によれば，企業幹部職（シニア・マネジャー）の中に占める女性の割合は 41% となっている[2]。

　インドネシアでは，男尊女卑的考えが強いイスラームの強い影響もあり，女性の社会進出については，ASEAN 諸国では下位に甘んじている。しかし，宗教的社会的制約の少ない日本における女性の経営幹部率が8%程度であること[3]と比較すれば，インドネシアの方がある意味では進んでいるともいえる。

　今後もインドネシアの経済発展は持続するとみられており，宗教的制約がありながらも女性の地位は確実に向上しており，さらに女性の活躍の場の拡大が期待されている。

　本章の次項以降において，インドネシアにおける働く女性の動向や女性管理職の動向・特徴・課題について，経済的・社会的・宗教的な背景との関連で考察していくことにしよう。

(2) 人口増加の動向

まず，インドネシアの人口の動向を近年の経済発展との関連で概観しておこう。

現在，インドネシアの総人口は約2億5000万人（首都ジャカルタは約1000万人）であり，世界最大のムスリム人口を擁する国家である。人口の多さからいえば，世界で第4位であり，その数は日本の人口の約2倍である。

インドネシアの人口は，著しく増加を続けている。この過去4年間の人口推移は，2011年で2億4103万人，2012年は2億4447万人，2013年2億4795万人，2014年で2億5149万人になっている。このように2011年以降に毎年平均300万人ずつ増加している。そのために，インドネシアの平均年齢はおよそ28歳であり，少子高齢化とは無縁の「若い人の国」である。

近年（2015年前後）における人口急増の一つの原因は，国民の多くが今後の同国の経済的な発展を確信しており，自分たちの将来の生活に不安を感じていないことにある。例えば，ボストン・コンサルティンググループの調査によると，インドネシア人の91％が「今のインドネシア経済は安定しており不安を感じない」という。同調査における日本の数値が49％であることを考慮すると，いかにインドネシア人が自国の経済の将来について明るい希望をもっているのかがわかる。また66％の人が「自分の親世代よりいい暮らしをしている」と認識しており，71％の人が「この傾向は自分の子どもの世代に引き継がれる」と考えている。このようにインドネシアの国民のほとんどが将来の経済的な発展と自分たちの暮らしを前向きにとらえ，上昇志向をもって日々の生活を送っている。

また将来の生活に不安がないことに関連するが，人口増加のもう一つの要因として，多くの親が子どもは多いほど将来的にその見返りが大きいと思っていることもある。同国では，年長の子どもが高校や大学を卒業し，その後，仕事に就くようになると，年少の弟妹たちの学費などを融通することが一般的である。元々インドネシアでは家族の結びつきを大事にし，仕事よりも家族との生活を優先する価値観が重視されている。したがって，子どもをたくさん産めば，それだけ将来の見返りも大きいことになる。これがまた人口増加の後押しにつ

ながっている。

　インドネシアの出生率は，都市部や農村部に限らず上昇しているが，他方において，子どもを預ける保育施設などがほとんどなく，またベビーシッターの供給不足という問題もある。女性の社会的進出と共に今後の社会政策的な課題であろう。

（3）経済発展の動向

　インドネシア経済の急速な発展は，主として製造業が牽引している。インドネシアの主要産業部門の内訳は，製造業23.7％，農林水産業14.43％，商業・ホテル・飲食業14.33％，鉱業11.24％，建設業9.99％，運輸・通信業7.01％，金融・不動産・企業サービス7.52％，サービス業11.02％，となっている[7]。このように全体の産業構造の中で占める製造業分野の比重が大きく，そこでの大規模企業・工場に従事する労働力人口が多い。製造業は，主として自動車・二輪車などの輸送機器や飲食料品などが占めている。

　他方では小規模零細企業も多く，日用品を取り扱う小規模な商店や屋台は珍しくない。日本でみられる駅の売店のような形態の商店がかなり多く存在している。近年，大規模なショッピングモールの建設ラッシュが続いているが，小規模な商店と共存しているため，小規模零細商業がなくなるという見通しはない。

　インドネシアの経済発展に大きく貢献したのは外資系企業である。外資にとってインドネシアは魅力的な経済市場であり，日系企業の進出も急速に増えており，ジャカルタから2時間ほどの距離にあるカラワンでは日系企業の工場建設ラッシュに沸いている。すでに現地法人本店をもつ日系企業は504社あり，現地企業との合弁数も620社を超えており，それはタイ，インドに続き3番目に多い。

　現在インドネシアにある日系企業の総数は約1300社であり，投資額も2008年にはシンガポール，イギリス，韓国に次いで4番目に多く約6億米ドルであったが，現在では約47億米ドルおよび日系企業の進出は目にみえて増えている[8]。

　進出している日本企業（合弁会社も含む）は，製造業のみならず流通業・保険

業など業界も多様化している。具体的にはトヨタ，ホンダ，ヤマハ，カワサキなど代表的な自動車やバイクのメーカーをはじめ，吉野家をはじめ日本国内でチェーン展開している日本食企業の進出も目立っている。教育分野（公文式学習塾）も進出しており，AEON モールも出店している。

（4）女性の労働力人口の動向

インドネシアは，農業社会から高度な工業社会へ移行する中で，国策により女性の社会進出・参加が推進され，女性の労働力人口も増加してきた。しかし，一方で家事・育児の女性負担は依然と変わらないため，全体的にいえば男性が労働力の中心として機能している。

しかし働く女性の数は，近年の急速な人口増加・経済発展の中で急増している。女性の労働力人口（15～64歳）は約4274万人であり，それは15～65歳の女性人口約8000万人のおよそ50％に当たる。それを年齢別にみると，**表 8 - 1** に示しているとおりである。女性と男性の労働力人口には約2600万人の差がある。

女性労働力に特化して年齢別の特徴をみておこう。15～19歳では，中学卒あるいは高校卒レベルの女性が含まれているが，このような低学歴層の女性の多くは農村部の出身者が多く，主に農業やメイドなどの労働に従事している。また一部は海外へメイドとして出稼ぎを目指している。高校卒業レベルの女性であれば，工場などで肉体労働に従事することが中心となっている。

25歳以上の女性についていえば，インドネシア人女性の約25％が大学卒業レベルであり(9)，そうした女性の多くは主に都市部出身であり，肉体労働よりもデスクワークを中心に従事している。特に外資系企業も含めて金融，貿易，保険などの業務に従事している。

20歳から44歳までの女性労働人口が，男性のおよそ半数であるのは，前述のように家事・育児の負担が女性にかかるためであり，この世代での労働力数は男性に比べれば減少している。

インドネシアでは，一般的に55歳で定年を迎えるが，定年後の年金だけで老後生活が難しい層は，食堂経営や小売り店経営などで生計を支えている。農村部では，地域の助け合いで生活もできるが，そのような生活は都市部において

第8章　インドネシア企業の女性管理職・役員の登用

表8-1　インドネシアの年齢別労働人口
(単位：千人)

年齢別	人口			労働力人口		
	合計	男性	女性	合計	男性	女性
15-19	22,773	11,618	11,155	7,672	4,495	3,176
20-24	18,286	9,049	9,237	12,485	7,526	4,959
25-29	20,971	10,564	10,406	15,833	10,040	5,792
30-34	20,747	10,264	10,483	15,910	10,012	5,898
35-39	18,562	9,172	9,389	14,561	8,998	5,564
40-44	17,116	8,803	8,314	13,805	8,636	5,169
45-49	14,167	7,064	7,103	11,419	6,892	4,528
50-54	12,052	6,140	5,912	9,465	5,837	3,628
55-59	8,719	4,456	4,263	6,424	3,937	2,486
60-64	6,318	3,061	3,257	3,955	2,416	1,540
65-	12,359	5,629	6,730	5,000	3,094	1,905
15-64	159,711	80,192	79,520	111,528	68,787	42,741

(出所)　インドネシア統計局「労働力調査」2008年度。

は難しい。また老後生活が安定しない人々は，子どもや孫の世代もまた低学歴であるため，労働力人口の質的な再生産に悪循環が続いている。

第2節　女性の社会進出の背景

　以上でみたように，インドネシアでは働く女性の数が増加し，彼女たちの社会進出はめざましいが，その背景には，以下のような要因が認められる。

(1) 伝統的慣習の低下

　まず指摘されることは，インドネシア社会のグローバル化に伴って，それまで女性の社会進出を抑えていた伝統的慣習が薄れてきたことがある。
　インドネシアでは，地域や民族により価値観が大きく変わるが，伝統的に女性は家事や農業に従事するものとみなされ，彼女たちの手がける経済活動も小規模商店や食堂経営など限定的であった。しかしグローバル化の急速な進展は，これまでの伝統的な慣習を稀薄にし，女性の社会進出の追い風になっている。
　すなわち，近年では，女性による起業や海外留学などの道も開かれており，

女性が社会に積極参加することが容易になっている。それでもいまだに宗教的・伝統的な慣習において女性の立場が縛られる場合もあるが、社会進出という点では、現在では障害となるものはないと一般的に認識されている。

またインドネシアでは、Cari Uang（直訳すれば「お金を探す」）という表現がよく使われるように、多くの人々は規模や形態にこだわらず、常に収入に結びつくビジネスチャンスを探している。例えば中学校や高校でも、学生が自作の菓子や軽食を校内で売り歩くことは、よくみられる光景である。また専業主婦も、オンラインショップという形態で靴・鞄・下着などの日用品の販売を行っており、フェイスブックなどのSNSや、スマートフォンのグループチャット機能を利用して広告宣伝を行っている。やがてビジネス規模が拡大すれば、店舗での商売につなげ、安定的な収入を得ることも可能になる。このような動向の中で、女性が小規模な商業やビジネスを行い起業することも増加しているが、これもまた近年における女性の社会進出の一断面である。

（2）インドネシア女性の高学歴化

またインドネシアの急速な経済成長と共に、いわゆる中間層・富裕層が増加しており、女性を含めた国民の多くが高いレベルの教育を受けるようになり、その結果として女性の社会進出を後押しすることになる。

インドネシアでは、高学歴は安定した仕事に就くための条件になっている。そのために女性の高学歴化は、生活の安定化の基礎とされる。2012年の統計数字によれば、学校にも行かず教育を受けていない女性は約8％、最終学歴が小学校卒である者は約28％とされる。このような無学歴・低学歴層の女性は、高度な職業に就けず、農作業やメイドなど限定された職業に従事せざるを得ない。そのために大学に入ることが、より良い生活のための最低ラインとなっており、女性の高学歴化が進んでいる。

インドネシアの大学進学率は、2012年には約20％とされている。学費負担に関する一般家庭の経済事情をみると、ジャカルタの平均年収は日本円にして約70万円（約7000万ルピア）前後、また地方の大都市でも約50万円（約5000万ルピア）前後であるとされているが、それに対して大学の学費は、日本円にして年

間 6 〜20万円前後である（ただし，医学部など医療系学部は除く）。しかし，各大学に奨学金制度があり，それを利用すれば年収30万円程度の家庭でも大学進学が可能である。

また最近のインドネシアでは，月間支出200万ルピア以上500万ルピア未満（日本円にして約 2 〜 5 万円）の層が拡大しており，その結果，インドネシアの全人口の約30％に当たる7400万人が中間層とされている。つまりインドネシアにおける「中間層」の総数は，タイの総人口（7000万人）を超えていることになる。

しかも毎年800万人前後が，新たに中間層・富裕層に移行しているので，現時点での見通しでは，2020年までには約 2 倍の 1 億4000万人が中間層になるとみられている（インドネシア中央統計局資料）。中間層の拡大を，地域別にみるとジャワ島が中心であるが，スマトラ島，スラウェシ島，カリマンタン島などの人口100万人を超える都市において顕著である。

ともあれ中間層・富裕層の増加につれて，下位層だった国民の高学歴化が進み，女性の社会進出や社会における役割が拡大した，とみることができる。

（3）女性大統領の登場

さらにインドネシアの女性の社会的地位を大きく変化させる要因となったのが，女性大統領の登場という独特な宗教社会的な背景である。

2001年にメガワティ・スカルノ・プトゥリが大統領に就任したが，これはイスラーム世界においては極めて珍しい女性の国家元首の誕生であった。イスラームでは，男尊女卑の考えが強く，永い間，女性の社会進出の大きな障害となっていた。例えば同じイスラーム国家であるトルコでは，2014年にエルドアン大統領が「男女は平等ではない」と公言したが，それほどイスラーム世界における女性の地位は軽視されている。

そうした中での女性大統領の誕生は，インドネシアにおいて女性の社会進出を促進するきっかけの一つともなった。もちろんメガワティ大統領が登場する以前から，女性の社会進出の動向や女性企業家などは存在し，しかも年々増加の傾向にあったが，女性大統領の誕生というビッグニュースは，社会の雰囲気

を大きく変えたといわれている。

筆者は,聴き取り調査で次のような証言を得た。「メガワティ大統領の誕生により社会における女性の立場が向上した。それまで女性は,家庭にいて家事のみに従事し,あまり自由がなく,また頻繁に家庭内暴力の犠牲になり,しかもそこから逃れる手段がなかった。しかし,メガワティ大統領の誕生以降,女性を守るための地域コミュニティが設立され,地域全体で女性の人権や地位を守る活動が活発になった。そのため女性が積極的に社会に参加する土壌ができ,また社会進出がより進むきっかけとなった」(Isabella Lucy Megawati 氏)。

インドネシアは,世界最大数のイスラーム信者を擁する国家でありながら,中東におけるイスラーム国家とは一線を画している。メガワティ元大統領の父であり,建国の父であるスカルノ元大統領が,イスラームをインドネシアの国教とせず,その世俗化を図った恩恵を受けた形といえる。

(4) 女性の社会進出を推進する運動

さらに,近年のインドネシアにおいて,女性の社会進出に大きな追い風となっているのが Community Empowerment for Rural Development Project (CERD)と呼ばれる運動である。[14]

インドネシアでは,都市と農村の社会的・経済的な格差は大きく,それを踏まえて,地方の自立と活性化,女性の積極的な社会進出,都市部と地方の不平等の解消,それらを通じて国全体の発展を推進しようとするのが CERD である。この運動の中心は女性であり,地方都市や農村部の女性の経済活動への積極的参加の奨励,地方政府に対する積極的な政策提言を行っている。運動の目的は,地方の活性化と地方の経済的な自立であり,その運動を通じて女性を積極的に雇用し,女性の社会進出を進めて彼女たちが利益享受できるポジションにつくことを目指している。

CERD の下部組織に Comunity Based Saving and Loans Organization(以下CBSLOs)があり,この部門では,女性に対するマイクロファイナンス(小口の融資)の拡大により,女性の小規模商業に対する融資を拡大し,彼女たちが家計を支え,また社会進出することを容易にする措置がとられている。過去20年

以上にわたり，基本的に女性は金融部門から融資対象としてみられることは少なく，おおよそ25％程度がマイクロファイナンスの恩恵を受けていたにすぎなかった。

CERDでは，様々なプロジェクトが同時並行的に進行し，特に2000年から始まった Gender Action Plan（GAP）では，女性の高等教育への機会拡大，職業別技術修練，地域経済活動への積極的参加と運用という点に重点がおかれた。このGAPプロジェクトにより，以下のような変化がみられたという。

①プロジェクトの進行や運営に関わるメンバーのうち約43％を女性が占めた。②30万人を超える地方農村部出身者による「農村部のインフラ開発の計画立案」のメンバーの38％を女性が占めた。③CBSLOs メンバーの55％を女性が占めた。④CBSLOs を通じて小規模金融投資を受ける対象の65％が女性になった。⑤職業訓練を受ける女性のうち学士が43％，修士が60％，海外修士が6％など，多くの高学歴者がプロジェクトに参加した。

このプロジェクトの焦点は，女性の社会進出のみではない。特に地方農村部の貧困層の救済と，女性参加のプロジェクトを通じて地方を活性化し，女性がより幅広い分野での活動を容易にすることでき，結果的に地方経済ひいては国全体の底上げをすることにある。今まで地方農村部の女性は，主に経済的理由からくる高等教育の不足により従事する職業に制約があったが，CERD プロジェクトにより女性に幅広い職業選択の機会を提供することができ，社会進出や社会への積極的参加によって貧困からの脱出も可能になった。

このような CERD の運動・取組みもまた，インドネシアの女性の社会進出を後押ししている。

第3節　女性の労働・生活条件の概要

（1）「都市部と農村部」との生活格差

インドネシアの女性のおかれた状況は，多くの施策やプロジェクトの推進により改善されつつあるとはいえ，都市部と農村部では経済規模や生活水準に大きな格差がある。

インドネシアでは，これまで経済的発展の恩恵を受けたのは首都ジャカルタ，バンドン，スラバヤなど，ジャワ島の主要都市や，スマトラ島北部に位置するメダンなどの限られた地域だけであった。他方において，極端に開発が遅れている地域もあり，パプア州では沿岸部のリゾート地を除けば，未だに電気も通じておらず，社会インフラ整備が喫緊の課題となっている。また観光地として有名なバリ島でも観光開発が進む沿岸部と取り残された集落地帯と二極分化している。

　開発の遅れた地方農村部では，女性は中等教育修了後に結婚するケースもあり，そのような早婚の女性は一般に教育水準が低く，農場や工場での単純労働作業に従事するケースが多い。

　他方，都市部の女性でも，地方都市であれば高校卒業後に結婚・出産という例もあるが，一般的には，女性は平均25歳前後で結婚し，その後，妊娠中も働き，また出産後も多くの場合に平均3カ月程度で職場復帰している。このように出産後も継続就労するケースが多いが，その際に必要な家事負担などは，前述の地方農村部出身の女性たちを家政婦・メイドとして雇ってまかなうケースが多い。また経済的理由から中等教育を受けられない児童も家政婦として働くことも珍しくない。そうした家政婦は住み込みで部屋と食料を与えられ自炊ができる環境にあるが，平均月収は地方では日本円で約1万円（約100万ルピア），都市部では1万5000円（150万ルピア）程度である。

（2）教育水準の差異

　インドネシアでは，上記の家政婦のような一部の業種を除き，男女においての職種別の大きな違いはないが，教育水準の差により職種が大きく異なっている。

　そのため貧困層であっても奨学金などを頼りに高等教育を受ける傾向が増えつつある。しかし大学卒業以上でなければ，いわゆるホワイトカラー層に入ることは非常に困難であり，現状の社会的な格差構造に大きな変化のきざしがないのも事実である。

　一方，低学歴層の中では，男女間の職種別の差異・格差はときとして大きい。

男性であれば，特に日本政府の行う研修生制度を利用して日本へ行き，研修期間の2年ないしは3年間で200万円程度（約2億ルピア）を稼いで帰国でき，また帰国後も，技術者・技術職・日本語話者としての道が開かれている。

その一方で，女性は，いわゆる「夜の世界の仕事」に従事することが多い。特に経済的に遅れている地方農村部では，「家族のビジネス」として自分の娘を都市部に送りこむ，という事例も珍しいことではない。こうした貧困層を相手にした女衒（遊女として売り込む業者）などの存在もあり，低学歴層の女性にとって，そうした地位から這い上がることは容易ではない。

インドネシアでは，地方や民族などによる格差や伝統的習慣の違いにより女性の社会における立場が大きく変わってしまうため，女性のあり方そのものを一般論化することは容易ではない点にも留意しなければならない。

（3）賃金事情

職業分野別の男女間における賃金格差は，工事現場の労働など一部の業種を除けば，基本的にはないが，平均賃金においてはその格差は顕著である。

大卒者の男性の平均給与は，2012年現在において，日本円で約3万5000円（約350万ルピア）であるのに対し，女性では約2万5000円（約250万ルピア）となっている（インドネシア統計局2012年度データ参照）。ただし，筆者の大卒女性労働者への聞き取りによれば「銀行などの金融業では男女の平均賃金にあまり差はない」という声もある。

初任給については，工場労働者・ブルーカラーでは男女共に，日本円にして約1万5000円（約150万ルピア）程度からである。インドネシアでは，ブルーカラー層は低収入であるが，これまでと同じ生活の維持を優先するために，転職する者は多くない。ブルーカラー層が生活の安定を求めているためであるが，社会的に上昇しにくい状況は固定化されている。こうしたブルーカラー層は，高校卒業程度の学歴者がほとんどである。

一方，大学卒業のホワイトカラーの平均初任給は，首都ジャカルタでは，日本円にして約3万円（約300万ルピア）前後，地方都市では約2万円（約200万ルピア）前後である。初任給は，その後5年程度の勤続で昇給するが，昇給額は

平均して最高でも15％を超えることは難しい。現地の物価水準に照らせば，生活の維持だけで精一杯というのが現状である，という（筆者の聞き取り調査）。

そのため高給な外資系企業で働く希望者が多いが，それには英語や日本語などの外国語の習得が必須の条件とされている。例えば，ジャカルタの日系企業では日本語能力検定試験 N2 資格をもつ者に対しては，日本円で平均月給 7 万円以上，また N1 資格をもつ者であれば10万円以上の月収を得ることもできる。

なお2013年よりジャカルタの法定最低賃金が急激に上昇したが，ルール自体が徹底されておらず，実際の状況は大きく変化していない，というのがインドネシア人の実感である。

なお賃金については中国系インドネシア人とプリブミ（原住民族）とでは差がある，といわれている。筆者の聴き取り調査によれば，「中国系インドネシア人とプリブミでは商習慣やビジネスに対する考え方に違いがあり，中国系は一般的に信用をベースとして商売をするため，納期や品質管理などについては徹底を心がける。日系企業とも取引をするインドネシア企業は多数あるが，ほとんどが中国系インドネシア人によるものである。このため中国系人とプリブミでは給与水準にも格差があり，例えば中国系人の初任給が約350万ルピア（約 3 万5000円程度）とすると，プリブミのそれはおそらく約200万ルピア（約 2 万円程度）が上限になる。これは一例にすぎないが格差が小さい場合もあれば，もっと大きい場合もある。こうしたことも中国系人が経済活動において抜きん出ている理由となったが，同時に中国系商店や中国系人に対する迫害や暴動の犠牲につながった」（Isabella Lucy Megawati 氏）という。

（4）生活事情

低賃金のもとでの衣食住の生活事情は厳しいものがある。

例えば住宅事情に言及すれば，学生や独身の社会人の場合は，一般的に下宿のような集合住宅に住んでいる。風呂・トイレ・台所が共有という場合の家賃は，日本円にしてひと月約3000円（約30万ルピア）程度から，また台所のみ共有であれば約 1 万7000円（約170万ルピア）程度からである。交通費は，乗り合いバスの 1 回の乗車賃が10～200円（約1000～ 2 万ルピア）程度かかり，嗜好

品はカフェなどのコーヒー 1 杯が150～300円，またマクドナルドなどのファストフードでは日本と同水準の500～800円程度である。通常の昼食は，150円程度で満腹になる食事の買える屋台が多数あるため，日常的には屋台利用の食生活を送るか，または材料を購入し自炊するかである。平均的な食費は，ひと月に約5000円（約50万ルピア）程度かかる。このような物価水準に照らせば，初任給の約3万円（約300万ルピア）では，貯金もできず生活を維持するだけという結果となる。

　法定労働時間は週40時間であり，時間外労働も1日3時間，週14時間という上限規定があり，これについては徹底されている。インドネシアでは，仕事よりも家族を優先することが一般的であり，日本のように家族との生活を犠牲にして深夜遅くまで残業するということはない。労働時間については徹底して守られている。

　インドネシアでの「家族」という概念は広く，親戚もふくめて家族として認識されている。したがって宗教行事や祝祭日などでは「親戚」が集まることも多い。また親戚同士で近所に居住したり，同居したりすることも珍しくはなく，家政婦を雇わずに親戚がお互いに子守や家事をすることもある。特にブルーカラー層では，そのような傾向が強い。しばしば家庭の経済状況に関係なく多くの子どもを生むケースがみられるが，それは育児・家事などが親戚間での相互扶助によって成り立っているからでもある。合理的な側面もあるが厳しい生活事情の反映でもある。

第4節　働く女性と管理職・役員

（1）女性管理職・役員の動向

　近年のインドネシアでは，女性の社会進出が活発であるが，企業においても一般職・管理職を問わず，女性の比率が高くなっている。また女性の自立を女性自身が積極的に提唱しているため，夫婦の間でも妻が夫の給与を超えるケースも珍しいことではない。筆者の聴き取り調査によれば，「インドネシアでは"妻が金をもてば夫はおとなしくなる"という表現があるが，今まさしく女性

がそれを体現しようとしている」(Isabella Lucy Megawati 氏)といわれている。

具体的数字をみておこう。2013年に行われたマスターカード社の調査によれば、インドネシアの女性の企業所有率は29.8％、企業の管理職では27.2％、政府機関の管理職では22.8％となっている(すべて男性を100％とした場合の女性の比率)。総合指数ランキングでは、調査対象14カ国の中でインドネシアは10位につけている。企業管理職に占める女性比率が27.2％という数字は、日本の実情(調査対象国の中で最下位)と比較して注目に値する。

また2014年の Grant Thornton による調査では、インドネシアにおける女性の経営幹部の比率は41％という数字を示しているが、この調査は、非上場の中堅企業も対象としているため、前述マスターカード社の調査の数字に比べて10％以上の開きがある。いずれにせよ、日本と比較して、インドネシアにおける女性管理職の占める比率はかなり高率である。

このようにインドネシアにおける女性管理職・経営幹部の割合は、年々増加傾向にあり、また女性の社会進出は社会的に受け入れられている。そのために、もはやビジネスにおいての性差別はないという認識が一般的になっている、といわれている。筆者の聴き取り調査によっても、「女性の社会進出、特に企業幹部や社長という地位に女性が就く場合に、性差別はなく、むしろ歓迎されている向きもある」(Isabella Lucy Megawati 氏)との証言を得ている。

また女性も転職によりキャリアアップすることは、日本と比較すればかなり多くみられる。インドネシアでは、いまや転職は一つのキャリア形成のあり方となっている。特に、賃金の高い日本企業・外資系企業に就職を求めるケースが増えており、外国語をキャリア形成の一環として非常に熱心に勉強している。

このように女性管理職や経営幹部数が増加する一方で、働く女性として抱える課題も多い。聴き取り調査によれば「女性が家事に従事しなければならないという現実は変わっていない。そこを埋めるために、メイドを雇って家事をまかせ自分の負担を軽減しながら働いている。そのため女性の社会進出に伴ってメイドビジネスも同様に拡大している。メイドもまた女性が中心の職業であり、女性の社会進出が進むことで他の女性の雇用を生み出しているという側面もある」(Isabella Lucy Megawati 氏)という。

女性管理職の中には，仕事と家庭の両立が困難な中で，結婚を諦める女性も増えているという。筆者の聴き取り調査では，「一方で，家事の苦労を最小限に抑えるために結婚しない女性も少しずつではあるが以前よりは増えている。実際に友人にも自身のビジネスに集中するために結婚を諦めた人がいる。結婚し家庭をもてば，自分のこと以外にも，子どもの病気や夫婦間の問題があれば，そちらを優先しなければならない。そうした問題はメイドではどうにもできない。自分で何とかするしかない。そのような家庭の事情の中で私的な問題が起き，解決が急がれる場合には，自分のビジネスに集中できない。そうした事態にならないために，はじめから結婚しないという選択も社会的に容認されるようになっている」(Isabella Lucy Megawati 氏) という。

日本と同様に，インドネシアにおいてもワークライフバランスは焦眉の社会政策的な課題かもしれない。

（2）女性管理職に対する意識

ここでは，インドネシアで広く購読されているビジネス情報誌『SWA Magazine』が2005年から2006年に行った調査から，女性管理職についての一般的なとらえられ方について紹介しよう（表8-2，表8-3）。

同調査によれば，女性管理職の特徴として，顧客あるいは従業員間の積極的なコミュニケーションが指摘されている。この点は，筆者の聴き取り調査でも確認されている。「すなわち男性に比べて女性は，より協調的でありコミュニケーションも活発である。男性のように一方的に上から命令するトップダウン形式ではなく，ボトムアップ形式で下からの意見を尊重する傾向が強い。また男性はワンマンで行う傾向があるが，女性はチームで行うという違いもある。すべてではないにしても女性はそういう傾向があり，部下にすれば女性が上司である方が受け入れられやすい。仕事がスムーズに進み，自分の意見も聞いてくれるとなるとやはり仕事にもやりがいを感じやすく，結果的にいい効果が生まれやすい」(Isabella Lucy Megawati 氏) という。

一般的に男性管理職などでは強いリーダーシップがイメージされるが，その点は女性との大きな違いであろう。

第Ⅱ部　アジア各国企業の女性管理職・役員の現状

表 8-2　インドネシアでの女性管理職に対する意識調査

No	女性管理職の特徴	肯定的評価（％）
1	顧客との関係を構築する能力に長けている	75
2	能率的に仕事ができる	80
3	洞察力・観察眼がある	85
4	肉体的・精神的・感情的な関わり方が多い	75
5	コミュニケーション能力が高い	75
6	ビジネスチャンスに目敏い	60
7	意図や目的を的確に説明・伝達する能力がある	80
8	積極的に話を聞く姿勢をみせる	85
9	神経質な面がある	95
10	外見を美しくみせる	95
11	詳細に気を配る	100
12	すべての事柄に対して感情移入しやすい	60
13	思いやりがある	100
14	複数の仕事を同時にこなす能力がある	90

（出所）　『SWA Magazine』2005年4月14日号より。

表 8-3　インドネシアにおける管理職の男女比較

No	比較対象項目	％
1	女性は詳細に目配りがきく	26.67
2	女性はよりセンシティブである	23.08
3	女性は同時に多数の仕事をこなせる	15.38
4	女性は自分の部下を守るために行動する	15.38
5	男女間に違いはなく，最重要視されるのは能力である	7.69
6	女性はよりよい指導者である	7.69
7	女性は仕事をより上手にこなす	13.33
8	女性はより友好的である	13.33
9	女性はより聡明・賢明である	13.33
10	女性は理解力があり，常に心を開いている	13.33

（出所）　『SWA Magazine』2006年4月20日号より。

　表 8-2 から，女性管理職の特徴として特に高い数値を示している項目に注目すると，細かいことに目配りがきくことが指摘されている。また外見に気を配るという点もまた女性管理職ならではの一面といえる。また思いやりという項目についても100％を示しているが，男女を問わず部下からみれば，女性管理職とは仕事の面でやりやすいのであろう。この点は前述のメガワティ氏の意

見とも合致する。少なくとも女性管理職であれば，仕事をする上で精神的な負担が少ない，または上司によってその精神的負担が軽減される，であろう。この点は職務遂行の上では重要なファクターといえる。

次に管理職の男女比較についてみよう。表8-3は，女性管理職が男性管理職と比較して，どのような点に特徴があるかを示したものである。ここでも女性管理職の特徴として際立つことは，詳細に目配りがきき，より情緒的な面があることである。こうした部分も，女性管理職として受け入れられやすい要因の一つとしてみることができる。実際に女性の管理職または企業経営者の増加の傾向は，こうしたことが肯定的にとらえられている証左であろう。

これらの調査結果は，特段のインドネシア的な特徴の析出ともいえないが，同国のビジネス情報誌が記事の対象にするほど女性管理職は増加し，大きな役割を果たしている証左の一つだろう。

第5節　働く女性の展望と課題

以上のように，インドネシアでは近年の著しい経済発展と連動して，女性の社会進出が増えつつあり，女性管理職・経営幹部の割合も年々増加傾向にある。それ自体は肯定的に評価することができるが，一方でまだ女性を取り巻く大きな問題も山積している。

例えば，イスラームという宗教的問題，そこから派生する社会的通念の問題，民族間の格差の問題，それぞれの島の発展の格差問題などである。特に都市部と地方の農村部との経済格差や生活環境の格差は深刻である。これらが合成的・複合的な要因として，インドネシアの働く女性に多大なる困難をもたらしている。

しかし，他方において CERD をはじめ地方の民間組織が，積極的に貧困打破や地域活性化に取り組み，それに伴い女性の社会進出を推進するなど，少しずつではあるが成果がみえ始めている。このように地方の民間組織が積極的に活動を推進する要因の一つは，一般的に国民は政治に対して不信感をもっているからである。民間組織の活動は，地域住民たちに対する利益に直結している

ために，積極的に受け入れられている。このような民間組織の活動を，新しい政権がどのように評価し，またどのように支援するかにより，今後のインドネシアにおける男女差別の構造に大きな変化をもたらすであろう。

　しかしながら女性管理職の増加の傾向に必ずしも明るい展望があるわけではない。インドネシアでは，国家としての原則の上では，宗教の自由を謳ってはいるが，あくまでもイスラームが国民宗教であり，その影響から脱することは容易ではないだろう。イスラームにおいては，女性の地位は低位に位置づけられており，男性が社会を支配するという構造が変わる可能性は「ない」に等しい。そこでの女性のあり方は，家庭で家事・子育てに従事すべきという考え方であり，女性がより高いステータスを求める際の大きな社会的・文化的な障害になっている。

　インドネシアにおける女性管理職とそれを取り巻く環境整備については，女性自身の力が強固になり，改善するしかないのかもしれない。宗教が社会の中核を担うこの国において，女性の活躍という点ではあまりにも大きな障壁である。その点との兼ね合いで，どこまで国や社会が変わるかという点については予想ができない。インドネシアの女性管理職の抱える問題の根は深い。

　　[付記]　本章執筆に依拠した「聴き取り調査」は，筆者が2014年10月に数回行ったイザベラ・ルーシー・メガワティ（Isabella Lucy Megawati）氏に対するインタビュー結果である。同氏は，ジャワ島西ジャワ州バンドン市で受講生数1700名を超える音楽教室 Beraga Music の経営者であり，また YAMAHA Music Indonesia のディーラーとして5店舗の経営に携わっている。
　　　　メガワティ氏は，中国系インドネシア人女性で，宗教はキリスト教ということもあり，原住民族（プリブミ）のインドネシア人とはまた違った目線から「インドネシア社会」や「インドネシアにおける働く女性のあり方や女性管理職」についてご教示いただいた。記して，同氏の貴重なご教示に感謝したい。

注
(1)　インドネシアの経済成長率は，2012年度に6.23％であった。（ルディアント・バンバン「インドネシアアズナンバーツー」『日本マネジメント学会全国大会報告要旨集』第67巻，2013年6月7日，35-39頁）。

(2) 本調査については，第4節において，詳細に論述している。 http://www.grantthornton.global/globalassets/1.-member-firms/global/insights/article-pdfs/2014/ibr2014_wib_report_final.pdf　2015年9月8日閲覧。
(3) 共同通信PRワイヤープレスリリース　http://prw.kyodonews.jp/opn/release/201504169439/　2015年9月8日閲覧。
(4) IMF World Economic Outlook Database, 参照。
(5) 外務省データ国別データ参照　http://www.mofa.go.jp/mofaj/gaiko/oda/shiryo/hyouka/kunibetu/gai/h11gai/h11gai019.html　2015年9月8日閲覧。
(6) Boston consulting Group ; Indonesia's Rising Middle Class and Affluent Consumers : Asia's Next Big Opportunity, pp. 3-4, 参照。
(7) 外務省およびJETROの統計資料を参照。
(8) JETROの統計資料を参照。
(9) Unesco Institute of Statistic (UIS) 2012. 総務省統計局「各国の統計2012年度版」349頁。リクルートカレッジマネジメント165/Nov.-Dec. 2010, pp. 44-45参照。数字は世界ランキング‐国際統計格付けセンターからの引用。大学進学率については全人口のおおよそ20％前後とみられる。正確な統計数字が明確でないため筆者の調べたデータを統合し考察した数字を示した。
(10) BPS RI Susenas 2012.「大和総研2014年報告書」等参照。
(11) UIS,「総務省統計局資料　2012年度」参照。データ元によって統計数字が異なるため，中間をとる形で記してある。
(12) Boston consulting Group, p. 2, 参照。
(13) *The Huffington Post*, 2014年11月26日付。
(14) アジア開発銀行よりすべてのデータを引用。
(15) 住み込みの場合は部屋を与えられ，米，油などの食料品も同時に支給される。そのため，生活はある程度安定している。
(16) 新大統領誕生以降はさらに物価の上昇が続く中，賃上げが追いつかずデモの発生も起きている。
(17) MasterCard Index of Women's Advancement (MIWA), 2013, Findings on Women's Progress towards Gender Parity in Employment, Capability & Leadership http://www.masterintelligence.com/content/intelligence/en/research/reports/2013/mastercard-index-of-womens-advancement-2013-findings-on-womens-p.html 2015年9月8日閲覧。
(18) グラント・ソントン「中堅企業経営者意識調査2014年度」参照。
(19) The Challenge of Indonesian Female Managers in Business Sector Toward Global

Business Competition : Heru, Majang.

引用参考文献

総務省統計局「世界の統計　2012年度版」。

大和総研経済調査部レポート「ASEANにおける教育の充実と経済成長」2014年6月11日。

陳燕南「インドネシア華人とその経済的地位」拓殖大学華僑研究センター　http://www.cocs.takushoku-u.ac.jp/nl4/1.htm

横本真千子，2013,『北海道大学経済学研究』62（3）。

リクルートカレッジマネジメント165/Nov.-Dec. 2010。

Asian Development Bank, 2010, Gender and Development Case Study ; Indonesia ; Empowering Rural Women Through Community Devclopment.

Gender Differences in Subjective Well-Being in and out of Management Positions ; Eileen Trzcinski, 2012.

Grant Thornton, International Business Report, 2014.

Heru, Majang, "The Challenge of Indonesian Female Managers in Business Sector Toward Global Business Competition."

Negara, Siwage and Benveniste, Luis, 2014, "Indonesia's higher education system : how responsive is it to the labor market ?".

Oxfam U.S.A. and Oxfam Australia, "Women Leading Change : Experience Promoting Women's Empowerment, Leadership and Gender Justice."

THE CHALLENGE OF INDONESIAN FEMALE MANAGERS IN BUSINESS SECTOR TOWARD GLOBAL BUSINESS COMPETITION ; Heru Kurnianto Tjahjono, 2010.

UNESCO Institute of Satistics, 2013, "Higer Education in Asia ; Expanding out expanding up. The rise of graduate educations and university research."

Wati Hermawati, Rina Saari, "National Assessment on Gender Equality and the Knowledge Society Indonesia Final report."

Women in Management worldwide : Progress and Prospects- An overview ; Marilyn J. Davidson and Ronald J. Burke.

（渡辺　格）

第9章
シンガポール企業の女性管理職・役員の登用

第1節　女性の労働情勢

（1）女性労働を取り巻く文化的・社会的背景

　1965年マレーシアから独立・建国したシンガポールは，天然資源をもたず，労働力が少ないという制約条件の下で，経済を発展させるため，経済モデルを従来的な中継貿易から，工業化・輸出化へシフトする戦略を採用すると同時に，不足する国内労働力を補充するため，外国人労働者の国内労働市場への導入を積極的に行ってきた。

　多民族多文化により構築された社会環境の中で，シンガポール政府は，国内経済成長を国家発展の方針として推し進め，外資系企業の誘致や産業の集積も積極的に促進してきた。それと同時にシンガポール政府は，中華系，マレー系，インド系を中心とする多民族国家として，人種や民族差別による棲み分けを防止するために，民族平等政策を掲げてきた。こうした歴史的・経済的・文化的背景の影響で，現在のシンガポールでは，国内の労働力を外国人に依存しながら，労働環境の改善および女性労働者の活用にも取り組んでいる。

　本章では，多文化が共存しているシンガポールの労働現場における女性労働者を対象として，外国人家事労働者の労働環境やフルタイムで勤務する女性の長時間労働の課題を取り上げ，高度な正規雇用社会に残る男女格差の実態を示しながら，シンガポールの女性管理職・女性役員の登用について考察を行いたい。

（２）シンガポール女性の労働現状

まず，本節では，シンガポールにおける全体的な労働状況をみて，女性労働者を取り巻く社会的背景を紹介することにしたい。シンガポール全体の労働人口数は，2001年の約233万人から2014年の約353万人まで増加し，労働力率も2001年の64.4％から2014年の66.7％に小幅な増加となった。一方で，性別での労働者の割合については，1980年代から，特に2000年以後，15歳以上の労働力率は男性が60％から徐々に減少し，2014年の55.2％まで下がり，女性労働者の割合はゆっくりと上昇する傾向が推察できる（図9-1）。

次に，年齢別でシンガポールの女性労働力率の推移と特徴をみてみよう。2007年では，日本のようなM字カーブの形は少しみえたが，時間の推移に伴い，その特徴はますます明らかでなくなる傾向がある。2014年の15歳以上の労働力率について，男性では75.9％と横ばいであるが，女性は58.6％と10年前よりも7ポイント増加しており，シンガポール全体の労働力率を少しずつ押し上げている（図9-2）。特に，図9-3で示したように，35～70歳までの女性労働力率は，2007年から年々増えていく傾向がある。

ところで，シンガポールの女性労働力率は日本と比較すると，2013年では，58.1％で，日本の48.9％より10％近く上回っている。しかし，年齢別でみると，20～24歳のシンガポール女性の労働力率（59.9％）は，日本女性の労働力率（70.3％）に比べて10％以上下回っている。そして，25～39歳の年齢層では，日本を10％以上上回り，45歳以上は，シンガポールは，日本に比べて下回り，年齢の上昇と共に徐々に労働力率が下がっている[1]。シンガポールでは，競争の激しい労働市場の能力主義が徹底しているため，中高年労働者は職を失いやすくなり，40歳以上の労働力率が低下していることが特徴である。

最後に，家庭・生活面，すなわち初婚年齢の推移から，シンガポール女性労働者のキャリア志向の特徴を探ってみよう。1990年から2013年の期間では，シンガポールの男女ともに初婚年齢は２年ほど遅れ，男女の初婚時の年齢差はおおよそ３年から２年まで縮小したことが図9-4の統計データによりわかった。シンガポールの女性が結婚年齢を先延ばす理由としては，労働市場の影響があると考えられる。すなわち，競争力・能力を重視するシンガポールの雇用モデ

第 9 章　シンガポール企業の女性管理職・役員の登用

図 9-1　性別別労働者割合の推移（1980-2014年）

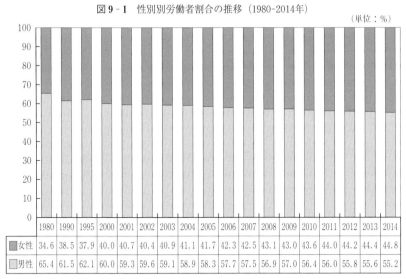

（出所）　Singapore Department of Statistics, Ministry of Manpower データベース（各年）により筆者作成。

図 9-2　性別別労働力率の推移（1980-2014年）

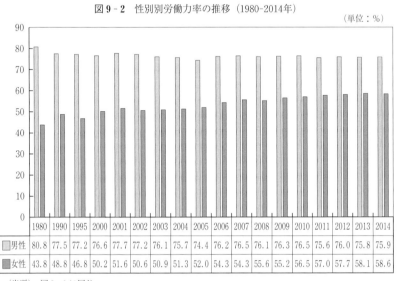

（出所）　図 9-1 に同じ。

第Ⅱ部　アジア各国企業の女性管理職・役員の現状

図9-3　年齢層別女性労働力率の推移（2007-2013年）

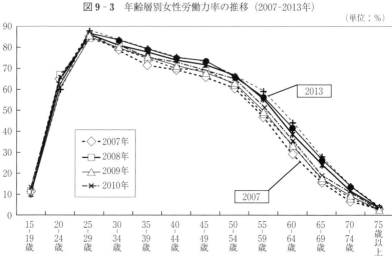

（出所）　図9-1に同じ。

図9-4　性別別平均初婚年齢の推移（1980-2013年）

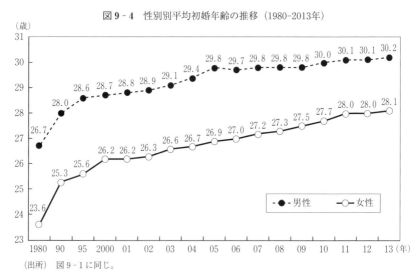

（出所）　図9-1に同じ。

ルの下で，ますます多くの女性は，より高学歴を目指すために，大学院に進学することや，外国で仕事のキャリア経験を積むことを志向するため，そうした要因が女性の結婚年齢に影響しているといえる。

シンガポールでは，結婚している女性は日本女性のように家庭を中心とする夫婦にならず，夫婦2人ともフルタイムの正規雇用が圧倒的大多数である。シンガポールの企業の中で働いている正社員は，契約制の労働者であり，必要な場合，いつでも従業員の雇用契約の調整・変更を行うことができるため，男女問わず，パートタイムやアルバイトなどの非正規雇用の形態で働く人が少ない反面，日本企業のような終身雇用の制度も存在しない。そのような雇用契約の影響により，シンガポールの女性労働者は，男女格差が小さいといわれる労働環境の中で，男性と同じように成果を上げることが求められ，それによって，契約条件も変更されるため，常に努力しなければならない。

したがって，シンガポールは香港と同様，1980年代アジア経済の振興に伴って短期間で経済の成長を達成した一方，労働市場の変化により家族構造も大きく変化している。こうした急変する労働環境の中で，旧来的雇用スタイルは，徐々に社会発展に不利な要素になるように見受けられる。特に，女性労働者に対しては，仕事を通して所得が豊かになるだけでなく，精神的にも家庭生活においても充実する必要があるため，社会改革の主導権を握るシンガポール政府によるワークライフバランスのとれた迅速な対応が今後の急務となる。

第2節　男女平等政策と実在する男女格差

次に，シンガポールにおける男女平等政策と実在する男女格差についてみることにしたい。シンガポール政府は，性別を含めた差別のない公平な雇用を目的として，すべての労働者は平等であるとした憲法で定められる権利を前提に，男女平等対策や女性の就労促進対策を打ち出している。しかしながら，それらの努力と成果は一定のレベルでその結果が認められる一方，現在のシンガポールの雇用慣習では，外国人労働者や非正規雇用される労働者などの差別が依然として存在しているのが現実である。シンガポールの女性労働環境を改善する

ために,まず従来フルタイムがメインであった雇用スタイルを改善し,多様化にする必要がある。例えば,家庭と仕事を両立するため,子どもが在宅していない間だけ働くといったパートタイムなどの出勤方法を法的措置で普及させることが効果的ではないかと筆者は指摘したい。

したがって,本節では,シンガポールの柔軟な雇用制度や女性労働者に対する福利厚生制度を説明する上で,政府の統計データにより,シンガポールに存在する男女間の労働時間や賃金における格差の問題を考察していきたい。

(1) 女性優遇政策
①柔軟な雇用システム

シンガポールの雇用法は,雇用主との労働契約により1週当たりの勤務時間が35時間未満のパートタイム従業員にも適用される(経営・管理者幹部,外国人家事労働者,船員は除外する)。ところが,シンガポールでは,男女ともフルタイムで勤務するという雇用形態が主流となるため,勤務形態の多様化の普及はなかなか進まず,パートタイム従業員の数は依然と少ないといった指摘も見られている[2]。シンガポールの企業は,業務の内容に応じて,例えば,生産の多忙時にパートタイム従業員を雇用することが一般的である。しかしながら,シンガポールの失業率は低いため,近年,高齢化時代に入って,労働市場の需給は逼迫している。さらに,出生率が世界最低水準となったシンガポールでは,将来,少子化のリスクも存在しているため,継続できる労働力を維持するには,女性労働力をさらに活用しなければならない。したがって,シンガポール政府は女性や高齢者の労働力率を引き上げるため,1996年に「職場復帰プログラム」を実施しながら,いままでシンガポールの雇用慣習にはなかったパートタイム従業員も増やしていった。このような取組みを実施した結果として,シンガポールの労働雇用市場では,学歴や能力の高い労働者は企業の中堅層として引き続きフルタイムで働く一方,育児中の女性労働者,中高年労働者や学歴・技能レベルの低い労働者については,政府はパートタイム従業員として雇用しながら,レベルアップための教育・訓練にも取り組んでいる。

また,シンガポールの労働雇用システムの変化については,政府の報告書か

第 9 章 シンガポール企業の女性管理職・役員の登用

図9-5 柔軟的な雇用システムを提供している事業所の比率の推移

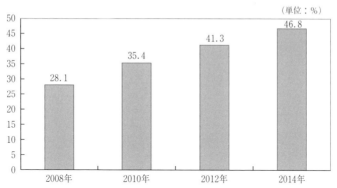

（単位：％）

（出所） Ministry of Manpower（各年）"Conditions of Employment" より筆者作成。

表9-1 柔軟的な雇用システムの内訳および提供事業所比率の変化

（単位：％）

年	全体	パートタイム	フレックスタイム	テレワーク	在宅勤務	ジョブ・シェアリング	時差出勤
2010	35.4	29.0	6.3	2.8	1.9	0.6	6.5
2012	41.3	33.2	8.2	7.5	4.0	0.8	0.5
2014	46.8	36.2	11.6	5.8	1.0	0.4	11.1

（出所） 同上。

ら確認することができる。シンガポール労働部門が発表した "Conditions of Employment" によると2008年から、居住者人材のうちパートタイム従業員が労働者全体の中で占めた比率は、2010年の9.0％（17万6700人）から2011年には10.5％（22万200人）に微増しており、シンガポール就労形態の柔軟化傾向を表している。図9-5、表9-1からわかるように、柔軟的な雇用システムで従業員を雇用する多数の企業は、パートタイム労働者を採用することが最も一般的手段である。それに対して、パートタイムが普及していない他種類の雇用システムとしては、時差出勤、フレックスタイム、テレワーク、在宅勤務、ジョブ・シェアリングなどが挙げられるが、2010年から2014年の間では安定せず、上下の変動が大きかった。

②出産休暇

出産休暇は，雇用法および児童育成共同貯蓄法（Children Development Co-Saving Act）によって規定されている。

有給出産休暇について，シンガポールでは過去において8週間から12週間に，そして2008年にようやく16週間に延長されたが，それでも，短い出産休暇となっている。雇用法によれば，初産または2回目の出産で，出産日以前の労働期間が90日以上の場合，産前4週間および産後8週間，計12週間の出産休暇が認められているほかに，出産休暇中の女性労働者の解雇も禁止されている。

③育児休暇

雇用法によれば，3カ月以上の労働期間があり，7歳未満の子をもつ場合，1年につき2日の育児有給休暇が認められている。そして，シンガポール国籍をもつ子の場合，児童育成共同貯蓄法が適用されることとなり，1年につき最大6日の育児有給休暇が認められ，雇用法より手厚い保護が措置される。また，2004年10月に施行された雇用法の改正により，子どもの数に関係なく，シンガポール国籍を有する7～12歳までの子どもをもつ従業員には，1年間につき2日間の有給休暇が与えられるよう規定された。親が子どもとより多くの時間を過ごせるよう，政府負担育児休暇（GPCL）制度が導入された。この制度は2008年10月に施行され，該当する父親および母親は，子どもが7歳になるまで毎年6日間，子どもが7～12歳までは毎年2日間の有給育児休暇を取ることができる。

シンガポールでは，日本のような育児有給休暇の制度はないため，多くの女性は出産休暇後，職場に復帰することが普通である。そして，育児中の女性の労働形態については，短時間勤務制度は6歳以下の子どもがいる公務員女性のみが対象となったため，企業で働く女性労働者に対しては，フルタイムで勤務するケースが多い。そして，性別にかかわらず雇用者の90％以上が週40時間以上働いている。女性たちがフルタイムの仕事に復帰できるもう一つの要因は前述したように，外国人家事労働者や家族などのサポートがあるため，働く女性の家庭負担が大幅に軽減されることであるが，長期的な視点からみると，このような働き方や共働き夫婦の長い労働時間は，シンガポールの労働市場には不

利な影響を与える障害要素である。また，育児中の女性が長期的にフルタイムで勤務することで，家庭と仕事の両立をどうしても調整できないときに，仕事を優先し，子どもの教育を外国人家事労働者に押しつけることが多いため，親は一時的に育児休暇制度を利用しても，雇用形態の影響で，子どもとふれあう時間が十分にとれない。

(2) 労働時間・賃金における男女格差

　上述したように，シンガポールでは，男女平等や少子化対策として様々な支援政策を充実させながら，出産・育児中の女性の労働環境に関する労働条件の改善，例えば，女性の育児制度，有給休暇制度の創設や柔軟的な雇用システムによる労働雇用制度を推奨している。**表9-2**では，1999年から2010年までのフルタイムとパートタイムで働いている男女労働者数の推移状況を表している。表9-2から，10年間で，全体のパートタイム労働者は約7万6000人から倍以上で増加した一方，女性のパートタイム労働者の割合は65％前後に定着している特徴もみてとることができる。

　ところが，多くの労働者はフルタイムからパートタイムに変更した結果として，就労時間が減った同時に，それに伴う収入も減少した。ここでは，筆者は，雇用形態別，すなわちフルタイムとパートタイムで働く男女別の労働時間と平均月収を比較し，現在のシンガポールの職場に存在する男女格差を明らかにしたい。まず，雇用形態別で労働者の就業時間について，近年の推移状況を**表9-3**で確認しよう。フルタイム労働者では，労働時間は2006年の48.4時間から2015年の47.1時間まで1.3時間の減少に対して，パートタイムの場合は2時間近く増加した。そして，2010年から，全体的にパートタイム労働者の就業時間は，フルタイム労働者のおよそ半分のままで移行する傾向もデータから読み取ることができる。

　次に，フルタイム労働者とパートタイム労働者の性別別賃金格差を考察する。**表9-4**で現れた時系列の統計結果をみれば，フルタイム労働者の男女賃貸の差は，2004年から年々拡大し，2014年ではフルタイムで働く女性社員の平均月収は男性より482シンガポールドル（約4万4000円）少ない。それに対して，

第Ⅱ部　アジア各国企業の女性管理職・役員の現状

表9-2　フルタイムとパートタイムでみる男女別就業割合の推移（1999-2010年）

年	男女計（人）				男性計（人）				女性計（人）			
	全体	フルタイム	パートタイム	%	全体	フルタイム	パートタイム	%	全体	フルタイム	パートタイム	%
1999	1,518,300	1,441,700	76,600	5.0	912,100	883,600	28,500	37.2	606,200	558,100	48,100	62.8
2001	1,582,500	1,500,600	81,900	5.2	938,400	910,200	28,200	34.4	644,100	590,400	53,700	65.6
2002	1,573,700	1,495,700	78,000	5.0	937,700	910,500	27,200	34.9	636,000	585,200	50,800	65.1
2003	1,605,400	1,506,400	99,000	6.2	948,700	911,100	37,600	38.0	656,700	595,300	61,400	62.0
2004	1,632,100	1,538,100	94,000	5.8	960,800	927,400	33,400	35.5	671,300	610,700	60,600	64.5
2006	1,796,700	1,684,400	112,300	6.3	1,036,500	998,000	38,500	34.3	760,200	686,400	73,800	65.7
2007	1,803,200	1,690,200	113,000	6.3	1,038,400	998,000	40,400	35.8	764,800	692,200	72,600	64.2
2008	1,852,000	1,725,200	126,800	6.8	1,053,600	1,009,700	43,900	34.6	798,400	715,500	82,900	65.4
2009	1,869,400	1,713,200	156,200	8.4	1,066,200	1,010,600	55,600	35.6	803,200	702,600	100,600	64.4
2010	1,962,900	1,786,200	176,700	9.0	1,106,600	1,044,800	61,800	35.0	856,300	741,400	114,900	65.0

（出所）　東京大学社会科学研究所，2012，『シンガポールの労働市場と社会保障制度』　http://web.iss.u-tokyo.ac.jp/gov/research/asia_ch11_singapore.pdf　2015年6月15日閲覧。

表9-3　雇用形態別就業時間の推移（2006-2015年）　（単位：時間／週）

年	2006	2007	2008	2009	2010	2011	2012	2013	2014	2015
全体	46.6	46.4	46.4	46.3	45.6	46.6	45.9	45.6	45.3	44.3
フルタイム	48.4	48.2	48.3	48.3	47.9	49.2	48.6	48.2	48.0	47.1
パートタイム	19.5	18.7	18.7	19.3	21.1	21.6	21.6	21.5	21.5	21.3

（出所）　Ministry of Manpower データベース（各年）により筆者作成。　http://stats.mom.gov.sg/Pages/ExploreStatisticsPublications.aspx　2015年6月15日閲覧。

　パートタイム労働者の場合では，男女別賃金の差の変化は上下変動しながら，2011年を除き，2009年以降は120シンガポールドル前後で変化している可能性が高いと考えられる。また，男女ともに，従業員の平均月収を就業時間で割って計算すると，2014年パートタイムの女性従業員の平均時給（10.3シンガポールドル）は，フルタイム（18.3シンガポールドル）の6割にすぎない。

　上記の統計データの考察結果からみると，現在シンガポールの労働市場では，男女格差は存在し，さらに今後拡大する可能性も十分あるため，日本でよくみられた「シンガポールの正社員における男女賃金格差は小さい」[3]という報告と全く逆の状況となる。したがって，従業員の能力や平等性を重視するシンガポールの労働政策は，やはり従業員の性別や雇用形態により区別することがあ

第❾章 シンガポール企業の女性管理職・役員の登用

表9-4 雇用形態別・性別別で平均月収の推移

(単位:シンガポールドル)

年	フルタイム			パートタイム		
	男性	女性	差額	男性	女性	差額
2004	2,449	2,204	−245	678	583	−95
2006	2,526	2,260	−266	600	552	−48
2007	2,750	2,449	−301	636	565	−71
2007*	2,712	2,449	−263	636	565	−71
2008	3,024	2,720	−304	680	585	−95
2009	3,000	2,754	−246	773	653	−120
2010	3,159	2,863	−296	825	692	−133
2011	3,441	3,099	−342	830	750	−80
2012	3,640	3,230	−410	885	779	−106
2013	3,915	3,480	−435	966	836	−130
2014	4,000	3,518	−482	1,000	884	−116

(注) 1:フルタイムには,社会積立金を含む。
2:フルタイムには,国民軍人は含まない。
3:2005年は,一般世帯調査の実施が行われなかったため,データは利用できない。
4:2007*はシンガポール統計局が2007年6月に公表された最新の人口推計値に基づいて調整後のデータである。
(出所) 表9-3に同じ。

り,今後のさらなる改善が必要となる。

第3節　女性管理職・役員登用の課題

　シンガポールは,近年,男性と女性の社会地位における格差が少ない国と評価される[4]。職場では,比較的高い正規雇用率,高い管理職の登用率,そして,小さい男女の賃金格差が,シンガポール女性労働の特徴として認識されている[5]。
　次に,本節では,現在シンガポールにおいて,女性人材を積極的に活用する企業の事例を通して,女性役員・管理職を登用する意義を強調する一方,関連統計データから,シンガポール全体における女性役員や管理職の登用実態を説明し,今後のシンガポールにおける女性役員・管理職の登用に関する課題を示したい。

（1）管理層に存在している男女格差

1980年代以後，シンガポール政府は頭脳立国といった国策を打ち出した後，男女共に高技能労働者の割合が増加した。2014年では，男性の高技能労働者は男性労働者全体の54.5％を占めたのに対して，女性の場合は51.3％で，男性とほぼ同じ水準に到達している（図9-6）。

そして，性別別で役員や管理職に登用された経営者や管理者の推移状況では，2004年以降，男女とも経営者・管理者の割合は，労働者全体が増加する傾向とは逆行し，年々低下していく傾向がある。労働者全体数では，2014年において，男性の経営者・管理者の割合は15％にも満たなかった状況に対して，同条件の女性の割合はわずか10.0％となった（表9-5）。この数値は，これまで海外の民間機関が行った調査結果(6)より低かった一方，シンガポール社会では，少子高齢化の深化に伴う若年層人材の育成問題も顕著になってきた。さらに，年齢層別や性別別で経営者・管理者の就業時間の推移状況をみると，近年，50歳以下の女性経営・管理者の就業時間は伸び，男性経営・管理者との差が縮小する傾向がみられる（表9-6参照）。

（2）女性人材を活用しているシンガポール企業の事例：EYシンガポール

①企業概要

EY Singapore(7)（以下，EYと略す）社は，世界中28地域に進出して経営問題を中心にグローバルにコンサルティングサービスを提供している。EY社の在シンガポール支社は，現在，2万3000人以上の社員を抱えており，この中で，女性社員が占める割合は2014年では57％となった。また，EYは若年層人材を重視する一方，毎年採用している若手人材の半数以上が女性である(8)。

シンガポール支社を含めるEYのHPでは，先進国や経済レベルが上昇中の途上国のみならず，アフリカ地域においても重視すべきであるタレントマネジメントに関する経営意識を強調している。そして，同社は独自の研究調査を行う上で，企業のパフォーマンスを向上するサービスを提供している(9)。さらに，同社が行った調査研究結果により，企業の労働雇用モデルにおける多様化・柔軟化を含めた管理の方式を採用したチームのパフォーマンスは，そうでない

第❾章　シンガポール企業の女性管理職・役員の登用

図9-6　同一性別における専門家・技術者・マネジャー・経営幹部の登用比率の推移（1980-2014年）

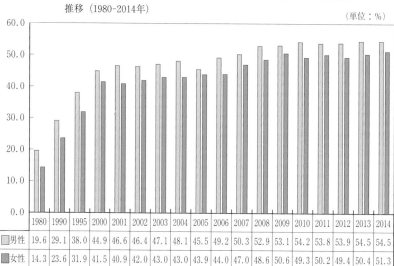

(単位：％)

	1980	1990	1995	2000	2001	2002	2003	2004	2005	2006	2007	2008	2009	2010	2011	2012	2013	2014
男性	19.6	29.1	38.0	44.9	46.6	46.4	47.1	48.1	45.5	49.2	50.3	52.9	53.1	54.2	53.8	53.9	54.5	54.5
女性	14.3	23.6	31.9	41.5	40.9	42.0	43.0	43.0	43.9	44.0	47.0	48.6	50.6	49.3	50.2	49.4	50.4	51.3

(出所)　Ministry of Manpower データベース（2015）により筆者作成。http://stats.mom.gov.sg/Pages/EmploymentTimeSeries.aspx　2015年6月15日閲覧。

表9-5　性別別で経営者・管理者人数・割合の推移（2004-2014年）

年	2004	2006	2007	2008	2009	2010	2011	2012	2013	2014
労働者全体	1,632.1	1,796.7	1,803.2	1,852.0	1,869.4	1,962.9	1,998.9	2,040.6	2,056.1	2,103.5
経営者・管理者数（千人）	151.4	187.3	185.0	210.4	207.5	266.4	278.4	276.5	271.9	267.5
経営者・管理者比率（％）	9.3	10.4	10.3	11.4	11.1	13.6	13.9	13.5	13.2	12.7
男性労働者	960.8	1,036.5	1,038.4	1053.6	1,066.2	1,106.6	1,118.8	1,138.1	1,142.3	1,161.0
経営者・管理者数（千人）	101.3	120.6	120.3	136.4	134.8	167.9	177.8	177.4	176.7	173.2
経営者・管理者比率（男性)[1]	10.5	11.6	11.6	12.9	12.6	15.2	15.9	15.6	15.5	14.9
経営者・管理者比率（全体)[2]	6.2	6.7	6.7	7.4	7.2	8.6	8.9	8.7	8.6	8.2
女性労働者	671.3	760.2	764.8	798.5	803.2	856.4	880.1	902.5	913.8	942.5
経営者・管理者数（千人）	50.1	66.8	64.7	74.0	72.7	98.4	100.6	99.1	95.3	94.3
経営者・管理者比率（女性)[3]	7.5	8.8	8.5	9.3	9.1	11.5	11.4	11.0	10.4	10.0
経営者・管理者比率（全体)[4]	3.1	3.7	3.6	4.0	3.9	5.0	5.0	4.9	4.6	4.5

(注)　1) 経営者・管理者比率（男性）は、男性経営者・管理者が男性労働者全体に占める比率である。
　　　2) 経営者・管理者比率（全体）は、男性経営者・管理者が全体労働者全体に占める比率である。
　　　3) 経営者・管理者比率（女性）は、女性経営者・管理者が女性労働者全体に占める比率である。
　　　4) 経営者・管理者比率（全体）は、女性経営者・管理者が全体労働者全体に占める比率である。
(出所)　図9-7に同じ。

第Ⅱ部　アジア各国企業の女性管理職・役員の現状

表9-6　年齢層別・性別別で経営者・管理者の就業時間の推移（2012-2014年）

(時間／週)

年齢層	2012年			2013年			2014年		
	男性	女性	男女差	男性	女性	男女差	男性	女性	男女差
各列(全齢層)の平均値	49.2	46.7	−2.5	48.9	46.4	−2.5	47.7	45.7	−2.0
25-29	48.7	46.8	−1.9	46.9	47.1	0.2	47.1	46.1	−1.0
30-39	49.4	46.7	−2.7	49.2	46.8	−2.4	48.3	46.2	−2.1
40-49	49.7	47.3	−2.4	49.4	46.4	−3.0	48.1	46.2	−1.9
50-59	49.3	46.8	−2.5	49.2	46.9	−2.3	47.8	45.2	−2.6
60以上	46.5	42.6	−3.9	45.5	41.1	−4.4	44.2	39.5	−4.7

(注)　フルタイムには、国民軍人は含まない。
(出所)　Ministry of Manpower データベース（各年）により筆者作成。http://stats.mom.gov.sg/Pages/ExploreStatisticsPublications.aspx　2015年6月15日閲覧。

チームよりも優れているという結果があったため、同社では、ダイバシティマネジメント意識を重視している[10]。

②女性管理職・役員の登用状況

2014年では、経営の意思決定権を有する女性は、管理職全体の女性の6割弱を占めている。EY における女性管理職・役員の登用率は、シンガポールのみならず、世界の中でもトップクラスに入る。

また、同社では、ヨーロッパ諸国でよく採用されたクオータ制ジェンダーダイバシティの考え方について、シンガポール自国の特殊性を合わせて分析した上で、シンガポールには適用できないと判断した。一方で、社内では、採用を担当するキーパーソンに男女差別のないよう教育しながら、外部人材の採用も活用し、能力のある女性人材を見出している。さらに、入社してきた人材に対して、性別にかかわらず、社員には自己学習や OJT の機会を均等に与え、採用・研修・昇進について公平な条件のもとで自由に競争し、個人能力を最大限に発揮できることを可能にしている[11]。

シンガポール企業で働いている労働者の中には、EY のように、専門職・管理職などの高技能職位に登用された外国人や女性のホワイトカラー人材も多数みられる一方、統計データからみると、現在、役員・管理職の女性と男性との賃金格差がたしかに存在している。さらに、労働時間においては、将来、管理

第 ❾ 章　シンガポール企業の女性管理職・役員の登用

層の女性は男性と同じ労働時間に接近する傾向から，シンガポールにおける女性労働政策は，男性労働者と同様な労働制度，すなわち，長時間労働や残業の前提で実現されるものといえるであろう。

注
(1)　独立行政法人労働政策研究・研修機構，2015。
(2)　独立行政法人労働政策研究・研修機構，1999,「海外労働情報-シンガポール」http://www.jil.go.jp/jil/kaigaitopic/1999_04/shingaporuP02.html　2015年6月10日閲覧。
(3)　一般財団法人自治体国際化協会，2015,「CLAIR REPORT No. 418：シンガポールの少子化対策」。
(4)　内閣府男女共同参画局，2009, 107頁。
(5)　同上，214頁。
(6)　ブルームバーグ　http://www.bloomberg.co.jp/news/123-M0FZ066K50Y401.html 2015年6月27日閲覧。
(7)　EY（Ernst & Young）は，世界各国で会計，税務や経営に関するコンサルティングサービスなどのプロフェッショナル・サービス事業を展開する有名なグローバル専門企業である。現在，EY は世界中の約150カ国の約700都市に進出し，業務を展開している。本拠地は英国のロンドンである。EY シンガポールの公式サイト http://www.ey.com/SG/en/
(8)　PPWE and SCE, 2014, *50 Leading Companies for Women in APEC*, Washington CORE L. L. C. Bethesda.
(9)　http://www.ey.com/SG/en/Issues/Talent-management　2015年6月20日閲覧。
(10)　http://www.ey.com/SG/en/Services/Tax/EY-singapore-budget-thought-leadership-workplace-flexibility　2015年6月20日閲覧。
(11)　http://www.ey.com/SG/en/Issues/EY-spotlight-on-business-articles-no-simple-panacea-in-gender-quotas　2015年6月20日閲覧。

引用参考文献
独立行政法人労働政策研究・研修機構，2015,『データブック国際労働比較2015』。
内閣府男女共同参画局，2009,「諸外国における政策・方針決定過程への女性の参画に関する調査」。

（石　錚）

第Ⅲ部

欧米各国企業の女性管理職・役員の現状

第10章
アメリカ企業の女性管理職・役員の登用

第1節　女性役員登用の推進

　企業における女性役員登用比率は，国家体制（社会保障政策，雇用政策），文化上の態度（風習や価値観），経済情勢などの要因により国家間で大きく異なる。まず，アメリカ企業の女性管理職を業務内容別にみると，女性の割合は管理職，専門職レベルではほぼ半数を占めるが，上位レベルになるにつれてその割合は低くなる（表10-1）。さらに役員比率について2014年のカタリスト調査「女性役員（Women Board Directors）」でみると，S&P 500 銘柄企業の女性役員の割合は19.2％であり[1]，MSCI ESG Research の「2014年女性役員調査（2014 Survey of Women on Boards)」では2013年の16.9％から上昇して19.0％となっている[2]。さらに Grant Thornton の2015年の国際ビジネスレポート「ビジネス界の女性——リーダーシップへの道（Women in business: the path to leadership）」では20％となっている[3]。女性役員の割合は銘柄企業により異なるが，推移をまとめた過去2008年から2013年までのデータではいずれも一貫して伸びている（図10-1）。

　上記 Grant Thornton のレポートによると，女性役員輩出は業種との関連性が高く，そのため地域差が生じている。女性役員を比較的多く輩出しているのは，一般消費財，生活物資関連企業と公益企業で，逆にエネルギー，IT 関連では少ない。したがって消費者製品関連企業の多いアメリカ中西部においては役員レベルでのジェンダーダイバシティが高く，エネルギー・テクノロジー部門の企業が多い山間部，南部，西部では男性が優位である。すなわち，産業ベースのイニシアチブにより地域差が生じており[4]，そのため上層部が男性優位すぎる場合にはダイバシティ化を図るために「Cスイートレベル」[5]以下から女

第Ⅲ部　欧米各国企業の女性管理職・役員の現状

表10-1　雇用者総数と女性管理職の割合　　　　（単位：千人，％）

	雇用者総数	女性
16歳以上総数	143,9294	47
管理職，専門職関連 （Management, professional, and related occupations）	54,712	51.4
管理，ビジネス，金融統括関連 （Management, business, and financial operations occupations）	22,794	43.4
管理職業務 （Management occupations）	16,037	38.2
チーフエグゼクティブ （Chief Executives）	1,520	26.8
総合統括管理職 （General and operations managers）	1,075	28.1

（出所）　HOUSEHOLD DATA ANNUAL AVERAGES Employed persons by detailed occupation, sex, race, and Hispanic or Latino ethnicity, Bureau of Labor Statistics 2014 より作成。

図10-1　女性役員割合　　　　　　　　　　　　（単位：％）

年	S&P 500	S&P 1500	S&P 1500 ex S&P 500	Russell 3000	R3K ex S&P 1500
2008	15.6	12.7	10.8	10.3	7.5
2009	15.6	12.6	10.7	10.5	8.0
2010	15.9	12.8	10.9	10.8	8.4
2011	16.3	13.1	11.2	11.0	8.4
2012	17.0	13.8	11.8	11.6	8.8
2013	17.9	14.5	12.5	12.2	9.4

（出所）　Edward Kamonjoh, *Gender Diversity on Boards : A Review of Global Trends*, September 25, 2014
http://www.issgovernance.com/file/publications/2014-iss-global-board-diversity-report.pdf

性役員を登用する必要があるとされる。全般にみて，女性役員を登用していない（女性役員ゼロ）企業の割合は2012年の30％から2015年の22％へと減少しており，女性役員の登用に関しては着実に前進しているといえる（図10-2，表10-2）。

第10章　アメリカ企業の女性管理職・役員の登用

図 10-2　女性役員比率による産業割合

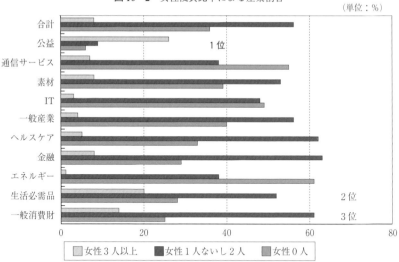

（出所）Michelle Lamb and Kimberly Gladman, *Variation in Female Board Representation within the United States*, July 21, 2012 in Research Reports―GMI, 2012, p. 8 より抜粋作成。
http://go.gmiratings.com/rs/gmiratings/images/GMIRatings_WOBbyState_072012.pdf

表 10-2　女性役員比率による産業割合　（単位：％）

	女性0人	女性1人ないし2人	女性3人以上	
一般消費財	25	61	14	
生活必需品	28	52	20	
エネルギー	61	38	1	
金融	29	63	8	
ヘルスケア	33	62	5	女性役員比率が比較的高い産業
一般産業	40	56	4	
IT	49	48	3	
素材	39	53	8	
通信サービス	55	38	7	
公益	6	9	26	
合　計	36	56	8	

（出所）Michelle Lamb and Kimberly Gladman, *Variation in Female Board Representation within the United States*, July 21, 2012 in Research Reports―GMI, 2012, p. 8 より抜粋作成。
http://go.gmiratings.com/rs/gmiratings/images/GMIRatings_WOBbyState_072012.pdf

女性役員登用の理由の一つに推進運動の活発化が挙げられる。女性活躍推進先進国アメリカでは，これまでもカタリストの女性役員イニシアチブ運動（Catalyst's Women on Board initiative）などが繰り広げられてきた。さらに近年には「2020年までに女性役員の割合を20％以上にする」国家キャンペーンである「2020女性役員（2020 Women on Boards）」もある。これは草の根運動から生じ，2010年にボストンで提唱されて2011年には全国へと拡大したキャンペーンである[7]。また，同年（2011年）には「30パーセント連合（The Thirty Percent Coalition）」という全米連合組織も誕生している。この組織は幹部社員，全米女性組織，機関投資家，コーポレートガバナンス専門家や役員から構成される連合で，役員会のダイバシティを要求し「上場株式企業における女性役員を（2016年までに）30％にする」目標を掲げている[8]。

ほかにも，リードオン・シリコンバレー・ウォーターマーク女性会議（Lead On Silicon Valley Watermark Conference for Women）は注目に値する。この会議はサンフランシスコ・ベイエリアの女性役員たちの会ウォーターマーク（Watermark）が主催し，2015年3月に第1回が開催された。そこでは元国務長官ヒラリー・ロダム・クリントン氏の基調講演・トークセッションをはじめ，様々な女性リーダーの講演や分科会が催され，女性役員増加のための女性活躍提唱や女性役員とリーダーシップを推進する議論，意見交換，情報共有を活発に行い，活躍推進の士気を高めた[9]。このように，アメリカ社会では，企業における女性役員推進キャンペーンやイニシアチブは民間団体が牽引力となって活発に推進されている。

第2節　女性役員の登用とジェンダーダイバシティ

アメリカ社会では男女同権が追及され，人種問題とも相まってダイバシティ社会を形成してきた。女性の労働市場進出のための法制度改革が進み，1963年の「男女平等賃金法（The Equal Pay Act of 1963）」制定（性別を理由とする賃金差別の禁止），1964年の公民権法第7編（Title VII of the Civil Rights Act of 1964）の制定，そして雇用機会均等委員会（Equal Employment Opportunity Commission：

EEOC) の権限強化がみられた。応募・採用段階での個人への不利益な取扱いに対して EEOC の救済申立てや提訴が可能になり，訴訟された企業は財政的・社会的に大きなダメージを受けるようになった。また，1991年には企業，女性代表，議員などの三者構成でグラスシーリング委員会が発足した。そこでは調査報告と提言が行われ，女性上級管理職登用を阻む壁には3要因があると示された。

　①社会的障壁（教育機関における問題，女性の家庭責任）
　②政策的障壁（女性の昇進の実態に関する資料・データ不足，法的不備や対策不足）
　③企業内の構造的障壁（女性を発掘しようとする意図のない募集・採用慣行，「ガラスの天井」のある企業風土）

　法制度の整備によって実質的に雇用差別が禁止され，女性登用がより進展し，後述の教育要素も寄与して女性管理職数が増加した。「ガラスの天井」に挑み続け女性管理職層が厚みを増してきた2000年頃からは特に役員レベルへの登用に焦点が当てられ，上述のような役員推進運動がみられるようになっている。アメリカのジェンダーダイバシティは，このように民間の推進運動，国家の法制度により推進されてはいるが，欧州のような役員割合のクオータ制を取っていない。あくまでも自由主義経済と民間の強力な推進運動が原動力となっている点が特徴である。特に企業内の女性登用上の株主や投資家への利益要因の影響は特記すべきである。2014年の ISS レビューによると，2009年にはアメリカ証券取引委員会（the U. S. Securities and Exchange Commission：SEC）が役員会のダイバシティに関する株主総会召集通知書の情報開示条項を規則化し，関連方針，方針実施法，あるいは選考委員会や役員会の方針の効果に対する評価の開示を含む役員候補を明らかにするあらゆるプロセスで，企業選考委員会がどの程度ダイバシティに留意しているかの情報開示を求められるようになった。同レビューによると，「アメリカ企業における女性役員登用増加の勢いは株主自身から生じており，企業との直接関与の形はもとより，特に女性やマイノリティを役員候補に含める要求や，運営規約に役員候補の包含方針採択のダイバシティを提唱する株主議決権を行使する形で履行されている」。さらに，この

図10-3 女性役員登用による利益率

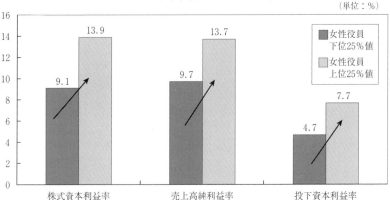

（出所）Catalyst, *The Bottom Line : Corporate performance and women's representation on boards* より作成。
http://catalyst.org/system/files/The_Bottom_Line_Corporate_Performance_and_Womens_Representation_on_Boards.pdf, Catalyst 2007.

レビューによると，「2008年以降，約100の議決がアメリカ企業の役員会のダイバシティを議題として提出され，半数は多くの公的ファンドおよびSRIファンド会社によって2013～14年に提出された」。この議決は主として前述の30パーセント連合関連の投資家が調整したキャンペーンによるが，株主は2008年以降提出した100議案の8割は企業からダイバシティ化のコミットメントを得るか建設的対話があった後に撤回されている。株主のダイバシティ提案には投資家も同意しており，2008年以降は平均27％の賛同を得ている[17]。このように，アメリカで女性役員登用が増した直接的要因として株主や投資家の影響は顕著である。そこには自由主義経済の考え方が根底にあると考えられる。

ジェンダーダイバシティと企業パフォーマンスが正の相関関係にあることを示唆する研究のうち，カタリスト2007年のフォーチュン500社を対象にした調査では，女性役員と利益率間に明確な正の相関関係がみられる。女性役員を登用した場合，株式資本利益率，売上高純利益率，および投下資本利益率すべてが増加傾向を示す結果となっており[18]（図10-3），3人以上の女性役員登用による利益率も，株式資本利益率16.7％（平均11.5％），売上高純利益率16.8％（平均11.5％），投下資本利益率10.0％（平均6.2％）といずれも平均を上回っている

第10章　アメリカ企業の女性管理職・役員の登用

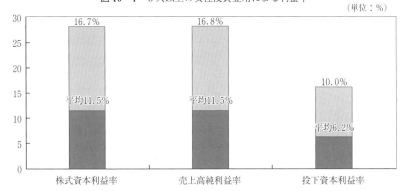

図10-4　3人以上の女性役員登用による利益率
（単位：％）

（出所）　Catalyst, *The Bottom Line : Corporate performance and women's representation on boards* より作成。
http://catalyst.org/system/files/The_Bottom_Line_Corporate_Performance_and_Womens_Representation_on_Boards.pdf, Catalyst 2007.

（図10-4）。ただし一方で，女性役員と業績についての先行研究には複雑化した要因分析では関係性がみられないとの研究結果もあり，相関については賛否両論ある。そのような状況下，役員室のダイバシティについてのパネルディスカッションでの CE Partners のチャールズ・キング（Charles King）の発言にはダイバシティの本質が的確に集約されており，その点で注目に値する。

　「価値あることを証明するのに統計はいらない。そこにこそ，ビジネスリーダーシップが根ざさねばならない。」（"it doesn't take statistics to prove when something is worth doing-that's where business leadership must take root."）[19]

アメリカの自由主義経済の企業戦略があくまでもジェンダーダイバシティの意義と理念下にあるとの見方を呈しているのである。

第3節　女性の意識変革とキャリア形成への意欲

現在，個人的見解は別にして，アメリカ社会で男女平等について異論を唱える風潮は，ほぼ皆無であるといっても過言ではない。ジェンダーダイバシティの充実に向けて教育とキャリア形成が重視された。アメリカで男女平等に寄与した重要な要因として，教育改革法第9編（Title IV of the 1972　Educational

Amendment)が挙げられる。この法律以前は，男性は自然科学分野で，女性は人文系分野を主として教育が施されていたが，この改革により，連邦助成金の交付を受けた教育機関や教育制度における入学，科目履修，奨学金付与，進路指導，カウンセリング等では性差による固定観念を一切排除し，性差別を禁止した。それにより，男女で大きく異なっていた専攻分野や教育レベルの差が徐々に縮小していった。ビジネス界で成功の鍵と考えられる経営修士号を含む修士号取得者数は2007～08年に62万5023人中，女性が37万8532人（60.6％）となった。博士号取得者数でも女性が男性を上回り（51.0％），女性の学歴は男性と同等になっている。現在では，女性登用の弱い理数系に力が入れられ，STEM[20]教育が推進されて，数の少ない理系女性が徐々に増加傾向にある。高学歴女性の中にはキャリア形成の段階で配偶者との関係により自らの選択（opt out）として専業主婦となる女性たちも存在するが，全体としては女性の自立を含む多様な人材が共生できるような取組み・運動・学術研究がなされ，女性のキャリア形成を推進する風潮が色濃い。

　このような教育レベルと内容によって，専門知識を有する女性が企業社会に数多く輩出されるようになった。個人レベルでは上級管理職や役員を目指す意識が完全に浸透するには時間を要する。そのため，多くの企業セミナーの中心に意識啓発がおかれ提供されている。女性役員までのキャリア形成に意識改革は不可欠である。これは多くの女性に潜在的かつ無意識に男性よりも自分が優位に立たないようにインプットしてしまう傾向があるためである。つまり，女性の多くは自分に能力があり成功しても，単に運やタイミングがよかっただけで，自分は周囲に対して，実際以上に能力があると思わせて欺く「詐欺師」だと考えがちで，評価や成功に値しないと思い込む心理状態に陥ってしまう。これは，「インポスター・シンドローム（詐欺師症候群[21]）」と呼ばれ，キャリア形成をしていく女性たちには共感しやすい心理である。この現象はこれまでの社会慣習や風潮，教育によって，女性の意識への刷り込みから生じている。したがって，女性がキャリア形成するには，このような意識のネガティブな刷り込みを払拭し，ポジティブな意識へと転換していくことが肝要である。

　そのためにも意識改革セミナーや職場での人間関係でのポジティブ要因の創

造が重要である。とりわけ,女性には企業内での「スポンサー」が必要といわれる。女性活躍推進領域での「スポンサー」とはメンター以上の存在で,実際にキャリア形成上,自分を引き上げてくれる人を指す。女性役員に登用されるためには,スポンサーをもつことが肝要であると考えられており,アメリカ企業社会では個々人が意識改革や人間関係のネットワーク形成支援に留意して働きかけながら,女性役員へのステップアップを心掛けている。

　では,個人レベルで役員や上級管理職になっていくにはどのようなキャリア意識が必要だろうか。実際にアメリカ社会でトップレベルまでキャリア形成したある女性A氏のケースにより女性役員となる要因のヒントを探る。

　A氏はコミュニケーションの重要性を認識し,アメリカボストン大学大学院に1992年に入学し,マーケティング&コミュニケーション専攻で修士号を取得した。卒業後は大手IT企業のマーケティング,ソフトウェア企業のアジア環太平洋地域マーケティング部門を経て,ICT企業の副社長・海外部門担当となり,現在はシリコンバレーの中心地にあるベンチャー・キャピタル会社のパートナー(共同経営者)である。アメリカ社会での働き方は,一般の企業がそうであるように,退社は17時半頃が可能で,あとは家庭で(深夜)1～2時頃まで仕事をするというスタイルである。長時間労働であっても,家庭人であることを重視し,「バランスのとれた人(whole person)」となることを心掛けてきた。夫と2人の息子がいて食事作りにも手を抜かない。キャリア形成時期の子育てについては,ベビーシッターなどの手を借りながら奔走した。人に喜ばれることが好きということと仕事の醍醐味があることが原点である。一緒に人と何かを成し遂げたいという気持ちが強かった。「責任と自由は比例する」とA氏は語る。ワーキング・マザーである母親に影響を受けた。「女性の自立,本当の意味での自由は経済的自立が大前提」と。A氏の母親は,A氏の父親の家業を手伝う会社経営に従事しながら,きちんと1日3食を毎日準備したキャリアと家庭のバランス感覚のとれた人であった。A氏がパートナーまでキャリア形成し成功を収めたのにはそのような母親の生き様の影響が大きいと考えられる。

　A氏は大学院卒業後勤務した巨大IT企業で,「自分のチーム,会社,社会

図10-5 人材育成の特徴

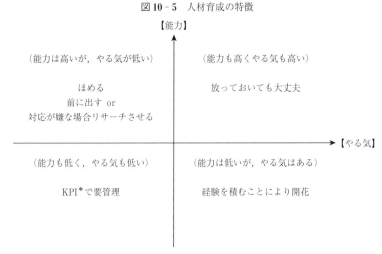

＊Key Performance Indicators（重要業績評価指標）

に対する付加価値創成を考え，企業にとって不可欠な人材になること」を学んだ。その後，さらにキャリア形成を別のIT関連（ソフトウェア／ネット）企業で積み，大手企業の海外ジョイントベンチャーとの橋渡しをするポジションへ転職。高いコミュニケーション能力を評価されての転職であった。海外との戦略パートナーを提案し，着実に成果を出した結果，2008年副社長に昇格。その後，さらにやりがいのある仕事を求めて安定した巨大有名企業での仕事から現職のパートナーへと転身し，エキサイティングな新天地で挑戦し続けている。仕事内容はアメリカや海外で起業した会社への投資と海外への橋渡し，およびビジネス創成や研修を手掛けている。A氏の現在の職務では，人材育成という意味からは，投資家企業を対象にした指導に留まっているが，以前の職場を含むこれまでの職務経験から，A氏が人材育成に気配りをする働き方をしてきたといえるだろう。A氏によると，人材育成上の特徴は上記のようなマトリックス（図10-5）にまとめられる。A氏は，女性の視点が入ることにより経営に深みが増すと考え，男女の役割を尊重しながらコミュニケーションを図ることを重視している。このようなマトリックスで人材を育成していくことも，ダイバシティのある組織運営に関わる上層部の任務の一つであるといえるだろう。

第10章　アメリカ企業の女性管理職・役員の登用

　A氏はキャリア形成への意識が高い。個人の経験から自らを育て、また後身や他者を育てており、まさに責任とキャリア上の自由を体現しているといえる。A氏はメンター・スポンサーから得た機会を手中にしていった。果敢に挑戦し続ける強い意志が、キャリアアップへの鍵であることを示している。

第4節　キャリア推進の実情と課題

　本章では、アメリカでの女性役員登用を、役員推進、ジェンダーダイバシティ、そして女性の意識変革・キャリア形成面から考察した。
　女性役員の推進は多様な社会での人権の側面から始まり、職場でのダイバシティ推進、意識高揚、法制度の整備、そして企業行動を伴い進められてきた。ただし、産業間において役員率にはばらつきがあり、これを解消するには、さらなる法制度の拡大、意識高揚と職場でのサポートが必要である。多様で個人ベースなこの社会では民間主導でこの課題を先導しようとする気概があり、民間の団体、および個人・草の根レベルのすべてにおいてその意識が高い傾向にある。企業においては株主・投資家の影響が自由主義経済の企業利益面での影響であるアメリカ証券取引委員会（SEC）による役員会のダイバシティ情報開示条項の拡大についての内容を確認した。また、ダイバシティ理念の存在についての特徴を明らかにした。今後は、役員会におけるジェンダーの定義、扱いについて規約化されれば一層の女性役員登用につながるであろう。
　意識変革と教育面では、教育の推進による女性の高学歴化と専門分野の変化が女性の雇用市場への参入を容易にしたことを考察した。また、職場では個人の意識高揚は教育研修を通して行い、職場のメンターおよびスポンサーシップを通して高められている。今回実施した女性パートナーの聞き取りケース例からも個人の意識改革やコミュニケーション能力が仕事の遂行上、重要な要因であることが読み取れた。
　女性役員・女性上級管理職レベルのケースから示唆される今後の課題は、さらなる女性登用数の拡大と育児支援制度の一般化である。国家政策としての育児支援制度をもたないアメリカの現状についてのワークライフバランスで生活

の私的側面のサポートを行うことは重要課題である。この論議を今回は割愛して役員比率をダイバシティ推進に焦点を当てて論じたが，今後はさらにワークライフバランス側面も加えて包括的な面からこのテーマの進展を吟味する必要性があるといえる。アメリカで目標として掲げられている「2020問題」――2020年までの女性役員率20％達成はすぐ目前である。

> [付記]　本研究は，日本学術振興会科学研究基盤研究（C）（H 25～27）研究課題名：「国際比較からの新理論の構築によるダイバシティマネジメントの類型化と人事政策の立案」（課題番号25380553）の研究成果の一部である。また，巨大IT企業，大手ICT企業の副社長を歴任しアメリカの起業家精神の最先端の地でグローバルに活躍する共同経営者に聞き取り調査にご協力いただけたことは大変な幸運であった。A氏はじめ本調査実現にご尽力いただいた関係各位にこの場をお借りして心よりお礼申し上げる次第である。

注

(1) Catalyst, *2014 Catalyst Census: Women Board Directors*, http://www.catalyst.org/system/files/2014_catalyst_census_women_board_directors_0.pdf.

(2) MSCI ESG Research, Governance Issue Report 2014 Survey of Women on Boards, November 2014. http://30percentclub.org/wp-content/uploads/2014/11/2014-Survey-of-Women-on-Boards-1.pdf

(3) Grant Thornton, *Women in business: the path to leadership*, Grant Thornton International Business Report 2015. http://www.grantthornton.global/press/press-releases-2015/women-in-business-2015

　http://www.grantthornton.global/globalassets/insights/ibr/ibr2015_wib_report_final.pdf

(4) Michelle Lamb and Kimberly Gladman, *Variation in Female Board Representation within the United States*, July 21, 2012 in Research Reports-GMI, 2012. http://www.boardagender.org/files/GMI-Ratings-July-2012-Variation-in-Female-Board-Representation-in-the-US.pdf

(5) CEO, CFO, COO など，経営を司っている経営幹部レベルのこと。

(6) Grant Thornton, *Women in business: the path to leadership*, Grant Thornton International Business Report 2015. http://www.grantthornton.global/globalassets/insights/ibr/ibr2015_wib_report_final.pdf, p. 7.

(7) http://www.2020wob.com/about
(8) http://www.30percentcoalition.org/
(9) https://www.leadonca.org/conference/
(10) EEOCの権限は，具体的な判断基準や制裁措置を欠く弱いものから，雇用者への停止命令や被害者代理での連邦裁判所への民事訴訟が可能な形へと，強化された。
(11) Glass Ceiling Commission, 1995, Good for business : Making full use of the nation's human capital, Fact-finding report of the Glass Ceiling Report. http://www.witi.com/research/downloads/glassceiling.pdf
(12) 中村艶子, 1994,「アメリカの女性の職場進出――女性管理職数増加の背景と要因」『同志社アメリカ研究』同志社大学アメリカ研究所，第31号，69-77頁を参照のこと。
(13) 欧州連合（EU）では2020年までに監査役会役員の40％を女性とする義務化提案をした。European Commission http://ec.europa.eu/justice/newsroom/gender-equality/news/121114_en.htm　2012年11月12日閲覧。
(14) Edward Kamonjoh (report author), Institutional Shareholder Services Inc., *Gender Diversity on Boards : A Review of Global Trends*, September 25, 2014. http://www.issgovernance.com/file/publications/2014-iss-global-board-diversity-report.pdf
(15) 「ダイバシティ」の定義は企業側に委ねられているため，アメリカ企業の役員会のジェンダーダイバシティについては疑問視する声もある。
(16) Edward Kamonjoh (report author), Institutional Shareholder Services Inc., *Gender Diversity on Boards : A Review of Global Trends*, September 25, 2014, p. 4. http://www.issgovernance.com/file/publications/2014-iss-global-board-diversity-report.pdf
(17) 同上 pp. 4-5.
(18) Catalyst, *The Bottom Line : Corporate performance and women's representation on boards*. http://catalyst.org/system/files/The_Bottom_Line_Corporate_Performance_and_Womens_Representation_on_Boards.pdf, Catalyst 2007.
(19) Think Tank on Boardroom Diversity, CORPORATE BOARD MEMBER THIRD QUARTER 2012, p. 51.
(20) science, technology, engineering, and mathematics の頭文字。技術開発のための理系教育内容で用いられる。medicine を語尾に加えて "STEMM" や, art を加えて "STEaM（あるいは STEAM）" とする場合もある。
(21) impostor syndrome という綴りや fraud syndrome という呼称もある。

⑵ 現在の日本語では，このスポンサーは「(資金面での) 後援者」という意味で認識されていることが多いが，現在のアメリカでは意味がここでの文脈のように変遷している。
⑶ 現地聞き取り調査，カリフォルニア州にて2015年2月22日実施。

引用参考文献

竹内一夫，1984，『アメリカの平等雇用　日本への教訓』中央経済社。

Catalyst, *2014 Catalyst Census : Women Board Directors*, 2014年10月データ。http://www.catalyst.org/system/files/2014_catalyst_census_women_board_directors_0.pdf

Corporate Board Member, "Think Tank on Boardroom Diversity," CORPORATE BOARD MEMBER THIRD QUARTER 2012, pp. 48-53. http://law.wustl.edu/news/documents/ThinkTank.pdf

Grant Thornton, *Women in business : the path to leadership*, Grant Thornton International Business Report 2015. http://www.grantthornton.global/press/press-releases-2015/women-in-business-2015 ; http://www.grantthornton.global/globalassets/insights/ibr/ibr2015_wib_report_final.pdf

MSCI ESG Research, Governance Issue Report 2014 Survey of Women on Boards, November 2014. http://30percentclub.org/wp-content/uploads/2014/11/2014-Survey-of-Women-on-Boards-1.pdf

Pauline Rose Clance & Suzanne Imes, The Imposter Phenomenon in High Achieving Women : Dynamics and Therapeutic Intervention, *Psychotherapy Theory, Research and Practice* Volume 15, #3, Fall 1978.

Sheryl Sandberg ; with Nell Scovell, 2013, *Lean in : women, work, and the will to lead*, WH Allen.

(中村艶子)

第11章
フィンランド企業の女性管理職・役員の登用

第1節 北欧諸国における女性役員の概況

(1) 北欧諸国の高い女性役員比率

まず，この節では，北欧諸国全般における企業の女性役員の動向について概観しよう。北欧諸国では豊かな経済力を背景にして，男女平等を重要視しており，女性の様々な分野への参画を実現している。これらは以下のような数値となってあらわれている。

例えば，世界経済フォーラム (World Economic Forum) の「The Global Gender Gap Report 2014」における男女格差を測るジェンダー・ギャップ指数 (Gender Gap Index：GGI) のランキングによれば，第1位のアイスランドを筆頭に，2位フィンランド，3位ノルウェー，4位スウェーデン，5位デンマークと北欧諸国が軒並み上位を占めている。これらの北欧諸国は経済，教育，政治および保健などのあらゆる分野において，高い数値が示されている。ちなみに日本は142の国の中において108位である。

このような北欧諸国における男女平等の進んだ実態を反映して，企業における女性役員の占める比率はたいへん高くなっている。フィンランド商工会議所 (Finland Chamber of Commerce, 2014) の調査結果によると，1位ノルウェー (40.7%)，2位ラトビア (31.4%)，3位フランス (29.7%)，4位フィンランド (29.0%)，5位スウェーデン (27.1%) となっている。デンマークが14.7%で17位に下がるものの，女性役員比率のランキングにおいても北欧諸国が上位を占めている。

(2) 各国の女性役員の増加のための取組み

　北欧の国々は，企業における女性役員の比率を高めるために，これまでに様々な施策を実行してきた。施策の方法は各国共通であり，アファーマティブ・アクションによるものである。しかし，その具体的な展開は，法律による規制，もしくは，産業界を中心とした自主規制と，大きく二つに分かれる。

　法律による規制では，構成員全体における女性の比率を定める，いわゆる「クオータ制」が主流である。また自主規制による取組みでは「コーポレートガバナンス・コード（上場企業の企業統治方針）」が活用されている。ノルウェーとデンマークは法規制のクオータ制を採用しており，スウェーデンとフィンランドがコーポレートガバナンス・コードを採用して実行している[1]。

　とりわけ，ノルウェーでは女性役員の占める比率が最も高いが，これは厳格なクオータ制による効果である。ノルウェーでは，2003年に会社法が制定され，2004年から国営企業における取締役の比率は男女どちらの性も40％以上にすることが義務づけられた。民間企業においても適用されたが，当初は法律による拘束力はなく，企業の自主的な取組みが期待された。しかし，進展がさほどみられなかったため，2005年に会社法が改正され，さらに2006年に規制が強化され，約400社の上場企業，国有企業，共同会社を対象に，男女それぞれの取締役を2008年までに40％以上とするよう義務化された。この法律違反に対する罰則は厳しく，「警告」から「罰金」そして最終的には「会社の解散」にまで及んでいる。

　また，フィンランドの女性役員の比率の高さは，2008年に強化されたコーポレートガバナンス・コードによる成果である。ノルウェーとフィンランドの結果からみて，アファーマティブ・アクションは，かなりの効果を上げることがわかる。

(3) ノルディック・ミステリー（北欧の謎）

　しかし，上記のような北欧諸国の企業における女性役員の比率の高さは，そのまま経営執行役員や CEO の数の多さにつながっていない。北欧諸国においては，手厚い育児支援など働く女性に対する様々な機会均等政策にもかかわら

ず，それは必ずしもビジネスの主要部門への女性進出に結びついていない。このことをノルディック・ミステリー（北欧の謎）ということもある(2)。

特にノルウェーでは，高い女性役員の比率を実現しているが，批判的な意見も少なくない（Ahern and Dittmar, 2012 ; Finland Chamber of Commerce, 2014）。その内容の概略は以下のとおりである。①クオータ制による女性役員の増加がCEOや事業運営を担う人材の増加に結びついていない。②女性の中に役員にふさわしい適切な人材が少ないために，ひとりの女性が複数の企業で役員を兼務することになる（「ゴールデンスカート」現象といわれる）。そのため女性役員は兼務により多忙となり業務が空洞化しやすくなる。このことは女性役員にとってもキャリアを構築していくためにマイナスとなる。③女性役員の比率が高い企業の株価の低下や営業成績の悪化がみられる。④非上場企業はクオータ制の対象外であるため，上場企業がクオータ制を避けるために非上場企業に移行する事例もみられる，などである。

また，デンマークを対象にした研究であるが，女性取締役は，もとより数合わせの「お飾り（Tokenism）」であったが，業務・職務の遂行に実態が伴わない場合もあり，その点が批判されることもある（Torchia et al., 2011）。

アファーマティブ・アクションの施策を採用する国は，上記のような問題に，多かれ少なかれ直面しているであろう。ここをいかに解決していくかが，女性役員の本格的活躍の礎であるともいえよう。

第2節　フィンランドにみる女性取締役の現状

（1）フィンランドの取締役会の仕組み

ノルディック・ミステリー（北欧の謎）は，フィンランドにもみられる。フィンランドにおいても女性CEOはごくわずかである。しかし，女性役員の登用に関しては，今のところ，企業側からの評価は好意的なようである（Finland Chamber of Commerce, 2014）。また，女性取締役のモチベーションも高く，女性の取締役の家族構成は男性取締役と差異はなく，仕事と家庭が両立（ワークライフバランス）しているとした調査結果もある（Virtanen, 2010）(3)。

このように，女性役員の登用に関して，比較的，成功しているフィンランドであるが，女性取締役の経歴には偏りがみられるなどの問題もある。本節では，フィンランドのケースを，Finland Chamber of Commerce (2014) により考察してみよう。

フィンランドにおける取締役会は，一層制 (one-tier) であり，株主総会，監査担当者，取締役会，最高経営責任者 (CEO) によって構成されている。ほとんどすべての取締役は，非業務執行取締役（業務執行以外の取締役：non-executive）である。また，執行役員チーム (Executive Management Team) は，会社法により明確に明文化はされていないが，実際には CEO を補佐し，会社の経営組織に重要な役割を果たしている。

フィンランドの取締役会は，経営陣を監督する役割が大きい。取締役のうち，その企業内に経歴のある者の割合は10％にすぎず，90％の取締役は企業外から選出されている。企業内に経歴がある場合は，CEO を引退した後に取締役になっているケースが典型的である。

（2）コーポレートガバナンス・コードの役割

フィンランドは，2004年にクオータ制が導入され，国有機関，政府の委員会，作業グループ，諮問機関，委員会，自治体機関など公的機関を対象に，それぞれの性を40％以上にすると規定された。そして2006年には，国有企業幹部の女性の比率は達成され，2011年には45％になった。

さらに，フィンランドでは，2003年に世界で初めて「取締役会に男女双方の性別が存在すること」がコーポレートガバナンス・コードに盛り込まれた。その後2008年には，コーポレートガバナンス・コードはさらに改正され，取締役会に男女双方の役員が整備できない場合には，その理由を，年次報告書かウェブサイトにおいて説明する義務が求められた。このコーポレートガバナンス・コードは，政府の立法による規制ではなくて，あくまでも自主規制 (self-regulation) である。

フィンランドにおける女性取締役の数は，2008年以降に急増しているが，これは，まさしくコーポレートガバナンス・コードの果たした役割である。

（3）急上昇する女性取締役の比率

フィンランドでは取締役会に男女双方が存在する企業は，2008年に51％であったが，2014年には91％にも達している。また，**表11-1**のように，取締役に占める女性の割合も2003年には7％にすぎなかったが，2014年には23％にも上昇をした。

あらゆる規模の企業において，女性の取締役の比率は増加している。株式の時価総額が10億ユーロ以上の大規模企業では，女性の取締役はもともと多い傾向にあったが（2011年26％，2014年29％），中規模（1億5000万ユーロ以上）および小規模の企業（1億5000万ユーロ未満）でも増加傾向にある（中規模企業は2011年の19％が2014年23％に，小規模企業2011年の12％が2014年には20％に増加）。とはいえ，2014年時点では大規模の企業ではわずかな減少（2013年・31％，2014年共に29％），中規模では増減なし（2013年・2014年共に23％）がみられた。

表11-1 フィンランドにおける女性取締役の動向　（単位：％）

年	女性	男性
2003	7	93
2008	12	88
2009	14	86
2010	17	83
2011	18	82
2012	22	78
2013	23	77
2014	23	77

（出所）Finland Chamber of Commerce Woman Executive Report 2014.

2014年には，上場企業全体では女性の取締役は新しく27人が選出され，女性取締役全体では8人の増加となった。一方，男性取締役も全体で10名増加している。そのため，新しい取締役に占める女性取締役の割合は45％になった。現時点では女性取締役のこれ以上の伸びは簡単には予測できない。コーポレートガバナンス・コードの効果も一段落であるといえるかもしれない。

（4）女性取締役の経歴

女性の取締役の実情について，さらに詳しくみていこう。フィンランドでは，一般に複数の企業で取締役をしている者の割合は少なく，全体の12％にすぎない。女性に限定しても，この傾向は同じであり，2社20人（男性40人），3社3人（男性9人）にすぎない。フィンランドでは，女性の中に役員にふさわしい適切な人材が少ないために，ひとりの女性が複数の企業で役員を兼務するゴールデンスカートの現象は発生していないといえよう。

フィンランドの上場企業の取締役会で女性が会長を務めているのは5企業のみで4％に留まっている。その5企業5人の企業規模の内訳は，10億ユーロ以上の大企業で1人，中規模（1億5000万ユーロ以上）および小規模の企業（1億5000万ユーロ未満）で2人である。

また取締役の経歴についてみておこう。2014年の男女合計した取締役全体の経歴は，以下の通りである。CEO（上場，非上場の企業を含む）の経歴者が62％と最も多く，次いで事業運営（business operations）17％，金融（financial）11％，農業（agriculture）3％，営業（Sales）3％，マーケティング＆コミュニケーション（Marketing & Communications）2％，法務（Legal Affairs）1％，人事管理（HR & Administration）1％と続いている。

しかし，この経歴は男女で大きく異なっている。男女の経歴別の差異をみると，男性取締役の9割がCEOの経歴者，7割が事業運営の経歴者であり，それらが大多数を占めている。それに続き6割程度が，金融財務，マーケティング＆コミュニケーションなどの経歴者である。

しかし，他方において，女性の取締役については，9割が法務分野の経歴者であり，さらに8割が人事管理の経歴をもつ者が占めている。これらのことは，企業で実際に事業運営に携わる女性が少ない実態を反映しているといえる。

（5）女性CEOの状況

フィンランドにおけるCEOの状況をみると，女性がCEO全体に占める比率は0.8％で小規模の企業の2社にすぎない。これは，スウェーデン（5.6％）やEUの平均（3.3％）にも及ばない。しかしながら，フィンランドでは2011年には，女性のCEOは皆無であったので，わずかとはいえ進歩・前進といえる。女性の取締役は増加しても，CEOは少ないという，いわゆるノルディック・ミステリーは，フィンランドにおいても大きな課題といえよう。なお，クオータ制度を採用しているノルウェーでも，32社の大企業に女性CEOはいない。

フィンランドのCEOの学歴を専攻分野別にみると，ビジネス48.7％，エンジニア47.8％，法学8.8％，その他6.2％となっている。フィンランドでの女性

は，ビジネス，エンジニアの専門領域で学ぶことは少なく，現在でも，エンジニアの部門で学ぶ新入生に占める女性の割合は18％にすぎない。フィンランドにおける女性の高等教育における専門分野の偏りも，この数値を反映しているといえるだろう。

（6）アファーマティブ・アクションの課題

　以上の考察で明らかなように，フィンランドにおけるコーポレートガバナンス・コードは，女性の取締役を増加させるに当たり大きな役割を果たしている。コーポレートガバナンス・コードでは，取締役が片方の性で占められた場合（男性のみ，女性のみという場合）に年次報告書およびウェブサイトでの説明責任を義務づけており，このことは，理不尽な性差別を取り除き，女性の役員への登用を促進するであろう。

　たしかにフィンランドでは2008年以降に女性の取締役の数は急激に増加してきたが，しかし，最近の動向をみると，これまでのように増加するとは一概にはいえない。アファーマティブ・アクションなどの施策により女性の役員が増加しても，目標数値を達成してしまうとそれ以上の増加がみられないことがある。この現象は，女性は数合わせの「お飾り」を示しているとされる（Parrotta and Smith, 2013）。今後，フィンランドでも女性取締役もこのようにみられないとは限らない。女性取締役は，就任した後の実力こそが問われるようになっていくだろう。

　さらに，取締役会の会長になっている女性もごくわずかである。女性取締役の経歴は男女で大きく異なり，経歴の違いは，担う職務・業務の違いにつながる可能性も大きい。フィンランドの女性が本格的に取締役で活躍するには，もう少し，時間が必要であろう。

第3節　女性の執行役員の状況

（1）執行役員チームにおける女性執行役員の割合

　執行役員チーム（Executive Management Team）は，会社法により明確に明文

化はされていないが,実際には CEO を補佐し,会社の経営組織に重要な役割を果たしており,ビジネスの実務を担っている。執行役員は,将来の CEO の候補生であるといえよう。

現在では,女性が本格的に企業で活躍するためには,女性の執行役員の増加とその業務の充実は重要である。この動向について,本節においても,Finland Chamber of Commerce(2014)から考察してみよう。

フィンランドの執行役員チームの状況をみると,執行役員が男性のみである企業は,2014年では24％である(ちなみに取締役会については,取締役が男性のみの企業はごくわずかであり,取締役会の方が両性で構成される割合が高いといえる)。

執行役員の性別割合をみると,CEO をのぞいた執行役員は702人であり,男性が557人(79.3％),女性が145人(20.7％)である。女性役員の企業規模別の内訳は,大規模企業が44人,中規模企業が42人,小規模企業が59人となっている。取締役では規模が大きいほど女性の割合が高くなっていたが,これは,執行役員とは異なる傾向である。なお,個別企業において女性の取締役と執行役員の割合に相関はみられないとされる。

（2）女性執行役員の所属と年齢層による変化

執行役員の性別は,男性が79.3％,女性が20.7％である。しかし,事業運営の部門の執行役員については男性が89.7％と多数を占め,女性は10.3％にすぎない。一方,人事や広報など間接業務(supporting functions)については,男性が63.4％,女性が36.7％を占めており,ここでは女性の割合は事業運営に比べて多くなる。女性の執行役員は,特に,人事管理の分野に所属する者が多く,8割に達している。

この数値は,女性の CEO がわずかであること,取締役の男女での経歴の違いに直結している。執行役員においても性別により所属する部署が大きく異なり,事業運営の部署で働く女性は少なくなっている。

以上のような女性の執行役員の所属は,年齢層によって大きく異なっている。51歳から60歳までの層では,83％の女性が間接部門,残りの17％が事業運営の部署にいる。60歳以上の女性の執行役員は全員間接部門にいる。

とはいえ，若い層では，やや変化がみられる。50歳以下の場合は，女性も事業運営の割合が増加し41歳以上50歳以下で35％（男性67％），40歳以下で37％（男性66％）である。このように少しずつではあるが，若い年齢層にも女性の執行役員で事業運営を経歴とする者は増加している。

この変化は，2014年に新しく指名された執行役員についてもあらわれている。男性と女性の割合は，男性61％，女性39％であるが，それぞれの内訳は，男性（事業運営67％，間接部門33％），女性（事業運営38％，間接部門62％）である。女性のうち約4割が事業運営に所属していることは，やはり，大きな変化である。

第4節　女性役員の課題と展望

（1）ノルディック・ミステリー（北欧の謎）の行方

先述したように，北欧の女性役員の比率の高さは，そのまま，経営執行役員やCEOの数の増加に結びつかない。このノルディック・ミステリーの行方はどのようになるのだろうか。Communications and Information Services Statistics（2014）からみてみよう。

フィンランドは北欧諸国の中でも，女性の労働者のうちパートの占める比率が低い。2012年ではスウェーデンは39.6％であるが，フィンランドでは20.1％である。

とはいえ，フィンランドでは女性の従事する職種には偏りがみられ，パーソナルケアに従事する女性が16万4000人と圧倒的に多く，次に販売が11万1000万人で続く（2012年）。パーソナルケアで働く人々の多くは，公共部門で雇用されており，この職種の偏在は雇用されるセクターにもあらわれている。女性は，40％が公共部門（国が6％，地方自治体が34％）に雇用され働いており，民間部門で働く者は60％にすぎない。一方，男性の場合は，国が5％，地方自治体が9％にすぎず，民間部門で働く者は86％に達する。

これは，高等教育の動向とも関係している。フィンランドにおける大学の学位取得者のうち女性が56.3％，男性が43.7％と，女性が大きく上回っている。大学生の専攻分野は男女でかなり異なり，女性では，教育（82％），人文・芸

術（70％）で多く，技術・工学・建築（23％）は少ない。このような状況のもとで，ビジネス分野へのアファーマティブ・アクションはノルディック・ミステリーといわれる事態を招くことは必然であるかもしれない。

しかし，この点は，高橋（1999）がすでに指摘していたことである。「男女間の経済的不平等など女性労働にかかわる諸問題は，単に法制度からのアプローチでは是正・克服できない。フィンランド福祉国家が実施してきた女性労働への支援は，女性労働にかかわる諸問題の根本的な原因としてジェンダー関係がそのもののあり方を積極的に見直すものではなく，むしろ対症療法的な問題解決であることが少なくなく，この点で官製フェミニズムの限界が明らかになる」[4]。

しかしながら，2012年ではフィンランドの大学において社会科学・経営・法律を学ぶ女性は58％になり，男性の42％をかなり上回っている。そして，ビジネス，管理や専門職で働く女性も9万4000人と男性の6万4000人より多くなっている。フィンランドの働く女性にも大きな変化はでている。時間はかかるだろうが，ノルディック・ミステリーも解決方向に向かうと期待できる。

（2）マリメッコ社にみる女性活躍の可能性

以上において，女性役員の比率が高い北欧諸国のやや深刻な側面について，フィンランドを中心に触れてきたが，最後に未来の可能性も展望しておきたい。

フィンランドの女性を紹介するときに必ず語られる二つのテーマがある。一つは世界的に人気のあるキャラクター「ムーミン」であり，もう一つはテキスタイルデザインの「マリメッコ社」である。これらのキャラクターや事業は，いずれも女性の手により誕生をしたが，これに触れずにフィンランドの女性を語ることはできない，とさえいわれている。

まず，ムーミンは，女性の作家および画家のトーベ・ヤンソンによるものである。トーベは，女性への社会的な抑圧の中で，自らの多様性のある生き方を創作活動と私生活の中で実現していった[5]。ここではマリメッコ社を中心にみておきたい。

マリメッコ社は，フィンランドの代表的な企業であり，その独特な色彩感覚

のテキスタイルデザインで世界を圧巻し，フィンランドの宝といわれることもある。同社が，製造，販売をしている商品は，布，洋服，バッグ，インテリアなど多岐にわたり，主力工場は現在もフィンランドにある。2014年の売上高は，ブランド合計で1億8700万ユーロであり，その商品は約40の国々で販売されている（Marimekko Corporation, 2014）。

マリメッコ社の創業は1951年である。1949年に，夫のヴィルヨ・ラティア（Viljo Ratia, 1911-1968）がオイルクロスの印刷工場を買収したが，販売用の新柄のデザインを，その当時，タペストリーなどの布のデザインをしていた妻のアルミ・ラティア（Armi Ratia, 1912-1979）に依頼した。これをきっかけに，ヴィルヨ・ラティアはプリント・ファブリック事業を立ち上げる可能性に気づき，マリメッコ社の創立につながったといわれる。マリメッコ社は，ヴィルヨ・ラティアとアルミ・ラティアの共同経営であったが，多様なデザイナーを活用し，実際に実務を展開したのは，自らもデザイナーであったアルミ・ラティアであった。

マリメッコ社には，現在も日本人のデザイナーがいるが，1970年代にデザイナーとして脇坂克二（1968～1976年在職），石本藤雄（1970～2006年在職）が活躍したことは注目すべきことである。[6]アルミ・ラティアは危険を省みない冒険心に富んだチャレンジ精神のある女性であった。多様な異質性を一つのブランドとして展開していく手法をもち，その手法は，女性はもちろんのこと外国人も含め活用していく人材のマネジメントにもあらわれていた。

しかしマリメッコ社は，1979年にアルミ・ラティアが亡くなると求心力を失い低迷した。ラティア一族は経営から退陣し，マリメッコ社は1990年初頭には廃業の危機を迎えた。そして，1991年に，キルスティ・パーッカネン（女性をターゲットにした広告代理店の共同創設者）によって買収され，彼女がCEOに就任した。

パーッカネンは，アルミ・ラティアの理念に戻り，実務の先頭に立ち経営に携わった。「解雇をするなら社員ではなく幹部に行う」（実際は業績回復のため行なわなかったが）という徹底した現場重視の経営の結果，マリメッコ社は復活していった。パーッカネンは，アルミ・ラティアの再来ともいわれ，名実とものう

実力者の女性であった。

　2008年にパーッカネンは退任し，ミカ・イハムオティラ（Mika Ihamuotila）がCEOに就任した。マリメッコ社の海外展開はさらに進展した。ミカ・イハムオティラは男性であったが，再び，2015年に，女性のティーナ・アラウータ（Tiina Alahuhta）が社長（President）に就任をした。ティーナ・アラウータはマリメッコ社で2005年から勤務し，管理職の層で事業運営とマーケティングを担当していた（ミカ・イハムオティラがCEOであることは継続している）。

　「永遠に生きるかのように働き，明日死ぬかのように愛せよ」とは，パーッカネンの言葉である。フィンランドは男女ともに定時で帰宅しワークライフバランスを堪能できる国として紹介をされることが多い[7]とはいえ，ヘルシンキのオフィス街の明かりは夜遅くまで灯っており，筆者が訪ねたマリメッコ本社も同様であった。

　この現実の明かりの中に「永遠に生きるかのように働き，明日死ぬかのように愛せよ」というワークライフバランスを探究することが今後は重要ではないだろうか。そこにフィンランドの，そして北欧の，女性役員の未来はあるだろう。

注
(1)　コーポレートガバナンス・コードには，会社法のような法的な拘束力はない。企業価値の向上を図るために定められるコードである。ルールベース（細則主義）ではなくプリンシプルベース（原則主義）であり，適用方法は「comply or explain（遵守せよ，さもなければ，説明せよ）」とされる。企業はコードには応じるべきであり，自らの行動（応じなかった場合も含めて）に関して説明責任をもつべきであるとされる。日本でも，2015年から導入されている（堀江，2015）。
(2)　例えば，ノルディック・ミステリーについては以下のサイトを参照のこと。http.//www.economist.com/news/business/21632512-worlds-most-female-friendly-workplaces-executive-suites-are-still-male-dominated　2015年10月20日閲覧。
(3)　フィンランド商工会議所が会員の企業について自ら評価をしているわけであり，その点はやや，さしひいて考えるべきであろう。
(4)　高橋，1999，29頁。
(5)　晩年のトーベのパートナーは女性であった（Westin, 2014）。晩年は自由に生き

たトーベであるが，若いときは社会的抑圧には苦しんでいた。
(6) 脇坂も石本もマリメッコ社の歴史に残るデザイナーであるが，特に石本は定年まで勤務をした主要なデザイナーのひとりである。石本はアルミ・ラティアが亡くなり，マリメッコ社が低迷していた折にも，高い評価と売上を例外的に生み出したデザイナーであった（Marianne Aav, 2013）。
(7) フィンランドを知る日本人（例えば堀内，2008）も，日本で情報を発信するフィンランド人（例えばミッコ・コイヴマー，2013）も同様である。

引用参考文献

高橋睦子，1998，「フィンランド」中村優一・一番ヶ瀬康子編『スウェーデン・フィンランド』（世界の社会福祉：第一巻）旬報社。

高橋睦子，1999，「フィンランドの福祉国家と女性労働——その到達点と課題」大原社会問題研究所，No. 485, 16-31頁。

武田美智代，2013，「ジェンダー平等に向けた EU の施策——企業の女性役員割合に関する指令を中心に」国立国会図書館調査及び立法調査局『外国の立法』257, 139-152頁。

堀江貞之，2015，『コーポレートガバナンス・コード』（日経文庫）日本経済新聞社。

堀内都喜子，2008，『フィンランド豊かさのメソッド』（集英社新書）集英社。

ミッコ・コイヴマー，2013，『フィンランド流イクメン MIKKO の世界一しあわせな子育て単行本』かまくら春秋社。

森川正之，2014，「女性・外国人取締役はどのような企業にいるのか？——サーベイデータによる分析」RIETI 独立行政法人経済産業研究所『RIETI Discussion Paper Series 14-J-2014』

Aherm, Kenneth R. and Amy K. Dittmar, 2012, "The Impact on Film Valuation of Mandated Female Board Representation," *Quarterly Journal of Economics*, Vol. 85, No. 4, pp. 849-859.

Aila Virtanen "Women on the boards of listed companies : Evidence from Finland" *Journal of Management & Governance*, November 2012, Volume 16, Issue 4, pp. 571-593. First online : 17 November 2010.

Boel Westin, 2007, *TOVE JANSSON : ORD, BLID, LIV*. Albert Bunniers Forlag Stockholm, Sweden.（エル・ウェスティン／畑中麻紀・森下圭子訳，2014，『トーベ・ヤンソン 仕事，愛，ムーミン』講談社）

Communications and Information Services Statistics, 2014, *Finland Women and Men in Finland 2014*.

Finland Chamber of Commerce Woman Executive Report 2014, *WOMAN EXECUTIVES STEPPING UP FOR MORE BUSINESS RESPONSIBIRITY.*

Marianne Aav, 2003, *Marimekko : Fabrics Fashion,* Architecture Yale University Press, London. (マリアンネ・アーブ／和田侑子訳, 2013, 『マリメッコのすべて』ドーヴ出版)

Mariateresa Torchia, Andrea Calabrò, Morten Huse, 2011, Women Directors on Corporate Boards : From Tokenism to Critical Mass, *Journal of Business Ethics,* August 2011, Volume 102, Issue 2, pp. 299-317, First online : 25 February 2011.

Marimekko Corporation, 2014, *FINANCIAL STATEMENT,* Helsinki, Parrotta, Pierpaolo and Nina Smith, 2013, "Why So Few Women on Boards of Directors? Empirical Evidence from Danish Companies 1997-2007," *IZA Discussion Paper,* No. 7678.

Snuria Kuviota, 2015, *MARI-MEKKO* Into Helsinki, Finland.

(安田三江子)

第12章
欧州連合の「クオータ2020戦略」

第1節　ジェンダー・バランスの現状

(1) 2010年代のフランスとイタリア：男女半々閣僚内閣の誕生

　2010年代に入って，EU（欧州連合）のジェンダー・バランス戦略は，特に西欧諸国で加速した。2012年5月，フランスのフランソワ・オランド新大統領（社会党）は，男女半々閣僚内閣を誕生させ，世界を驚かせた。「重要ポストはやはり男性」との一部マスコミ評もあったが，困難な政治的分野の意思決定ポストでの完全ジェンダー・バランスの実現は，西欧近代革命の先端を切ったフランスにとって，まさに近来にない快挙であったであろう。さらに21カ月後の2014年2月，イタリアでも第63代マッテオ・レンツィ内閣が男女半々閣僚内閣を誕生させた。レンツィ首相は歴代首相中最年少の39歳であった。第二次世界大戦下で「日独伊」三国同盟を結んだが，日本より約2年も早く「パンと平和と自由」のために思想・信条をこえて大同連帯して，ムソリーニ・ファシスト政権を倒し，戦争終結と平和を国民の手で勝ち取ったイタリア。政治体制選択の国民投票によって王制を廃し，共和制を選択，国民を代表した憲法制定議会によって「イタリア共和国憲法」を制定し，20世紀の新しい歴史を切り開いたイタリアにとって，誇るべき21世紀の快挙であったであろう。

　EU加盟28カ国の総人口は，欧州中央統計局（Eurostat）によれば，2015年4月現在，5億820万人である。その特徴は，①加盟国の人口規模が比較的小さく，1億人を超す加盟国が皆無である。②人口規模が加盟国中で最高レベルのドイツ（8070万人），フランス（6620万人），イギリス（6460万人），イタリア（6090万人），スペイン（4640万人）なども1億人未満であり，地理的に西欧に

集中している。③スウェーデン（956万人），デンマーク（560万人），フィンランド（543万人），EU 非加盟・EFTA 加盟のノルウェー（551万人）など伝統的にジェンダー平等先進国は，人口1000万人未満であり，地理的には北欧に集中している。④キプロス（87万人），ルクセンブルク（56万人），マルタ（43万人）のように，人口が100万人未満の小規模加盟国もある。2010年代に入って，メルケル首相が活躍するドイツと共にフランス・イタリアを含むEU 加盟西欧諸国は，いまや政治的，経済的最高意思決定ポジションのジェンダー・バランス時代を切り拓く主役として北欧諸国をはじめ加盟各国と共に挑戦を続けている姿が，現代 EU の実像であろう。

（2）浮かび上がった現代欧州ジェンダー構造：各界最高意思決定ポストの大規模調査

2010年代の EU のもう一つの快挙は，2003年に，欧州委員会が，最も困難な立法・行政・司法・経済界の最高意思決定ポストのジェンダー平等に関する大規模なデータ収集を行ったことである。それは，2010〜14年の4年間に年2回，合計8回に及んでいる。EU では，「一方の性が40％以上／他方の性が60％未満」または「一方の性が60％未満／他方の性が40％以上」を指標に，「40〜60％」を「ジェンダー・バランス・ゾーン」，「40％」をジェンダー・バランス到達ラインと設定している。次にその一部を紹介したい。

①立法分野：最高意思決定ポストにおける女性比率の上昇

EU では民主政治拡大のために，国際連合総会において「女子差別撤廃条約」が採択された1979年に，加盟国有権者による欧州議会議員の直接選挙制度がスタートした。加盟国の人口規模に基づく議員数を加盟国の有権者が5年ごとに直接選出する欧州議会選挙は，2014年には第8会期を迎え，総数749名（女性276名・男性473名）が選出された。女性議員比率は，1979年第1会期の16％から右肩上がりに上昇し，第8会期には過去最高の37％を記録した。ジェンダー・バランス指数に従えば，ジェンダー・バランス・ゾーン到達ライン40％には届いていない。しかし加盟国レベルでは，アイルランド・スウェーデン（55％），フィンランド（54％），エストニア・ラトビア（50％），クロアチア

(45％),オーストリア（44％）,スペイン（43％）,フランス・オランダ（42％）,イギリス（41％）,イタリア（40％）などはジェンダー・バランス・ラインに届いた。最低はリトアニア（女性9％／男性91％）。反対に最高のマルタ（女性67％／男性33％）では,ジェンダー・アンバランス（逆転現象）が生じている。[5]

 他方,EU加盟28カ国横断的な国会議員（一院または下院および上院）は総数9576名（女性2601名・男性6975名）で,女性比率27％は欧州議会よりも10％低い。加盟各国レベルの国会議員の女性比率は,スウェーデン（44％）,フィンランド（42％）,ベルギー（41％）がジェンダー・バランス・ゾーンに参入。「30～40％未満」では,デンマーク（39％）,スペイン（38％）,ドイツ・オランダ（37％）,ポルトガル（31％）,イタリア・オーストリア（30％）である。女性が国会議長を務める加盟国は,ベルギー・ブルガリア・イタリア・ラトビア・リトアニア・オランダ・オーストリア・ポルトガル・イギリスである。[6]

 ②行政分野：最高意思決定ポストにおける女性比率の上昇傾向

 現欧州委員会のコミッショナー（閣僚相当職）は,総数28名（女性9名／男性19名）,女性比率は32％と約3分の1に達した。委員長は,伝統的に今なお男性である。[7]

 他方,EU加盟28カ国横断的な内閣閣僚（Junior ministers＋Senior ministers）は,総数999名（女性273名・男性726名）,女性比率は27％で,欧州委員会より5％低い。だが加盟各国レベルでは,フィンランド（59％）,スウェーデン（50％）,フランス（47％）,エストニア（43％）,イタリア（41％）,スロベニア（40％）などジェンダー・バランス・ゾーンへの参入国が増えてきた。「30～40％未満」は,ドイツ・オランダ（38％）,スペイン（36％）,ブルガリア（33％）,ポーランド（32％）,デンマーク（30％）などである。首相が女性の加盟国は,デンマーク・ドイツ・ラトビア・ポーランドである。[8]

 ③司法分野：最高意思決定ポストにおける女性比率の急上昇

 EU・欧州司法裁判所の裁判官は,総数110名（女性30名／男性80名）,女性比率は27％である。裁判長はいまなお伝統的に男性である。EU加盟28カ国横断的な最高裁判所の裁判官は,総数1692名（女性622名／男性1070名）,女性比率は37％で,現欧州議会（37％）と同レベルで,比較的高い。[9]

加盟各国レベルでは，最高裁判所の裁判官の女性比率は，他のあらゆる分野を凌駕し，ルーマニア（裁判官総数117名／女性比率85％。以下同じ），ブルガリア（107名／女性73％），スロバキア（81名／女性57％），ラトビア（49名／女性55％），ルクセンブルク（4名／女性50％），ハンガリー（82名／女性48％），クロアチア（42名／女性43％），フランス（122名／女性41％）などが，ジェンダー・バランス・ゾーンに参入している。「30～40％未満」の加盟国は，スウェーデン（16名／女性38％），スロベニア（33名／女性36％），アイルランド（9名／女性33％），フィンランド（19名／女性32％），ギリシャ（71名／女性31％）・オーストリア（59名／女性31％）などで，イギリス（12名／女性8％）は最低である。上記のようにルーマニアおよびブルガリアではジェンダー・アンバランス（逆転現象）が生じている。さらに最高裁判所長官が女性の加盟国は，チェコ共和国・ドイツ・アイルランド・ポーランド・ルーマニア・スロバキア・フィンランド・スウェーデンである。

④欧州大政党：最高意思決定ポストにおける女性比率の停滞

さらにEUと加盟各国の近未来戦略に決定的役割を担うEU加盟28カ国全体の大政党の党首は，総数144名（女性19名／男性125名），女性比率13％（男性87％）で，他の分野と比較して最低レベルである。加盟各国レベルの大政党の女性党首は，ドイツ（3名），ベルギー・デンマーク・オランダ・スウェーデン（以上2名），クロアチア・ラトビア・ルクセンブルク・オーストリア・ルーマニア・スロベニア・フィンランド（以上1名）である。

（3）経済分野：最高意思決定ポストにおける女性比率の緩やかな上昇への道

経済的分野の最高意思決定ポスト，特に上場大企業の最高意思決定ポストのジェンダー構造は，他の分野に比べて最も女性比率が低い。EUは，この最も固く厚い「ガラスの天井（Grass Ceiling）」（図12-1）を打ち砕き，ジェンダー・バランスを達成するためには，EUの派生的二次法の一つ強制法規の「指令（Directive）」によって，ジェンダー・バランスを実現する以外に道はないと判断し，2010年代にはいって積極的アクションに乗り出した。

表12-1は，データを活用して筆者が作成した「EU加盟28カ国：大企業取

第12章　欧州連合の「クオータ2020戦略」

図12-1　ガラスの天井（Glass Ceiling）

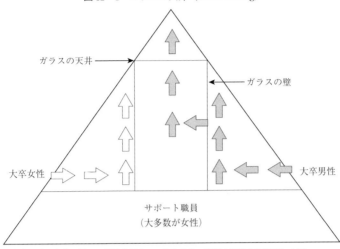

（注）　意思決定の場への登用を阻んでいるみえない障壁を象徴的に表現した図。

表12-1　EU加盟28カ国：大企業取締役会の女性比率および加盟各国のクオータ法制の有無

EU加盟 28カ国名	取締役会女性比率：28カ国平均 （2014/10現在） 20.2%	取締役会のクオータ制に関する加盟各国の現行法制の有無 （2012/10現在）	加盟各国は自国の現行法制を変える必要がありますか？
フランス	32.4	●クオータ法制あり：2011年1月27日法。 ・クオータ制：3年以内（2014年）に最低20％および6年以内（2017年）に40％。 ・適用対象：上場および非上場大企業の非業務執行取締役会メンバー。最低500人の被用者と50万ユーロの売上高を有する私企業および国営企業。 ・罰則規定：取締役会選挙の無効。 ●その他国独自の対策あり：仏私企業協会─仏企業連盟（AFEP-MEDEF）企業規則。 ・2011年1月27日法と同じクオータ制を定めた勧告。 ・すべての取締役会メンバーに適用。	NO
ラトビア	31.7	●クオータ法制なし。 ●その他独自の自主規制なし。	YES
フィンランド	29.2	●クオータ法制あり：国営企業取締役会規則。 ・クオータ制：国営企業の業務執行・非業務執行取締役会における「男女公平な割合」の義務。 ●その他国独自の対策あり：公共団体管理規定。 ・上場企業の「取締役会は両性で成立しなければならない」との勧告。	NO

第Ⅲ部　欧米各国企業の女性管理職・役員の現状

スウェーデン	27.6	・適用対象：業務執行・非業務執行取締役会に適用。 ●クオータ法制なし。 ●その他国独自の対策あり：2004年の企業管理規則。 ・上場企業の自発的目標の設定。取締役会構成に関する最終計画の正当化とメカニズムの説明義務。 ・この規則は，業務執行・非業務執行のすべての取締役会メンバーに適用される。	YES
オランダ	24.9	●クオータ法制あり：2011年5月31日法。 ・クオータ制：大企業の業務執行取締役会および監査委員会のジェンダー・バランス30％目標を達成する義務。 ・「メカニズムに従いまたは説明する」義務。 ・2016年に失効。 ●その他国独自の対策あり：2009年のオランダ企業管理規則。 ・業務執行・非業務執行取締役会の双方に適用。 ・管理により多くの女性参加を目標とする自発的契約。	YES
ドイツ	24.4	(2015年4月現在*) ●クオータ法制あり：2015年クオータ法。2016年1月発効。 ・大手企業108社のクオータ制：監査役会の女性比率30％。 ・大手企業3500社の自主目標：役員・管理職の女性比率上昇の自主目標設定，具体的措置，達成状況に関する報告義務。 ・公共部門のクオータ制。	YES
イギリス	24.2	●クオータ法制なし。 ●その他国独自の対策あり：ロード・デービス（Lord Davies）報告および勧告。 ・クオータ制：フィナンシャル・タイムス株式指数（FTSE：Financial Times Stock Exchange）の上場企業に対して2015年までに25％を勧告。 ・適用対象：上場企業における取締役会候補者の調査は取締役会のジェンダー多様性の利益を尊重して行われなければならない。 　この目標は，すべての業務執行・非業務執行の取締役会メンバーに適用。350種株式指数（FTSE）の企業に対して2013年および2015年までに達成する自社目標を設定するよう勧告。	YES
イタリア	24.1	●クオータ法制あり：2011年7月12日法。 ・クオータ制：上場企業および国営企業の取締役会の女性比率は2015年までに3分の1＝33％。 ・適用対象：経営取締役会および監査委員会の業務執行・非業務執行に適用。	NO
デンマーク	24.0	●クオータ法制あり： ・国営企業の取締役会は可能な限り均等なジェンダー・バランスで成立させなければならない。 ・取締役会メンバーを提案する権限を与えられた閣僚，当局または組織は，両性の候補者を考慮しなければならない。 ●その他国独自の対策あり： ・上場企業は監査委員会構成の自己目標を設定しなければならない。 ・女性の「適切な参画」を設定し，かつ報告書を提出しなければな	YES

第12章　欧州連合の「クオータ2020戦略」

		らない。 • 不履行の場合，企業に罰金を科すことができる。	
ベルギー	22.4	●クオータ法制あり：2011年7月28日法。 • クオータ制：国営企業および上場企業の取締役会メンバーの3分の1。国営企業は2012年まで，上場企業は2017年まで，または上場中小企業は2019年までに達成義務。業務執行および非業務執行に適用。 • 企業取締役会での女性の企業代表性を保障するために，経済公共団体法および国内刑事責任規制法を改正。どちらか一方の性の最低代表者は3分の1と規定。 • 適用対象企業： 　a）証券取引において引用された企業の企業取締役会。 　b）公共経済団体の企業取締役会。 　c）国営富くじ（Lottery）の企業取締役会。 　a），b）およびc）に対して：企業取締役会の成員が他方の性の3分の1の代表を含まない場合，任命は無効とし，取締役会メンバーの次の任命は他方の性でなければならない。 　a）のみに対して：取締役会の構成が必要条件に応じるまで，仕事に関連するあらゆる利益（財政または他の方法）は，すべての取締役会メンバーに対して停止する。 ●その他国独自の対策あり：2009年の企業管理規定。 • 取締役会の構成はジェンダー多様性を基礎に定めるよう勧告。	NO
スロベニア	19.9	●クオータ法制あり：国営企業に関する規則。 • クオータ制：公共企業・他の公法組織の管理代表の指名または任命の場合にそれぞれの性の代表40％の原則。国営企業の管理取締役会および監査委員会を含む。 • 原則を尊重しない場合の罰則はない。	YES
クロアチア	19.0	●クオータ法制なし。 ●その他国独自の対策あり： • 公共部門に柔軟なポジティブ・アクション措置。	YES
スロバキア	18.2	●クオータ法制なし。 ●その他国独自の対策なし。	YES
ブルガリア	17.6	●クオータ法制なし。 ●その他国独自の対策なし。	YES
オーストリア	17.1	●クオータ法制あり： • クオータ制：2018年までに監査委員会の女性比率35％。 • 適用対象：国営企業のみ。 ●その他国独自の対策あり：2009年の企業管理規則。 • クオータ制：監査委員会に対してジェンダー双方の代表者の任命を勧告。	YES
スペイン	16.9	●クオータ法制あり： • クオータ制：2015年までにそれぞれの性を最低40％。 • 適用対象：250人またはそれ以上の被用者の国営企業に勧告。 • 制裁規定なし。	YES

第Ⅲ部　欧米各国企業の女性管理職・役員の現状

		●その他独自の対策あり： ・公共部門の雇用にポジティブ・アクション措置。	
リトアニア	16.5	●クオータ法制なし。 ●その他独自の対策なし。	YES
ポーランド	14.6	●クオータ法制なし。 ●その他独自の対策あり：2010年の企業規則。 ・上場企業の管理取締役会および監査委員会に対して，業務執行・非業務執行共にジェンダー・バランスを保障するよう勧告。 ・企業は規則に従って法令遵守に関する報告を要求される。	YES
ハンガリー	11.8	●クオータ法制なし ●公共部門に柔軟なポジティブ・アクション措置。	YES
ルクセンブルグ	11.7	●クオータ法制なし ●柔軟なポジティブ・アクション措置。 ・2009年の企業立法は両性の法人代表を有する委員会を勧告している。	YES
ルーマニア	11.0	●クオータ法制なし。 ●その他独自の対策なし。	YES
アイルランド	10.9	●クオータ法制なし。 ●その他独自の対策なし。	YES
ポルトガル	9.5	●クオータ法制なし。 ●その他独自の対策なし。	YES
キプロス	9.3	●クオータ法制なし。 ●その他独自の対策なし。	YES
ギリシャ	8.9	●クオータ法制あり：国営企業に関する規制。 ・クオータ制：法人の取締役会への任命の3分の1は，それぞれの性で構成されなければならない。 ・この規定はすべての関係取締役会（業務執行・非業務執行）に適用される。 ●その他独自の対策あり： ・公共部門に柔軟なポジティブ・アクション措置。	YES
エストニア	7.1	●クオータ法制なし。 ●その他独自の対策なし。	YES
チェコ	3.5	●クオータ法制なし。 ●その他独自の対策なし。	YES
マルタ	2.7	●クオータ法制なし。 ●その他独自の対策なし。	YES

（注）　＊ドイツのクオータ法の正式名：民間企業及び公共部門の指導的地位における男女平等参画に関する法律（Gesetz fur die gleichberechtigte Teilhabe von Frauen und Männem an Führungspositionen in der Privatwirtschaft und im öffentlichen Dienst）
（出所）　Representation of women and men on the boards of large listed companies in the EU, October 2014。Statistics, national measures in place and implementation prospects of the proposed Directive. 以上二つの European Commission のデータを使って柴山恵美子作表。

締役会の女性比率および加盟各国のクオータ法制の有無」である。次にその特徴を挙げてみたい。

①EU 加盟28カ国横断的な大企業取締役会における女性比率は，欧州委員会による第一次データ収集（2011年11月）の11.9％からゆるやかに上昇して，第八次データ収集（2014年10月）では20.2％を記録した。しかしジェンダー・バランス・ラインには遠く届かず，固く厚い「ガラスの天井」を追認する結果となった。

②他方では，上記の4年間に28カ国横断的な平均上昇率8.3％を上回って上昇した加盟国もあった。フランス（＋20％），イタリア（＋19.6％），ベルギー（＋11.9％），ドイツ（＋11.8％），イギリス（＋10.8％），スロベニア（＋10.1％），オランダ（＋9.9％）およびオーストリア（＋8.5％）などである。それらの加盟国の共通点は，イギリスを除く各加盟国が独自のクオータ法制を自国内に法制化したことである。

③一方，加盟各国レベルではジェンダー・バランス・ゾーンに参入した加盟国は皆無であった。続く「30～40％未満」は，フランス（32.4％）およびラトビア（31.7％）の2カ国だけであった。「20～30％未満」は，いわゆるジェンダー平等先進国に集中している。フィンランド（29.2％），スウェーデン（27.6％），オランダ（24.9％），ドイツ（24.4％），イギリス（24.2％），イタリア（24.1％），デンマーク（24.0％），ベルギー（22.4％）などで，その他はほとんど「10～20％未満」であった。

④EU 加盟28カ国横断的な大企業最高経営責任者（CEO：Chief Executive Officer）の女性比率は，第一次データ収集では3.3％，第八次でも同じ3.3％で，増減ゼロであった。しかも「V字型」を画く4年間の変化のボトム（2012年10月）は2.5％にまで低下した。取締役会よりもさらに固く厚い「ガラスの天井」を再確認する結果となった。

⑤上記のような2010年代の欧州委員会によるデータ収集アクションに連帯して，大企業最高取締役会における女性比率を引き上げる独自の強制法規クオータ法制を自国に導入する EU 加盟諸国が増加した。上記のフランス・フィンランド・オランダ・ドイツ・イタリア・デンマーク・ベルギーの他に，スロベ

ニア・オーストリア・スペインおよびギリシャなどである。クオータ法制の規定内容は加盟各国によって多少の相違はあるが，共通点は，第一に，30％または3分の1または40％のクオータ制（割当制）を導入していること。第二に，クオータ法制実現期限は，すべて2020年以前であること。第三に，クオータ法制は，主に国営企業もしくは大企業を適用対象としていること。第四に，クオータ法制を導入したこれらの加盟各国では，ほとんど大企業取締役会の女性比率が上昇していることなどである。

⑥上場大企業の非業務執行取締役会における女性比率を「2020年までに40％」に引き上げることを，EU加盟28カ国全体に，しかも一斉に義務づけるEU強制法規の「クオータ指令（Directive）」を自国に導入することに対する加盟各国の反応はどうか。比較的大企業取締役会における女性比率が高く，独自のクオータ法制を自国に導入した先進的なフランス・フィンランド・イタリア・ベルギーなどは，必要なしの「NO」と回答。その他はすべて必要ありの「YES」と回答している。

以上のように，2010年代に入って，EUが計画的，系統的に現状把握に努め，戦略・対策を精査し，意識的アクションの継続に努めてきたことによって，大企業取締役会の女性比率は，ジェンダー・バランス・ライン（40％）に到達しなかったとはいえ，辛くもゆっくりと4年間に8.3％上昇した。同時に2014年現在，女性比率を20.2％に押し上げることができたことが確認された。大企業取締取会のジェンダー・バランスの実現は，強制法規として「クオータ指令」の導入が不可避的であることを立証したといえる。

第2節　女性の経済的自立とワークライフバランス社会の創造

（1）「EUクオータ制指令案」の法的内容

2012年11月14日は，EUにとって「ジェンダー平等の歴史的な日」となった。欧州委員会が，「証券取引および関連業務に関する上場企業の非業務執行取締役間のジェンダー・バランス改善に関する欧州議会および欧州理事会指令案」（表12-2）を欧州議会および理事会に提案したからである。「このような指令

第12章 欧州連合の「クオータ2020戦略」

表12-2 証券取引および関連業務に関する上場企業の非業務執行取締役間のジェンダー・バランス改善に関する欧州議会および欧州理事会指令案

(仮訳・要約・作表 柴山恵美子)

①目的
　上場企業の非業務執行取締役の間の男性と女性の代表比率をよりバランスのとれたものにする措置を規定するものである。

②定義
―「上場企業」とは，加盟国の一つに設立された企業で，その証券が一つまたはそれ以上の加盟国内で取引されている企業をいう。
―「取締役会」とは，企業の運営，経営または監査機関をいう。
―「取締役」とは，従業員代表を含む取締役会のすべてのメンバーをいう。
―「業務執行取締役」とは，企業の日常業務に従事するすべてのメンバーをいう。
―「非業務執行取締役」とは，業務執行取締役以外の取締役のすべてのメンバーをいう。
―「公的企業」とは，公的機関が，金融参加またはそれを管理する規則を，その所有権を理由に支配的な影響力を直接的または間接的に行使する企業をいう。
―「中小企業」または"SME"とは，250人以下の従業員を雇用し，年間の売上高が5000万ユーロ以下，または年次貸借対照表総額が4300万ユーロを超えない企業，または通貨がユーロではない加盟国で設立されたSMEに関しては加盟国の通貨で同等額を超えない企業をいう。

③中小企業の除外
　この指令を，中小企業（SMEs）に適用してはならない。

④クオータ制
　加盟各国は，過少代表的な性の取締役会メンバーが非業務執行取締役の40％以下である上場企業は，遅くとも2020年1月1日までに，また公的企業の上場企業の場合には2018年1月1日までに，それぞれの候補者の資格の比較分析に基づき，あらかじめ制定され，明確で，中立的に定式化された明確な基準を適用することにより，これらの役職に任命することを保障しなければならない。目的に適合するのに必要な非業務執行取締役の数は，40％に極めて近い数でなければならないが，49％を超えてはならない。
　加盟各国は非業務執行取締役の選出においては，候補者が適性，能力，職務評価の点で他の性の候補者と同等の場合には，過少代表的な性の候補者を優先しなければならない。
　加盟各国は，上場企業が，任命されなかった候補者の要求に応じて，選出の基礎になった資格認定基準，これらの諸基準の客観的な比較評価，妥当ならば他方の性の候補者に有利に働いた諸要件を発表しなければならない。
　加盟各国は，自国の司法制度に基づき，任命されなかった過少代表的な性の候補者が，任命された他の性の候補者と資格が同じであることを推定しうる事実を立証した場合には，立証責任は，上場企業にある。

⑤実現の期限
　上場企業は2020年1月1日までに，公的企業の上場企業は2018年1月1日まで。

⑥制裁
　加盟各国は，この指令に基づき採択された国内諸法規の違反に対する制裁法規を制定する。この制裁は，効果的，比例的かつ制止的であり，下記の措置を含まなければならない：
―行政的な罰金
―非業務執行取締役の任命に関する司法機関による無効または取り消し宣言。

案をなぜ提案するのか。それはジェンダー平等を実現するためである。上場企業取締役会が、一つの性によって支配されているからである。中小企業を除く欧州大企業の非業務執行取締役会メンバーの85％、業務執行取締役会メンバーの91.1％が男性、女性はそれぞれわずか15％と8.9％であるからである」。したがって「このようなガラスの天井を打ち破り、ジェンダー平等を実現するためである」と、レディング前副委員長は、「マスコミ声明」で明言した。

その１年後の2013年11月20日、この「指令案」は欧州議会（第７会期）で採択された。欧州議会の常設「女性の権利・ジェンダー平等委員会」は、この指令案の採択のために、中心的な役割を担った。2014年の第８会期・欧州議会選挙後「指令案」はいま欧州理事会の検討に移っている。

（２）二つの基本条約上の人権・性差別禁止・男女平等に関する規定

憲法に相当するEUの現行の基本的一次法は、2007年署名、2009年発効の「欧州連合条約」および「欧州連合運営条約」の両条約である。

【欧州連合条約】

「男女平等」規定は、第２条（連合の価値）に定めるEU存立の五つの価値の一つに位置づけられている。さらに第３条（連合の目的）、第９条（平等および連合市民権）などでは権利の細部規定がなされている（ここでは第２条のみを紹介）。

○欧州連合条約の第２条（連合の価値）

連合は、人間の尊厳、自由、民主主義、平等および法の支配の尊重という価値を基礎にする。これらの諸価値は、多元主義、非差別、寛容、正義、連帯および男女の平等が広く受け入れられた社会をもつ加盟国に共通のものである。

【欧州連合運営条約】

「男女平等」規定は、第８条（男女平等原則）、第10条（非差別原則）、第19条（差別と闘うための行動）、第153条（雇用分野における活動の推進）、第157条（男女同一賃金原則）などである（ここでは第157条のみを紹介）。

○欧州連合運営条約の第157条［男女同一賃金原則］

1. 各加盟国は、同一労働または同一価値労働に対して、男女労働者に同一賃金原則が適用されることを保障しなければならない。

2．本条にいう「賃金（pay）」とは，現金または現物を問わず，労働者が自己の雇用に関して，使用者から，直接または間接に受け取る通常の基本賃金（basic wage）または最低賃金（minimum wage）または給与（salary）およびその他一切の報酬（consideration）を意味する。

　性に基づく差別のない同一賃金（equal pay）とは，以下のことを意味する。
(a)出来高払いの同一労働に対する賃金は，同一の計算単位に基づいて計算されなければならない。
(b)時間払いの労働に対する賃金は，同一の職務に対して同一でなければならない。

3．欧州議会および理事会は，通常立法手続に従って決議し，かつ経済社会委員会に諮問した後に，同一労働または同一価値労働に対する同一賃金原則を含む雇用および職業に関して，男女の機会均等および均等待遇原則の適用を保障する基準を採択しなければならない。

4．労働生活における男女間の完全平等の実際的な保障を目指して，過少代表的な性（the under-represented sex）のために，均等待遇原則は，職業活動を継続もしくは職歴における不利益を防止または補充してそれを容易にする特別優遇措置を維持または採用するすべての加盟国を妨げてはならない。（筆者仮訳）

【指令の強制法規としての特徴】

　派生的二次法の一つである「指令」の特徴は，①欧州委員会が作成した「指令案」が欧州議会および理事会の採択によって成立することである。②加盟国は，「指令」に定める期限までに（個々の指令によって異なるが，通常数年）自国の法制度に導入しなければならない。法形式は問わない。③「指令」の定める法基準と自国への導入期限を遵守しない場合は，欧州委員会より欧州裁判所に提訴され，国家が裁かれる。有罪の場合，罰金刑に処せられる。④加盟国は，自国の法律の施行状況について，定期的報告を義務づけられる。⑤差別を受け不利益を被ったと判断する加盟各国の女性および男性労働者は，自国の労働審判所または裁判所に提訴することができる。当該審判所または裁判所は，指令に基づく「先決的判決」を欧州裁判所に付託することができる。⑥当該裁判で

は,「差別の立証責任」は被告企業にある(欧州連合運営条約。第 2 章〔連合の法令・手続き規則および他の規定の採択〕の第288条~第299条)

(3) 雇用・職業上の均等待遇原則四分野の指令

EUには,1975年「国際女性年」を契機に,雇用・職業上の差別禁止・均等待遇原則に関する諸指令は四つの分野にわたって拡充された。①賃金,雇用・職業,社会保障,商品・サービス提供(起業),自営業および有資格者に対する性に基づく差別禁止の諸指令,②出産休暇・育児休暇など男女労働者のワークライフバランスに関する諸指令,③パートタイム労働・有期労働・派遣労働など非定型・不安定な雇用形態に基づく雇用・職業差別禁止の諸指令,④性を除く人種・民族・宗教・信条・障害・年齢または性的指向に基づく雇用・職業差別禁止の諸指令などである。

2000年代の注目すべき特徴は,「性差別禁止・男女均等待遇原則」に関する指令の改正・統合である。2006年改正の「性差別禁止・男女均等待遇原則に関する指令」の特徴は,これまで単独の指令であった以下の四つの指令が統合・一本化され,法的に強化されたことである。

◇1975年採択「男女同一賃金原則に関する指令75/117/EEC」
◇1996年改正「職域社会保障制における男女均等待遇原則の実施に関する指令96/97/EC」
◇1997年採択「性差別裁判における挙証責任に関する指令97/80/EC」
◇2002年改正「性差別禁止・男女均等待遇原則に関する指令2002/73/EC」

男女賃金差別と雇用・職業差別は分かち難く結合しているものの,法形態としては,国際連合の専門機関であるILOが国際労働最低基準として定める「条約」・「勧告」にも,あるいはEU加盟国を除く世界各国の労働法制にもみることができない男女差別を裁く強力な新機軸である。これらの指令は,女性の社会的活躍,クオータ制を支える基礎的大前提となっている。

第 12 章　欧州連合の「クオータ2020戦略」

第 3 節　持続的経済成長と男女平等戦略

（ 1 ）「欧州2020戦略」と「ジェンダー平等戦略（2010-2015年）」の統合

　振り返って，1975年「国連・国際女性年」，続く「国際女性の10年」に連帯して1982年からスタートしたEU（旧EC）のほぼ 5 年ごとの「ジェンダー平等戦略」は，2000年代に入って「スマートかつ持続可能な経済成長」と「完全雇用保障」を「車の両輪」に据えたEU全体の「欧州2020戦略」と不可分一体化して進められている。その二つの戦略の具体的な内容は次の通りである。

　①「欧州2020戦略」[17]
◇雇業率：男子と同じ雇業率にするために，雇業率の低い女性・中高年・移民の20～64歳層の雇業率を75％に引き上げる。
◇教育政策：学校中退者の割合を現在の15％から10％に下げる。30～34歳層の人口における大学高専修了者比率を，2020年までに最低40％に引き上げる（高等教育費はほぼ無償）。
◇社会政策：各国の可処分所得分布の中央値（貧困レベル）以下で生活する低所得者数を25％減らし，2000万人超の人口を貧困から脱却させる。

　以上の雇用創出を保証するための「スマートかつ持続可能な経済成長」戦略は，次の通りである。

◇研究開発費：現在のGDP比 2 ％以下から 3 ％に引き上げる。
◇持続可能な経済成長と環境問題：温室効果ガス排出量を1990年比最低20％削減，最終エネルギー消費における再生可能エネルギーのシェアを20％に引き上げる。エネルギー効率の20％向上を図る。
◇成長フレンドリーな税制を進めるために，労働への課税をできるだけ避け，エネルギーと環境への課税により，税制の「グリーン化」を進める。

　②「ジェンダー平等 5 カ年戦略」（2010-2015年）[18]
◇20～64歳の女性と男性の雇用率を最低75％に引き上げる。
◇学校退学者を削減し，再就学によって30～34歳層の大学高専修了者を最低40％に引き上げる。

231

◇リーマン・ショック後の経済不況下で16.4％に拡大した男女賃金格差の完全解消のために，労使による「賃金の透明性」調査と労使協議を進める。
◇最高意思決定の場に女性を最低25％，欧州委員会が設置する専門家委員会は「一方の性」を最低40％にそれぞれ引き上げる。

③バルセロナ戦略：乳幼児保育所の増設戦略

2002年にスタートした乳幼児保育所の増設戦略，通称「バルセロナ保育目標[19]」は，2010年までに，3歳未満の乳幼児全体の最低33％および3歳から義務教育学齢児全体の90％を受容できる質の高い利用しやすい保育施設の増設を目標とした。この戦略の前提は，「女性の母性機能は社会的価値を有するものである。子どもの社会的保育は国家の社会的責任である」という法的理念である。だが2008年リーマン・ショック後の経済危機の下で目標は達成できず，現在，期限を延長して2020年を目指して，「欧州2020戦略」に連動して進められている。

Eurostat（欧州統計局）によれば，2011年現在，「3歳未満の乳幼児」全体の33％保育目標の達成状況は，当時の EU 加盟27カ国横断的な平均値が30％であった。目標33％以上の加盟国は，デンマーク（74％），オランダ（52％），スウェーデン（51％），フランス・ルクセンブルク（44％），ベルギー・スペイン（39％），スロベニア（37％），ポルトガル・イギリス（35％）の10カ国。また目標以下の20％台は，フィンランド（26％），ドイツ（24％），キプロス（23％），アイルランド・イタリア（21％）である。「3歳から義務教育学齢期までの幼児」全体の90％保育目標の達成状況は，当時の EU 加盟27カ国横断的な平均値が84％であった。目標90％以上の加盟国は，ベルギー・デンマーク（98％），フランス・イタリア・スウェーデン（95％），イギリス（93％），エストニア・スロベニア（92％），ドイツ（90％）の9カ国である。

わが国は，現在，EU と FTA（自由貿易協定）交渉下にある。今後，ますます両者の雇用・職業における性差別禁止・男女均等待遇原則に関する法制度・政策・戦略と現状の国際比較に関心が高まるであろう。今後両者のソーシャル・ダンピング[20]回避と雇用・職業男女均等待遇法制の接近に期待したい。

第12章 欧州連合の「クオータ2020戦略」

注
(1) ①NADIA SPANO/FIAMMA CAMARLINGHI "La Questione femminilenella Politica del P.C.I.". EDIZIONI DONNE E POLOTICA. Roma-febbraio 1972. ② Camilla Ravera "Breve storia del movimento femminile in Italia". Editori Riuniti Roma-1978. (N. スパーノ・F. カマルリンギ／柴山恵美子訳・補稿, 1979, 『イタリア婦人解放闘争史——ファシズム・戦争との苦闘五十年』御茶の水書房。
(2) ベルギー・ブルガリア・チェコ共和国・デンマーク・ドイツ・エストニア・アイルランド・ギリシャ・スペイン・フランス・クロアチア・イタリア・キプロス・ラトビア・リトアニア・ルクセンブルク・ハンガリー・マルタ・オランダ・オーストリア・ポーランド・ポルトガル・ルーマニア・スロベニア・スロバキア・フィンランド・スウェーデン・イギリス。
(3) European Free Trade Area. 欧州自由貿易地域。アイスランド・リヒテンシュテイン・ノルウェー・スイス。
(4) European Commission.
(5) European Commission : Data collected Between 05/11/2014-12/11/2014.
(6) European Commission : Data collected Between 31/10//2014-12/11/2014.
(7) European Commission : Data collected Between 05/11//2014-12/11/2014.
(8) European Commission : Data collected Between 06/11/2014-12/11/2014.
(9) European Commission : Data collected Between 01/07/2014-24/07/2014.
(10) European Commission : Data collected Between 01/07/2014-24/07/2014.
(11) European Commission : Data collected Between 11/04/2014-30/04/2014.
(12) Proposal for a Directive of the European Parliament and of the Council on improving the gender balance among non-executive directors of companies listed on stock exchanges and related measures/COM/2012/0614 final-2012/0299 (COD).
(13) Women's Rights and Gender Equality Committee.
(14) ①Treaty on European Union. ②Treaty on the Functioning of the European Union. ③奥脇・岩沢編, 2015。
(15) Directive of the European Parliament and of the Council of 5 July 2006 on the Implementation of the Principle of Equal Opportunities and Equal Treatment of Men and Women in matters of Employment and Occupation (recast).
(16) ILO : International Labor Organization.
(17) Europe 2020 Targets.
(18) Strategy for equality between women and men 2010-2015.
(19) the "Barcelona Childcare Targets."

⒇ 賃金や労働条件を不当に切り下げたりしてコストを引き下げ海外市場で製品を安売りする行為。

引用参考資料

岡村堯，2010，『新ヨーロッパ法——リスボン条約体制下の法構造』三省堂。
奥脇直也・岩沢雄司編，2015，『国際条約集』有斐閣。
柴山恵美子・中曽根佐織編著，2004，『EUの男女均等政策』日本評論社。
柴山恵美子・中曾根佐織編著，2004，『EU男女均等法・判例集』日本評論社。
柴山恵美子・藤井治枝・渡辺峻編著，2004，『各国企業の働く女性たち』ミネルヴァ書房。
柴山恵美子・藤井治枝・守屋貴司編著，2005，『世界の女性労働』ミネルヴァ書房。
柴山恵美子，2008，「欧州司法裁判所の判例と2006年統合・改正雇用・職業男女均等・待遇指令」『賃金と社会保障』（2008年2月下旬号）賃社編集室。
柴山恵美子，2009，「EU 2008年に画期的な社会的政策の展開」『女性と労働21』No. 69（2009年5月）。
柴山恵美子，2009，「EU：意思決定の場におけるジェンダー・バランス社会の創造に向かって——第7期・欧州議会直接選挙を中心に」『女性と労働21』No. 70，2009年10月号，フォーラム「女性と労働21」。
柴山恵美子，2013，「世界最強の雇用職業に関する男女均等待遇原則指令：2006/54/EC——2006年…4つの指令（同一賃金原則・雇用職業均等待遇原則・職域社会保障制度・挙証（立証）責任）を改革・統合・一本化——2008年すでに，加盟27カ国に法的導入後・施行」『女性と労働21』No. 84，2013年5月号，フォーラム「女性と労働21」。
柴山恵美子，2013，「EU：平等な経済的自立のための戦略——先進的な男女均等待遇指令とクオータ制」『国際女性』No. 27，尚学社。
柴山恵美子，2014，「世界に先駆けるEUのクオータ戦略——2020年までに上場企業の『非業務取締役会』の女性比率を40％へ——深化・拡大するEUクオータ戦略」『労働運動研究』2014年12月号。
庄司克宏，2013『新EU法　基礎篇』岩波書店。
庄司克宏，2014『新EU法　政策篇』岩波書店。
N. スパーノ・F. カマルリンギ／柴山恵美子訳・補稿，1979，『イタリア婦人解放闘争史——ファシズム・戦争との苦闘五十年』御茶の水書房

（柴山恵美子）

終　章
活躍する女性管理職・役員の国際比較

第1節　国際比較からの知見

　本書では，まず，日本における女性労働の歴史的展開についてみた後，日本の大企業や中小企業の女性の管理職・役員の実態について論じている。その上で，急速に発展してきた韓国，インドネシア，中国（中華人民共和国，以下中国と略する），香港，シンガポールといったアジア諸国の女性を取り巻く環境と女性労働や女性の管理職・役員の実態について様々な側面から紹介をすることができた。また，同時に，アメリカ・EUについても紹介を行っている。本書の各章では，序章で紹介したジェンダーダイバシティの「マクロアプローチ」「メゾアプローチ」「ミクロアプローチ」といった三つの研究アプローチ以外にも，それぞれの章を担当する研究者の有する固有の研究方法論から章の論述がなされた。

　本書において紹介された様々な諸国の女性労働と女性管理職・役員の差異について，終章として，編者なりの制度論的な国際比較の視点から分析を試み，知見を得ることにしたい。本書を通して，各国における女性労働と女性管理職・役員は，各国の法的制度・労働市場・企業制度・経営スタイルなどといった各国の諸制度によって規定されると同時に，各国における国民レベル・企業レベル・個人レベルのジェンダー意識に大きく影響されていることを「かいま」みることができる。そして，各章を通して，これらの諸制度と国家・企業・個人レベルの意識が有機的にシステムとして，「各国の女性労働の変容と女性の管理職と役員の登用」に大きな影響を与えていることを理解することができる。

この点からみれば，アメリカ，ヨーロッパとアジア諸国では，大きな差異がある。アメリカでは，自由主義競争主義と男女平等意識の中，世界市場を意識して，女性の活躍推進と女性管理職・役員の登用が進みつつある姿が，本書においても，紹介されている。ヨーロッパでは，EU 統合後の法令改正を背景として，EU 域内市場統合の下，女性の活躍推進による女性の管理職・役員の登用が進みつつある。これに対して，アジアでは，各国の法的制度・労働市場・企業制度・経営スタイルは，本書で取り上げた日本，韓国，中国，香港，台湾，インドネシア，シンガポールで大きく異なっている。アジア諸国における法的制度・労働市場・企業制度・経営スタイルは，経済的・社会的な歴史的推移に大きな影響を受け，その下での女性の活躍推進・女性の管理職への登用では，大きな差異を生むこととなっている。女性の管理職への登用は，シンガポールでは，欧米的な実力主義を背景として，中国では，社会主義の男女平等の理念を背景として，それぞれ日本より進展している。反面，大規模企業の女性の役員数の増加に関しては，アジア諸国のいずれにおいても微増傾向である。

　中国と中国に復帰した香港は，社会主義計画経済と限定された自由市場という一国二制度の下で，女性労働の変容と女性の管理職の登用が進んでいる。中国では，社会主義計画経済の下で，国有企業制度のガバナンスに関わる人材の管理職・役員の登用は，国有企業の所有者たる中国共産党の関わりから論じざるを得ず，結果として，非国有（民営）企業において，女性管理職数は大きく拡大し，役員の登用は徐々に進む形となっている。香港は，イギリスの植民地であった歴史を背景として，外国人労働者に依存した植民地的経済，金融中心の経済としての性格とその後，中国に復帰するという特殊事情に大きな影響を受けている。また，シンガポール，台湾は，中国経済の大きな成長の中，華人国家として，中国大陸に進出することとなり，同じ華人を中心とした国家として，中国の経済成長の恩恵を受けつつ共に発展することになった。そうした東アジア経済圏の中で，台湾もシンガポールも，その国家体制・産業構造等を異にしながらも，大規模企業では女性労働の変容と女性管理職登用の拡大と役員の微増傾向がみられている。韓国，台湾，シンガポール，中国などにおける女性の役員は，その家族主義的な経営スタイルがあいまって，親族経営の中での

親族の女性が経営者となる傾向が一般的にみられる。

インドネシアは、イスラーム国でありながら急速な経済発展の中で、労働力として女性が求められると同時に、経済発展の恩恵は、女性の高学歴化と女性のさらなる社会進出をもたらし、女性の大統領まで誕生するに至っている。そして、日本よりはるかに女性の活躍推進、女性の管理職の登用が進んだ国となっている。

このように、本書を通して、世界をみるとき、日本は、東アジアにおいても、国際比較上、特殊な立場にあることが確認することができたと感じている。労働市場も閉鎖的であり、企業制度・経営スタイルも、メインバンク制度、特殊な「日本的経営」と呼ばれる高度経済成長期に形成されたものであり、韓国とは類似性を見出すことができるものの台湾、中国、シンガポールなどの東アジアの経営スタイル（華人経営）とも異なっている。そうした日本の労働市場、企業制度・経営スタイルは、1990年代以降、アメリカとの関係からアメリカの企業制度（株主資本主義）や様々な経営システムが導入され変容してきたが、日本の女性労働や女性の管理職・役員の登用は、他の東アジア諸国よりも低い進捗しかみせることができていない。

そこで、次節では、本書で展開された世界各国の状況を手掛かりとして、日本の女性の活躍推進と女性管理職・役員比率向上のための諸問題を国際比較から探ることにしたい。

第2節　日本の女性労働の国際的特徴

（1）他国の職務主義と日本の属人主義

まず、日本と他国との働き方の違いについて国際比較の視点から論ずることにしたい。

アメリカ、ヨーロッパの諸国はもちろん、それらの欧米諸国の植民地であったアジア諸国（シンガポール、香港等々）においても、職務主義がとられている。これに対して、日本では、属人主義がとられている。職務主義では、組織にとって必要な職務設計・職務分析が行われ、それに基づいて必要とされる職務

の内容に関する職務記述書が作成され，人柄や潜在能力ではなく，求める職務内容の遂行に最も適合性の高い人物が採用されることとなる。職務主義では，職務範囲が限定され，職務内容が明確化で細かく設定されるため男女にかかわらず「客観的評価」と「求められる職務」を遂行することが求められ，組織への忠誠心といった点は，基本的に評価対象外となる。これに対して，属人主義では，新規学卒採用を中心とし，職務主義にみられる専門性を評価して採用するよりも，潜在能力を評価して採用する。そして，将来，会社を担う幹部候補ともいえる総合職は，ジェネラリストとして育成され，組織への忠誠心をもつことが図られる。

　したがって，本書において紹介されたヨーロッパ，アメリカ，香港，シンガポール，中国などの多くの諸国では，職務主義をとっており，求める職務の専門性と適合性の高さによって採用され，職務の成果の質と量によって，評価されるため「男女平等」的な取扱いが，可能となる。しかし，属人主義では，潜在能力で採用され，ジェネラリスト型の育成がなされ，評価する要素が，多面的・集団的評価であるため上司等による「恣意的」な評価となりやすく男女平等的取扱いが難しい側面がある。

　日本の属人主義は，様々な職務を全国的・世界的異動やローテーションを通して経験することで，多様な知識・経験を身につけることができ，日本企業の競争力の源泉ともなっている。[1]しかし，日本人女性にとって，それらは就労継続にとって大きな負担となっている。それゆえ，このような日本の属人主義が，女性の活躍推進および女性の管理職・役員の登用において，アメリカ，ヨーロッパのみならず，東アジアの諸国よりも，進捗を遅らせている側面がある。その意味では，従来から職務主義であった外資系企業に加えて，日本企業においても，職務主義的な採用・評価・育成を図る企業が増えてきたり，転勤のない地域型総合職などが，日本における女性の活躍推進や女性の管理職・役員の登用を後押しする可能性もある。

(2) 外国人家事労働者と育児システム：外国人家事労働者の支えられたアジアのベビーシッターシステム

　次に，世界的な共通問題ともいえる働く女性にとっての育児問題への対応について，国際比較からみることにしたい。ヨーロッパ，特に，北欧諸国では，育児施設をつくり対応しているが，本書においてみたように，香港・シンガポールなどの東アジアでは，ベビーシッターおよび家事を外国人家事労働者が担うことで，女性が，育児を外国人家事労働者に任せ，育児期間中も働きに出ている。本書で紹介されているように，香港・シンガポールでは，英国の植民地であっただけに英語が準公用語となっており，フィリピンからの外国人女性労働者が，家事・育児を担うケースが多くなっている。

　安倍内閣の2014年6月24日に閣議決定したアベノミクスの成長戦略「『日本再興戦略』改訂2014」では，「外国人が日本で活躍できる社会」を掲げ，外国人技能実習制度を見直し，これまであった製造業以外に，新たに介護・家事支援という「重要分野の新たな就労制度創設」を提唱している。特に，家事支援に関しては，国家戦略特区における人材の試験的な受け入れを，安倍政権は計画し，「家事支援サービス提供企業が雇用し，地方自治体が管理する」という制度的枠組みで，実施運用が進んでいる[2]。

　このような日本政府の，外国人労働者を育児・家事支援に活用する計画は，東アジアでの同種の展開を参考に考えられたものであると考えられる。しかし，本書の香港，シンガポールの章においても指摘されているように，外国人労働者を，育児・家事支援に活用することには，多くの労働問題がある。

　この点は，すでに日本においても，日本政府の外国人労働者を，育児・家事支援に活用する計画に対する批判的な意見表明が，人権諸団体（NPO・NGO）や日本弁護士会より行われている。日本弁護士会では，「家事労働が家庭内の閉鎖的な環境の中で行われることに鑑みても，外国人家事労働者を受け入れる場合には，当該外国人家事労働者が差別や虐待などの被害を受けないよう，特別な考慮が必要である。また，受入れ企業からの職場移転の自由が実質的に保障されなければ，外国人家事労働者が，在留資格を継続するために雇用主との関係で従属的な立場に甘んじることとなる危険性があること，技能実習制度で

問題となっているような送出し機関による保証金徴収などの問題が発生し得ること，監督体制の確保などの権利保護の体制の検討が必要なことなど，外国人の人権保障の観点からの慎重な検討が必要となるところ，このような観点からの検討は十分になされていない」と安易な外国人労働者の育児・家事支援への活用が大きな労働問題を引き起こすことを指摘し，日本政府を批判している。

上記のように，日本の外国人労働者の育児・家事支援への活用案は，東アジアを参考にして考えられ，すでに東アジア諸国においてもみられると同様のことが日本でも起こりうることに警鐘がうちならされる事態となっている。

また，日本においてベビーシッター等の育児・家事支援事業を営む事業者に対して，筆者が，ヒアリング調査をしたところ，日本では，他人を受け入れて育児・家事支援を自宅で行う文化がなく，その点，アメリカや東アジア諸国と異なり難しいのではないかとの意見が聞かれた。

次に，さらに，国際比較の視点から日本の女性の活躍推進，女性管理職・役員比率の向上のために取り組まれつつあるアベノミクスの改革や日本企業の取組みについて論じることにしたい。

第3節　女性管理職・役員比率の向上のために

（1）アベノミクスにおける女性活躍推進の光と影

アベノミクスの構造改革に後押しされ，日本では，女性管理職の割合に数値目標の設定などを義務づける「女性活躍推進法」が，2015年8月28日，参院本会議で可決され，成立することとなった。厚生労働省のホームページによれば，この法律では，「女性活躍推進法に基づき，国・地方公共団体，301人以上の大企業は，⑴自社の女性の活躍に関する状況把握・課題分析，⑵その課題を解決するのにふさわしい数値目標と取組を盛り込んだ行動計画の策定・届出・周知・公表，⑶自社の女性の活躍に関する情報の公表（300人以下の中小企業は努力義務）」が布告された。そして，行動計画の届出を行い，女性の活躍推進に関する取組みの実施状況が優良な企業については，申請により，厚生労働大臣の認定を受けることができる。認定を受けた企業は，厚生労働大臣が定める認定

マークを商品などに付することができるとされている。「女性活躍推進法」の制定は画期的なことであるが，数値目標の水準が各企業などに委ねられ，罰則規定がないため，計画策定と公表の義務づけによって企業の自発性による女性の活躍推進を図ることとなった。女性の活躍推進を，法制化するなど本格的に取り組みつつあるという点は，アベノミクスの光の部分といえる。

しかし，アベノミクスの，アメリカを除く先進諸国における少子高齢化による人口減少の進行と人口減少による労働力不足を，女性の社会進出・活躍推進を図ることで補い，かつ，人口減少を補うために，働く女性に出産を奨励するという「しっかり働きながら産みなさい」という国策には，影の部分を感じざるを得ない。しかも，出産・育児をサポートするために必要な認可保育所が少なく待機児童問題は解消されていない。2014年4月1日時点の待機児童数は，厚生労働省の発表では，全国で2万1371人となっている。4年連続で減っているものの，6年連続で2万人を超えている。待機児童の約85％が0～2歳であり，かつ，待機児童の大部分は，東京，埼玉，千葉，神奈川，京都，大阪，兵庫の7都府県と，その他の政令指定都市・中核市で全待機児童の約8割を占め，大都市に集中している(5)。

待機児童数が減少しない背景には，年功序列の崩壊や非正規雇用化の進展によって，夫婦共に働かざるを得ない日本の状況がある。この点は，本書のシンガポールの事例でも，厳しい能力主義を背景として，夫婦共に働かざるを得ない状況を紹介しているが，一面において，日本にも類似的傾向があらわれてきているといえよう。

上記のように，アベノミクスによる「女性活躍推進」には，光と影の両側面がみえるが，男女雇用機会均等法の制定以降も，暫時的にしか進まなかった女性の活躍推進の好機が到来したことは，大きな事実である。

（2）日本の女性の活躍推進，女性管理職・役員比率の向上のため人事政策：
　　意識啓発活動・スポンサーの促進

最後に，日本の女性の活躍推進，女性管理職・役員比率の向上のため人事政策について，国際比較的観点から提起を行うことにしたい。

日本の女性の活躍推進，女性管理職・役員比率の向上のために，国際比較上，本書において紹介された第10章のアメリカの事例は大いに参考になる点がある。もちろん，アメリカの取り組みをそのまま日本に導入することはできないが，日本の組織土壌に合うように改良し，導入を図っていくことが重要であろう。その事例からみれば，日本人女性が，上級管理職や役員を目指す意識を醸成するために，多くの企業研修を中心した意識啓発が重要であるし，女性の職場における活躍を後押しする「スポンサー」を，日本企業においても増やしていくことが重要であると考えられる。

　本書の国際比較を通して，日本の女性の活躍推進，女性管理職・役員比率の向上のための人事政策，アメリカ・ヨーロッパの事例を，東アジア各国の風土に適応するように導入を試みてゆくことが重要であろう。

　日本の場合は，前述した属人主義的な人事の問題があり，アメリカ，ヨーロッパの人事政策を部分的に導入しつつ女性社員のトータルなキャリア開発計画や日本人女性にマッチしたロールモデルの提示を行っていくことが重要である。キャリア開発計画では，将来，女性管理職・役員への登用が可能な人材の幅を広げるために，日本女性の結婚・出産でのローテーション（総合的職務異動）上での停滞を想定して，キャリアデザインを行い，異動・配置を行っていくことが重要であろう。

　そして，アジア諸国と比較してもまだまだ低い日本人女性の活躍推進・管理職への登用を拡大していくためには，リーダーシップや様々な管理者能力（経営戦略，経営管理，財務管理，人材管理の知識・経験）を養うための研修が必要であろう。本書で紹介したアメリカやインドネシアの事例では，積極的に，各国の女性活躍推進のための NPO・NGO，経営者団体等が，そうした女性の意識啓発や能力開発を担ってきており，日本においても，各企業が，社会的資本である NPO や NGO，大学，経営者団体などのリソースを積極的に活用し，企業横断的に，日本人女性の意識啓発や能力開発を図ることが重要である。日本企業などでは，まだまだ日本人女性管理職が絶対数としても低く，その企業の中で，ロールモデルを見出すことは難しいかもしれないが，そうした社会資本をベースとした繋がりの中で，日本人女性管理職のロールモデルを発見するこ

とは可能であろう。

　問題は，こうした女性の活躍推進・女性の管理職育成のための研修会やセミナーなどに，日本企業が組織として積極的に女性従業員に参加を促進していけるかという点がある。「女性活躍推進法」の制定を背景として，このような動きがみられることに期待したい。

注
(1)　職務主義に基づく職務給や属人主義に基づく属人的能力主義に関しては，小池和夫，2015，参照。
(2)　「日本再興戦略　改訂2014年版──未来への挑戦──」平成26年6月24日，http://www.kantei.go.jp/jp/singi/keizaisaisei/pdf/honbun2JP.pdf#search='%E6%97%A5%E6%9C%AC%E5%86%8D%E8%88%88%E6%88%A6%E7%95%A5'　2015年9月7日閲覧。
(3)　日本弁護士会　2014（平成26）年10月31日　http://www.nichibenren.or.jp/activity/document/statement/year/2014/141031_2.html　2015年9月7日閲覧。
(4)　厚生労働省ホームページ「女性活躍推進法特集ページ」　http://www.mhlw.go.jp/stf/seisakunitsuite/bunya/0000091025.html
(5)　「待機児童問題」『朝日新聞』　http://www.asahi.com/special/taikijido/　2015年9月8日閲覧。

引用参考文献

王効平・米山茂美・尹大栄，2005，『日中韓企業の経営比較』税務経理協会。

王効平，2001，『華人系資本の企業経営』日本経済評論社。

川島典子・三宅えり子編著，2015，『アジアのなかのジェンダー［第2版］──多様な現実をとらえ考える』ミネルヴァ書房。

小池和夫，2015，『戦後労働史からみた賃金──海外日本企業が生き抜く賃金とは』東洋経済新報社。

柴山恵美子・藤井治枝・守屋貴司編著，2005，『世界の女性労働』ミネルヴァ書房。

平野實，2008，『アジアの華人企業──南洋の小龍たち　タイ・マレーシア・インドネシアを中心に』白桃書房。

古田茂美，2012，『中華文化圏進出の羅針盤──中国・華人経営研究入門』ユニオンプレス。

守屋貴司，1997，「人事管理制度の日英国際比較研究──人権・差別の配慮を中心と

して」『産業と経済』第11巻第4号。
守屋貴司,2014,「上場日本企業の女性役員比率に関する国際比較研究」『立命館経営学』第52巻第6号。

　　　　　　　　　　　　　　　　　　　　　　　　　　　　（守屋貴司）

索　引

あ　行

ILO　230
阿吽（あ・うん）の呼吸　40
姉家督　15
アファーマティブ・アクション　204, 205, 209
安倍政権の成長戦力　32
アベノミクス　241
アルバイト　17
EUクオータ制指令案　226
イギリス植民地　137
育児・介護休業法　54
育児・家事支援　239
育児休暇　19, 41
育児休暇（台湾）　123
育児休業制度　54
育児システム　239
イクメン　26
意識啓発　242
意思決定権（シンガポール）　184
イスラーム　151, 157, 158, 167, 168
一国二制　137
インポスター・シンドローム　196
SME（中小企業）　227
STEM（science, technology, engineering and mathematics）　196
MIWA（MasterCard Index on Women's Advancement）　134
M型就労モデル（台湾）　118
M字カーブ　64
縁辺労働者　18
欧州委員会　5
欧州議会　218

欧州2020戦略　231, 232
欧州連合運営条約　228
　　──の第157条（男女同一賃金原則）　228
欧州連合条約　228
　　──の第2条（連合の価値）　228
お飾り（Tokenism）　205, 209

か　行

改革開放政策　115
外国人投資家の投資判断　41
核家族　25
学童保育　25
学歴別賃金テーブル（ホボン）（韓国）　76, 78, 82
家計補助　16
家計補助労働　17
下崗（レイオフ）　106
過少代表的な性　229
家事労働　239
家族制度　17
家族制度復活論　17
家庭責任　35
家庭労働者（香港：外国人労働者）　132
株価のパフォーマンス　43
ガラスの天井（Grass Ceiling）　193, 220, 225, 228
管理者能力　242
Key Performance Indicators（KPI）　198
企業規模別　34
企業経営制度　2
企業研修　242
企業の社会的責任（CSR）　30

245

起業ブーム（中国） 109
企業労働の柔軟化 26
技術研修生 16
客観的評価 238
キャリア志向（シンガポール） 172
教育訓練制度（台湾） 129
共産党（中国） 104
業種別の女性役員 33
行政院主計處（台湾） 114
業務執行取締役 227
勤続年数 35,41
均等推進企業 44
クオータ指令 226
クオータ制 1,204,226,227,230
クオータ制（中国） 106
クオータ制（ノルウェー） 40,205,208
クオータ制／割当制 108
クオータ法制 226
くびき 24
グラスシーリング委員会 193
グローバル化（香港） 146
『経済財政白書』 24
経済的自立 23
継続的契約（香港） 138
継続的労働者（香港） 138
結婚出産退職制 18
高技能労働者（シンガポール） 182
合計特殊出生率 20
公的企業 227
高度経済成長期 17
コーポレートガバナンス・コード 204,206,207,209
ゴールデンスカート 205,207
国際比較 7,33
国際婦人年（1975～85年） 19
国連女性の10年 87
個人単位 19
子育てサポート企業（くるみんマーク） 36
五反百姓 15
雇用形態（台湾） 121,124
雇用形態（香港） 139
雇用契約（シンガポール） 175
雇用条例（香港） 138
雇用・職業上の均等待遇原則四分野の指令 230
雇用スタイル（シンガポール） 175
雇用制度（シンガポール） 176
雇用保障（香港） 140

さ 行

再就職（台湾） 120
最低賃金（香港） 131
座繰 16
鎖国 15
差別条例（香港） 140
差別の立証責任 230
産休の取得率 41
残業（台湾） 126
CERD 158,159,167
CEO 205,206,208,210,225
Cスイート（経営幹部レベル） 189
CBSLOs 158,159
ジェネラリスト 238
ジェンダー・アイデンティティ 9
ジェンダー・アンバランス 219
ジェンダー意識 122,235
ジェンダー・ギャップ指数 203
ジェンダーダイバシティ 1,37
ジェンダー・バランス・ゾーン 218,225
ジェンダー・バランス・ライン 226
ジェンダー平等5カ年戦略 231
児童育成共同貯蓄法（シンガポール） 178
社会意識 38
社会進出（香港） 149

索　引

若年定年制　18
就業服務法（台湾）　122
自由主義競争主義　236
柔軟的な雇用システム（シンガポール）　177
儒教国　7
出産休暇（シンガポール）　178
主婦労働市場　18
生涯未婚率　23
少産多死　20
少子高齢化　19
少子高齢化社会　142
上場企業　227
上場企業（台湾）　126
上場企業取締役会　42
昇進意欲（香港）　145
職業婦人　23
職場復帰プログラム（シンガポール）　176
職務主義　237
女性活躍推進　38
女性活躍推進法　63, 240
女性が有効に働ける企業風土　45
女性幹部育成研修　36
女性管理職　21
　　──のロールモデル　39
女性管理職・役員比率向上　237
女性起業特別法（韓国）　88
女性国会議員（中国）　105
女性財務総責任者（中国）　102
女性政策綱領（台湾）　114
女性取締役（香港）　143
女性の活躍推進法案　26
女性の管理職比率　41
女性の権利・ジェンダー平等委員会　228
女性の登用　36
女性の役員・取締役員比率　1
女性文化　9

女性役員　30
女性役員（アメリカ）　189, 190, 192-194, 196, 197
女性役員（台湾）　125
女性リーダー（台湾）　129
女性リベラリスト　24
女性労働（シンガポール）　171
女性労働の歴史的展開　235
女性枠（クオータ制）　21
Shop in Home　95
「指令」の特徴　229
人材育成（アメリカ）　198
人材育成（台湾）　128
人事評価基準　26
新卒入社・内部昇進型　32
頭脳立国（シンガポール）　182
スポンサー　242
スポンサー（アメリカ）　197, 199
生活給　22
正規雇用（台湾）　124
制度論的な国際比較　235
性別意識（台湾）　121
性別工作平等法（台湾）　122
性別比率　17
性別役割分業（分担）　18, 22, 45, 61
性別役割分業（中国）　107
性別役割分業的意識　38
世界経済フォーラム　203
世界女性人権大会　87
世界トップ500企業　98
世界に最も影響があるビジネスウーマン50人　98
セクハラ　26
世帯賃金　18
世帯主　22
専業主婦　22
専業主婦（中国）　108
先決的判決　229

247

全国家庭動向調査　24
千町歩地主　15
早期退職制度（台湾）　127
属人主義　238
組織構造的要因　38
組織風土　37

た　行

大学進学率（韓国）　74
待機児童　25
ダイバシティ　189, 192-195, 198-200
多元化政策（中国）　149
打工妹　107
短時間勤務制度　54
男女格差（シンガポール）　180
男女共同参画　24, 26
男女共同参画基本法　21
『男女共同参画白書平成25年版』　35
男女雇用機会均等法　33
男女雇用平等法（韓国）　73
男女の役員比率　41
男女平等意識　236
男女平等政策（シンガポール）　175
男女平等政策（台湾）　114
男女別定年制（中国）　106
男性育児制度　40
男性中心社会　45
男性中心主義　46
男性文化　9
地域型総合職　238
中間管理職（香港）　143
『中国会社四季報（2014年版）』　100
中国共産党　236
中国女性企業家協会　109
中国の女性役員比率　99
中産階級　23
中小企業　227
忠誠心　238

中断再就職　24
徴兵軍歴（韓国）　84
賃金（香港）　145
賃金格差（シンガポール）　179, 180
テレワーク　26
ドイツ　33
東京一極集中　20
同族経営（中国）　102
登用慣習（香港）　145
富岡製紙場　16
ドメスティックバイオレンス　25
取締役　227
取締役会　227

な　行

日本　6
日本的経営　18, 29
日本的システム　29
年金制度（台湾）　127
年齢別労働力構成　38
能力主義（香港）　131
ノルウェー　6, 40
ノルディック・ミステリー　204, 205, 208, 211, 212

は　行

パート　17
パートタイム雇用（台湾）　121
パートタイム従業員（シンガポール）　176
派遣　17
派遣労働（台湾）　121
パパ休暇　40
バルセロナ保育目標　232
ヒアリング調査　37
非業務執行取締役　227
非正規雇用（台湾）　115, 118
一人親世帯　22

索引

一人っ子政策　105
百円女工　23
平等機会委員会（香港）　136
平等機会法（香港）　132, 136
ファシズム　17
ファミリー・フレンドリー企業　44
婦女能頂半辺天　104
フリーワーカー　18
ブルームバーグ　42
フロー型労働市場　18
文化（台湾）　118
ベビーシッター　239, 240
保育所の増設　25
ポジティブ・アクション　34
ボストン・コンサルティンググループ　152
香港職工会連盟　141
香港婦女中心協会　141
香港婦女労工協会　140

ま 行
マイクロファイナンス　158, 159
マクロアプローチ　8
マリメッコ社　212-214
ミクロアプローチ　9
民主化宣言（韓国）　82
無償労働者（台湾）　117

メガワティ大統領　158
メゾアプローチ　8
モチベーション　39

や 行
役員比率（アメリカ）　189, 191
有給休暇制度（シンガポール）　179
有償労働者（台湾）　117
Eurostat　232

ら・わ 行
リーダーシップ　135, 242
リストラ　22
両立支援助成制度　61
労工保険条例（台湾）　123
労資関係協進会（香港）　141
労働環境（シンガポール）　171, 175
労働基準法（台湾）　120
労働市場（香港）　131
労働集約型産業（台湾）　113
労働省婦人少年局　17
労働力率　64
労働力率（台湾）　118
ロールモデル　242
ワークライフバランス　46
ワークライフバランス（フィンランド）　205, 214

執筆者紹介（所属，執筆分担，執筆順，＊は編者）

＊渡辺　　峻（立命館大学名誉教授，はしがき）

＊守屋　貴司（立命館大学経営学部教授，はしがき・序章・第2章・終章）

　藤井　治枝（高齢社会をよくする女性の会理事，第1章）

　森田　園子（大阪樟蔭女子大学名誉教授，第3章）

　明　　泰淑（札幌大学経営学部教授，第4章）

　宋　　艶苓（中京大学企業研究所研究員，同大学経営学部非常勤講師，第5章1(1)-(3)，2，3）

　石　　錚（立命館大学大学院博士課程後期課程，第5章1(4)・第6章・第7章・第9章）

　渡辺　　格（Build Bright University 講師，第8章）

　中村　艶子（同志社大学グローバルコミュニケーション学部准教授，第10章）

　安田三江子（花園大学社会福祉学部教授，第11章）

　柴山恵美子（雇用均等政策研究者，第12章）

《編著者紹介》

渡辺　峻（わたなべ・たかし）
　　立命館大学名誉教授
　　専門分野　労務管理，雇用管理，コース別人事管理，キャリア開発
　　主　著　『コース別雇用管理と女性労働（増補改訂版）』中央経済社，2001年
　　　　　　『ワークライフバランスの経営学』中央経済社，2009年
　　　　　　『女子学生のためのキャリア・ガイダンス』中央経済社，2012年
　　　　　　『学生のためのキャリアデザイン入門　第3版』（共編）中央経済社，2015年

守屋貴司（もりや・たかし）
　　立命館大学経営学部教授
　　専門分野　人的資源管理論，企業労働論，労使関係論，地域マネジメント，キャリア開発
　　主　著　『日本企業への成果主義導入』森山書店，2005年
　　　　　　『明日を生きる人的資源管理入門』（編著）ミネルヴァ書房，2009年
　　　　　　『日本の外国人留学生・労働者と雇用問題』（編著）晃洋書房，2011年
　　　　　　『はじめの一歩 経営学　第2版』（編著）ミネルヴァ書房，2012年

シリーズ〈女・あすに生きる〉㉔
活躍する女性会社役員の国際比較
　　──役員登用と活性化する経営──

2016年7月15日　初版第1刷発行　　　〈検印省略〉

定価はカバーに
表示しています

編 著 者	渡　辺　　　峻
	守　屋　貴　司
発 行 者	杉　田　啓　三
印 刷 者	坂　本　喜　杏

発行所　株式会社　ミネルヴァ書房
607-8494　京都市山科区日ノ岡堤谷町1
電話代表　(075)581-5191
振替口座　01020-0-8076

©渡辺・守屋ほか，2016　　冨山房インターナショナル・清水製本

ISBN 978-4-623-07557-7
Printed in Japan

世界の女性労働
──柴山恵美子／藤井治枝／守屋貴司 編著　Ａ５判　376頁　本体3200円
主要国における女性労働について，就職過程や失業率，文化や制度などにも言及。日本の状況把握だけではなく，さらに視野を広げ，新たな思考や行動の発端となることをめざす。

アジアのなかのジェンダー　第2版
────川島典子・三宅えり子 編著　Ａ５判　290頁　本体2800円
●多様な現実をとらえ考える　初版刊行以降の，法・制度の改正や最新事例の分析も取り入れ，アジアのジェンダー問題の最前線を詳細に分析する。

よくわかるジェンダー・スタディーズ
──木村涼子／伊田久美子／熊安貴美江 編著　Ｂ５判　242頁　本体2600円
エッセンスを見開きページでわかりやすく紹介。注や図表を豊富に掲載した初学者のための入門書。

ライフコースからみた女性学・男性学
────────乙部由子 著　Ａ５判　194頁　本体2500円
●働くことから考える　女性・男性労働を取り巻く社会的環境や法律など，最新のデータを駆使して解説。

ライフスタイルからみたキャリア・デザイン
────────吉田あけみ 編著　Ａ５判　242頁　本体2800円
夢に向かって歩くべき道筋を思い描けるよう，人生キャリアを考える枠組みや情報を平易に解説する。

──── ミネルヴァ書房 ────

http://www.minervashobo.co.jp/